KB093741

고교학점제와 진로 코칭

완전 개정판

지은이 이로울쌤(이미연)

교육NGO에서 정부 프로젝트 일을 하며 학습 코치 강사로 중학교 아이들을 가르쳤다. 이후 서울 강남의 고등학교에서 과학 수업과 학습 코칭을 하면서 학습 코칭의 효과를 확인하고 교육대학원에 진학해 상담심리학 석사학위를 받았다.

건국대와 서울과학기술대에서 입학사정관으로 일하며 어떤 학생이 선발되는지를 경험했고, 한국대학교육협의회 대입상담센터에 재직하며 공교육 차원에서 대입 정보를 제공하는 일로 공로를 인정받아 대입 유공 표창장을 받기도 했다.

현재는 이로울쌤 교육연구소를 운영하며 입시컨설턴트로 활동 중이다. 격변하는 교육 현장에 불안해하는 학부모와 학생을 위해 다양한 창구로 진심을 담은 길잡이가 되려고 하고 있다.

유튜브 youtube.com/@eroul_ssam   **블로그** blog.naver.com/eroul_ssam
인스타 instagram.com/eroul_ssam   **카페** cafe.naver.com/eroulssam

고교학점제와 진로 코칭 완전 개정판

초판 1쇄 발행 2023년 7월 24일
개정판 2쇄 발행 2024년 12월 2일

지은이 이미연
발행인 박효상   **편집장** 김현   **기획 · 편집** 장경희, 이한경   **디자인** 임정현
마케팅 이태호, 이전희   **관리** 김태옥

기획 · 편집 진행 김현

종이 월드페이퍼   **인쇄 · 제본** 예림인쇄 · 바인딩

출판등록 제10-1835호   **발행처** 사람in   **주소** 04034 서울시 마포구 양화로 11길 14-10 (서교동) 3F
전화 02) 338-3555(代)   **팩스** 02) 338-3545   **E-mail** saramin@netsgo.com
Website www.saramin.com

책값은 뒤표지에 있습니다.
파본은 바꾸어 드립니다.

ⓒ 이미연 2024
ISBN 979-11-7101-068-4 13370

우아한 지적만보, 기민한 실사구시 **사람in**

부모가 알면 입시 결과가 달라진다

고교
학점제와
진로
코칭

전 입학사정관 입시 컨설턴트
이로울쌤(이미연) 지음

완전
개정판

사람in

중등 3년, 골든 타임 때 아이 진로를 고민해야 합니다!

2025년 '고교학점제'가 전면 시행되고, 고등학교에 입학하면 원하는 과목을 선택해야 합니다. 만약 내 아이가 '하고 싶은 게' 없는 아이라면 어떤 상황이 벌어질까요? 다음은 중학교 3학년인 한 아이의 일기입니다.

나는 중학교 3학년이다. 자유학년제였던 1학년 때는 시험을 안 보니까 중학생이 되었다는 게 실감이 나지 않았다. 초등학생 때와 다를 바 없는 일상에 안심하며 친구들과 신나게 놀았다.

2학년이 되자 처음으로 지필평가라는 것을 봤다. 어제까지 나랑 매일 수다 떨고 동네 떡볶이집을 같이 다니던 친구가 나보다 성적이 좋은 것을 보니 어쩐지 기분이 안 좋다. 엄마의 잔소리도 한결 늘었다. 그동안 실컷 놀았으니 반성하는 기분으로 책상에 앉아 있지만, 공부를 어떻게 해야 하는지도 잘 모르겠다. 그렇게 어영부영하다 3학년이 되었다.

　내년이면 고등학생인데 1년 선배한테 듣기로는 고등학교에 들어가면 대학생처럼 자기가 과목을 선택해야 한다고 한다. 난 무엇을 하고 싶은지도 모르겠고 왜 공부해야 하는지도 모르겠는데 과목을 선택해야 한다니? 엄마한테 고민을 털어놓아도 이런 생각을 할 시간에 수학 문제를 하나 더 풀라고 할 게 뻔해서 입도 안 떨어진다.

　나는 어떻게 살아야 하는 걸까? 공부는 왜 해야 하는 걸까? 하루하루가 너무 막막하다.

　대부분의 중학교 아이들이 2학년 1학기 지필고사를 보고 나면 소위 말하는 '멘붕'에 빠지고는 합니다. 초등학교 때는 올바른 학습 습관을 길러두지 않았고, 진로 탐색을 활발히 해야 하는 중1에는 그저 노는 것에만 치중해 있던 아이들이 중2가 되어 처음 치르는 지필평가는 아이들에게 주는 의미가 남다를 것입니다.

　2025년부터 전면 시행으로 예고된 '고교학점제'는 고등학생도 대학생처럼 자신이 원하는 과목을 선택해서 각자 시간표를 구성하고 일정 학점을 취득해야 졸업할 수 있는 제도입니다.

　만약 초등학교부터 중학교까지 본인이 어떤 과목을 잘하고 어떤 분야에 관심이 있는지를 바탕으로 진로를 탐색해 본 적이 없다면, 고등학교에 입학하는 순간 더 큰 '멘붕'에 빠질 것은 예견된 일입니다.

고교학점제의 핵심은 '진로', 중등 3년이 골든 타임!

고교학점제의 핵심은 내 아이의 '진로'에 관한 고민이 선행되어 있어야 한다는 것입니다. 내 아이가 중학교를 졸업할 시점에는 자신만의 강점을 알고 관심 계열을 찾아본 후 어떤 직업을 가지고 싶은지, 어떤 과목을 들어 보는 것이 좋을지 구체적인 전략이 나와 있어야 합니다.

그런데 왜 공부해야 하는지도 모른 채 책상에 앉아 무슨 생각을 하는지도 모르겠고 허송세월만 하는 것 같은 우리 아이에게 갑자기 '진로'를 찾아야 한다고 하면 과연 와닿을까요?

무기력했던 아이가 스스로 '공부'하게 하는 비결은 '진로 선택 코칭'

그러기 위해서는 먼저 호흡을 고르고 원론적인 얘기로 돌아가야만 합니다. 먼저 내 아이가 가진 강점들을 알아야 하고, 왜 공부해야 하는지를 깨닫게 해 줘야 하며 그 이유를 찾아 힘든 시기를 잘 겪어 내는 힘을 길러 줘서 결국 원하는 진로까지 선택하도록 차근차근 이끌어 줘야 하는 것이죠.

바로 그 방법이 '진로 선택 코칭'입니다. 제게 상담 문의를 하는 아이들 중에는 성적이 좋은 아이들은 많지만, 공부를 왜 해야 하는지 알고 공부하는 아이들은 많지 않습니다. 그리고 대부분은 성적이 저조하고 공부를 왜 해야 하는지 모르고 무기력한 아이들입니다.

이 아이들에게는 학습 방법에 관한 코칭보다는 자신이 누구인지 충분히 파악하는 시간이 필요합니다. 여러 가지 검사지로 자신의 학습 유형, 성격, 진로 흥미, 기질 등을 알고, 나만의 특성을 발견하는 과정이 필요합니다. 그것이 진로와 연결되어 나만의 진로 로드맵이 완성되면서 자연스레 공부하는 의미도 찾게 되는 것이죠.

공부를 못하고 싶은 학생이 없듯이 자신의 미래에 관심이 없는 학생도 없습니다. 저는 이 과정을 통해 마법처럼 변화가 일어난 아이들을 많이 봤습니다.

교육 현장은 격변하고 있다

"2015 개정 교육과정, 대입공정성 강화방안, 2022 개정 교육과정, 2024 자소서 폐지, 2025 고교학점제, 2028 대입 개편, 의대 증원, 무전공 선발 확대" 등의 뉴스를 들어보셨을 겁니다. 지금 우리의 교육 현장도 격변하고 있습니다. 이런 변화의 흐름에 해당하는 학생과 학부모님들은 혼란스럽고 두렵기도 할 것입니다. 하지만 무엇보다 중요한 것은 교육과정의 큰 흐름을 제대로 이해하고 새로 도입되는 정책을 적극적으로 받아들이는 자세가 필요하다는 것입니다.

그런데 언뜻 말만 들어 보았지 실제로 무슨 변화가 있다는 것인지 정확히 아시나요? 과연 내 아이에게도 적용되는 것인지, 언제부터 시작되는 것인지, 고교학점제가 정확히 무엇인지 궁금한 점이 많을 것입니다.

저 또한 2010년대생 아이를 둔 학부모로 고교학점제 적용을 받는 제 아이 때문에 고교학점제에 관심을 가지게 되었습니다. 모르니 불안한 마음에 정작 자료를 찾아보면 나름 교육계에 오랜 시간 몸담았던 제가 봐도 어려운 문서들이 많았고, 바뀌는 교육정책에 대한 학부모님의 불안심리를 이용하여 마케팅하는 사교육 시장의 광고도 많았습니다. 그러나 어디서부터 어떻게 준비해야 하는지 진정성 있고 친절하게 전문적으로 알려 주는 책이나 정보는 거의 없었습니다.

그래서 저와 같은 불안감을 느끼실 많은 학부모님께 올바르고 유용한 정보를 제공해 드리자는 목표를 세웠습니다. 전직 학습 코칭 강사, 고등학교 교사, 입학사정관, 교육부 유관기관 입시센터 등 공교육 테두리 안에서 10여 년간 재직했던 경험을 바탕으로, 현재 2010년대생 초, 중학생 자녀를 둔 학부모님께 도움이 되도록 이 책을 썼습니다.

또 블로그, 인스타, 카페, 유튜브를 만들어 운영하며 양질의 정보를 제공하려 노력하고 있습니다. 그래서 저의 모든 교육 경험을 녹여 정보의 불균형 없이, 격변하는 교육 변화에 불안해하는 학부모님을 위한 진심을 담은 길잡이가 되고자 합니다.

고교학점제, 입시, 진로 모든 것을 다룬다

이 책은 크게 2개 PART로 구성되어 있습니다. PART 1에서는 2009년생이 고1이 되는 2025년부터 전면 시행되는 '고교학점제'에 대해 궁금해할 만한 내용들을 다뤘습니다. 또 입시에 관한 내용도 빼놓을 수 없기에 입시 정보와 바뀌는 대입 제도를 설명했습니다. 그리고 〈미리 가 보는 '고교학점제' 고등학교〉에서는 아이와 직접 시간표, 학업 계획서, 공강 시간 활용 계획을 짜 볼 수 있게 해서 고교학점제에 대해 막연한 두려움을 없애고자 했습니다.

PART 2에서는 진로 선택 코칭이 무엇인지, 아이의 진로 성향을 파악하기 위해서는 어떤 검사를 해 볼 수 있는지, 아이와 직접 해 볼 수 있는 진로 선택 코칭 실전편까지 실용적이고 구체적인 내용들을 다루었습니다.

이 책을 통해 지금 발붙인 현실이 막연하고 답답한 누군가가 자신의 '진로'를 찾고, 입시라는 레이스를 성공적으로 잘 마칠 수 있기를 간절히 희망합니다.

이로울쌤(이미연)

차 례

PART 1 고교학점제와 입시

CHAPTER 1 드디어 열리는 '고교학점제' 시대

Section 1 고교학점제 기본 다지기

Section 2 '교육과정'을 알면 보이는 고교학점제

Section 3   고교학점제 '과목 선택'의 모든 것

CHAPTER 3   미리 가 보는 '고교학점제' 고등학교

^{Section 2} **미리 작성하는 내 아이 '학업 계획서'**

^{Section 3} **미리 작성하는 내 아이 '공강 시간' 활용 계획**

PART 2 진로 선택 코칭

CHAPTER 1 내 아이 '진로 선택 코칭' 시작하기

Section 1 '진로 선택 코칭'을 먼저 해야 하는 이유

Section 2 '진로 선택 코칭' 전 알아야 할 것

본문의 자료 내려 받기

사람in 웹사이트(www.saramin.com) 접속 – 검색창에 '고교학점제' 입력
– 표지 이미지 클릭 – 추가자료 탭 클릭 – 해당 자료 내려받기

고교학점제와 입시

CHAPTER 1

드디어 열리는
'고교학점제' 시대

고교학점제 기본 다지기

고교학점제
도입 시 변화

고교학점제 도입 배경

우리나라 교육과정은 이미 그 자체가 고교학점제의 기본적인 구조를 수용하고 있습니다. 오래전부터 적어도 고등학생들은 자신의 진로와 흥미에 따라 과목을 선택해야 한다는 합의가 있었고, 우리나라 고등학교 교육과정은 학점제의 기본 조건인 '선택형 교육과정'입니다. 지금으로부터 25년 전인 1997년에 도입된 7차 교육과정에서도 선택 중심 교육과정이 있었습니다. 또 1995년생부터 2009년생까지 해당된 2009 개정 교육과정은 7차 교육과정보다 학생의 '선택권'에 대해 조금 더 진화한 교육과정입니다. 그리고 현재 교육과정인 2015 개정 교육과정에서는 학생의 선택권을 확대하는 추세가 더욱 강화되었습니다. 따라서 '고교학점제'는 어느 날 갑자기 '짠!' 하고 나타나 한 번에 모든 것이 바뀌는 교육과정이 아닙니다. 이미 우리의 교육과정 흐름은 일관되게 학생의 선택권을 강화해 왔고, 고교학점제를 받아들일 준비를 해 왔습니다. 고교학점제는 학생의 교과 선택권 확대와 이를 위한 학교 교육과정의 다양화를 추구해 온 지금까지의 교육과정을 잇는 연장선에 있습니다.

고교학점제 도입 이유

▶ 경쟁에서 뒤처진 아이들에게 책임 교육을 실현한다

"선생님, 제가 왜 이 수업을 들어야 하나요?"

고등학교에서 1학년 학생들에게 열심히 과학 수업을 하고 있었을 때 한 학생이 물었습니다. '과학'이란 과목의 특성상 모든 아이가 집중해서 듣기 힘들다는 것은 알고 있었지만, 유독 한 아이가 학기 초부터 눈에 띄더라고요. 수행평가 과제는 해 오는 법이 없었고, 수업 시간에는 집중하는 다른 아이들까지 훼방만 놓던 아이였죠. 저로서는 곱게 보일 리 없어서 한 번은 아이와 진지하게 대화를 해 봤습니다. 아이의 말을 들어 보니, 선생님은 좋은데 과학이란 과목은 이미 초등학교 때 포기해서 무슨 말인지 전혀 이해되지 않아 도저히 듣고 있기 힘들다고 하더군요. 이 학생의 다른 과목 성적도 살펴보니 과학 뿐 아니라 영어, 수학 모두 성적이 저조했습니다.

이런 수포자, 영포자, 과포자인 학생들이 한 학교당, 한 학급당 얼마나 있을까요? 이 아이들은 누가 책임져야 할까요?

《고교학점제 어떻게 실천할 것인가》(김삼향 외 4인, 맘에드림)에 바로 이 책임 교육 내용이 나옵니다. 한국교육과정평가원 연구(2019)에 따르면, 학생들은 초등학교 3학년 수학 교육과정 '분수'에서 첫 고비를 맞이한다고 합니다. 이때 '분수'를 이해하지 못한 학생에게 공교육 안에서 책임 교육을 하지 못하거나 부모의 지원이 이루어지지 않으면, 결국 수포자가 될 가능성이 커지는 것이죠.

개인 간, 지역 간 편차가 큰 영어도 마찬가지입니다. 학교 교육과정에서 정식으로 영어를 배우는 것은 초등학교 3학년부터인데, 유아기부터 막대한 사교육으로 영어 교육을 받은 아이들과 3학년 때 알파벳을 배우는 아이들의 편차는 이미 커져 있어서 영어 교육이 이루어지는 순간부터 영포자가 되어 버립니다. 물론 시도교육청 차원에서 이런 학생들을 위한 교육 프로그램을 운영하고는 있지만, 현재 체제에서는 출석만 해도 졸업할 수 있으니 학교에서 실질적으로 끝까지 책임을 다해 교육해 주지는 않습니다.

'고교학점제'에서는 학생들이 자신의 진로와 수준에 맞춰 과목을 선택할 수 있고 출석과 학점을 취득해야 졸업할 수 있어서 자연스레 학교는 학업 이행에서 책무성을 부여받게 됩니다. 즉, 이제 무조건 출석 일수만 채운다고 졸업하게 되지는 않는 것이죠. 이렇게 고교학점제의 학교는 '책임 교육' 체제를 구축할 수 있습니다.

▶ 학생에게 다양한 교과목 선택권이 주어진다

고교학점제가 전제하는 학생의 교과목 선택권은 학생들이 수업에 관심을 가지고 몰입할 수 있는 기본 조건이 됩니다. 즉 '동기부여'와 연결될 수 있습니다. 예전처럼 학교가 정해 준 시간표대로 수동적으로 수업을 듣는 방식에서는 흥미 없는 과목에 대해서 동기를 부여받기 어렵습니다.

2018년 11월 23일 KBS다큐에서 방영된 '고교학점제 장단점을 이야기하다'를 보면, 자동차공학과 진학을 꿈꾸는 한 학생은 고교학점제를 통해 원하는 과목을 선택하고 공부해서 스쿠터를 직접 만들어 봅니다. 본인이 생각하는 자동차의 디자인과 엔진을 직접 구상해서 자동차를 만들고 싶다고 말하는 인터뷰를 보면, 이 학생은 이미 본인의 꿈에 한 발짝 다가섰음을 알 수 있습니다. 학생들에게 교과목을 마음대로 선택할 수 있는 작은 자율권만 주어져도 학생들의 만족도가 크게 높아진다는 것이 많은 학교의 사례로 증명되었습니다.

물론 학생의 선택권이 배움의 질을 높이는 단계까지 보장하지는 않겠지만, 적어도 학생들이 강요된 수업을 듣느라 괴로운 시간을 보내는 일이 크게 줄어든다는 것은 증명된 셈이죠. 자신이 '선택'했기 때문에 그만큼 적극적으로 수업을 듣게 되고, 수동적으로 따라가는 존재가 아니라 '자기주도적'인 존재로 '책임감'을 가지고 수업을 듣는다면, 이보다 더 큰 고교학점제의 장점이 또 있을지 모르겠습니다.

고교학점제는
어떤 제도인가?

고교학점제란?

학생이 기초 소양과 기본 학력을 바탕으로 자신의 **진로와 적성에 따라 과목을 선택**하고, 이수 기준에 도달한 과목에 대해 **학점을 취득·누적하여 192학점에 도달하면 졸업을 인정**받는 제도입니다. (교육부, 2021) 다시 말해, 학생이 과목을 '선택'한다는 것입니다. 그리고 원하는 과목을 최대한 선택해서 수업을 들을 수 있습니다. 그렇게 취득한 '학점'이 어느 수준 이상이 되면 졸업 요건이 갖춰져 졸업할 수 있게 만든다는 제도입니다.

고교학점제의 특징

진로에 따라 다양한 과목을 선택하는 제도	지금까지 고등학생들은 주어진 교육과정에 따라 수업을 들었습니다. 하지만 고교학점제가 시행되면, 학생들은 자신의 진로에 따라 원하는 과목을 선택해 수업을 듣게 됩니다.
목표한 성취 수준에 도달했을 때 과목을 이수하는 제도	기존에는 학생이 성취한 등급에 상관없이 과목을 이수할 수 있었습니다. 하지만 고교학점제가 시행되면, 학생이 목표한 성취 수준에 충분히 도달했다고 판단할 때 과목 이수를 인정해 줍니다. 따라서 배움의 질이 보장될 수 있습니다.
누적 학점이 기준에 도달할 때 졸업하는 제도	기존 고등학교에서는 출석 일수로 졸업 여부를 결정했습니다. 하지만 고교학점제가 시행되면, 누적된 과목 이수 학점이 졸업 기준에 이르렀을 때 졸업할 수 있습니다. 따라서 졸업이 곧 본질적인 학력 인정으로 이어질 수 있습니다.

도입 시기

　현재 전국의 마이스터고, 특성화고부터 고교학점제를 도입했습니다. 일반계 고등학교는 단계적으로 적용해 2023년에 고1이 되는 2007년생과 2024년에 고1이 되는 2008년생에게 부분 도입되었고, 2025년에 고1이 되는 2009년생부터 고교학점제가 '전면 시행'됩니다.

(출처: 고교학점제 종합 추진 계획, 교육부, 2021)

고교학점제 시행 대상

대상	2022년 고1	2023년 고1(2007년생) 2024년 고1(2008년생)	2025년 고1~ (2009년생 이후~)
일반고 및 특목고	◆ 2015 개정 교육과정 유지 ◆ 개설 과목 확대	◆ 2015 개정 교육과정 유지 ◆ 공통과목(국어, 수학, 영어)에 최소 성취 수준 보장 지도 실시	◆ 2022 개정 교육과정 적용 ◆ 전 과목 미이수제 도입 ◆ 모든 선택과목 성취평가제
	3년간 총 수업량: 204단위	3년간 총 수업량: 192학점	3년간 총 수업량: 192학점
특성화고	2022학년도 고1부터 순차적으로 도입: 192학점(1학점 16시간)		

고교학점제 프로세스(학생)

  고교학점제가 도입되면 어떤 과정을 거쳐 졸업까지 이르게 되는지 과정별로 설명하겠습니다.

1	교육과정	영역별, 단계별 선택 가능한 학점 기반의 교육과정

▼

2	수강 신청	학생의 수요를 바탕으로 수강 과목 선택

▼

3	수업	학생 참여형 수업(토론·실습) 운영, 학년 구분 없이 자유로운 과목 수강

▼

4	평가	수업과 연계한 과정중심평가, 교사별 평가, 성취평가제 적용

▼

이수	미이수	보충 프로그램 제공

▼

5	학점 취득	과목별 성취 수준 도달 시 학점 이수

▼

6	졸업	학점 기준의 졸업 요건 설정

① **교육과정** 학생 수요를 반영한 학점 기반의 교육과정이 재학 중인 학교에 개설되거나 다른 학교에서 가서 들을 수 있거나 온라인으로 수강할 수 있습니다.

② **수강 신청** 학생 개개인의 진로에 따라 과목을 선택해 수강 신청을 합니다. 수강 신청은 고교학점제 홈페이지(www.hscredit.kr)의 온라인 수강 신청 배너에서도 가능하고,

교육청별로 고교학점제 지원센터 홈페이지가 잘 만들어져 있어 학교의 안내를 따르면 됩니다.

③ **수업** 수강 신청을 한 과목에 따라 수업을 듣습니다. 같은 반이라 하더라도 학생들의 시간표는 모두 다를 수 있습니다. 학생 참여형 수업(토론·실습)이 주로 이루어지고, 학교는 학생들에 대한 책임 교육을 강화해 일정 수준의 학력에 도달하지 못했을 경우 미이수제를 통해 기본 학력을 보장합니다.

④ **평가** 수업과 연계해 과정중심평가가 이루어지고 성취평가제가 적용됩니다.
이수/미이수 이수 기준은 수업 회수의 2/3 이상 출석, 학업 성취율이 40% 이상일 경우이고, 미이수일 경우 보충 프로그램을 제공해 이수할 수 있도록 학교가 책임 교육을 실시합니다.

⑤ **학점 취득** 과목별 성취 수준 도달 시 학점을 취득하게 됩니다.

⑥ **졸업** 누적 학점이 192학점에 도달하면 졸업 요건에 충족됩니다.

고교학점제 수강 신청 절차(학교)

사전 수요 조사	3, 4, 5월	교육과정 설명회, 과목 선택에 관한 학생 상담
	6월	수강 신청 프로그램으로 모든 교과목 대상 사전 수요 조사
	7, 8월	수요 조사 결과 분석 – 수강 신청 대상 과목 확정

▼

| 수강 신청 | 9, 10월 | 수강 신청 프로그램으로 수강 신청 |
| | | 수강 신청 결과 분석, 개설 과목 확정 |

▼

수강 신청 정정	11월	수강 신청 정정 기간 및 절차 안내
		수강 신청 정정 기간 운영 및 수강 신청 정정 완료
		차년도 교육과정 확정 및 교과서 주문

▼

| 수업 운영 준비 | 12, 1, 2월 | 수업 반 편성, 수업 시간표 작성(학생별, 교사별, 교실별) |
| | | 수업 운영 준비 |

▼

| 수업 시간표에 따른 수업 | 학생 선택에 따른 개인별 시간표 운영 |

▼

| 학점제 수업 운영 | 학생 중심의 개별 교육과정 운영
능동적 학생 참여/ 자기주도적 학습/ 주제 탐구 학습 |

▼

| 평가
(수행평가 및 지필고사) | 수행평가: 수업과 연계한 과정중심평가
지필평가: 교과별 성취평가 성취평가제 적용 |

▼

| 학점 취득 | 이수/미이수(보충 프로그램 이수) |
| | 교과별 성취 기준 도달 시 학점 이수
이수 기준: 성취평가제 40% 이상 |

현재 학교 현장에서 상위권 학생들은 명문대에 가기 위해 치열한 경쟁을 벌이는 반면, 최하위권 학생들은 교육 장면에서 소외되는 경우도 더러 있습니다. 도달해야 할 성취 기준과 학생 개개인의 역량과는 일정한 차이가 있을 수밖에 없는데, 이 차이를 메우는 것은 학부모나 학생 개인의 몫이었고 결국 사교육 시장을 키우는 요인이 되어 왔던 것이죠.

　　'고교학점제'에서는 기본 학력을 보장하는 미이수제가 도입되어 앞으로는 공교육이 책무성을 가지고 이 문제를 해결할 수 있을 것입니다. 물론 '고교학점제'가 도입된다고 해서 우리 교육의 모든 문제가 단숨에 해결되고 모든 상황이 이상적으로 바뀌지는 않을 것입니다. 하지만 분명한 것은 출석 일수가 성취 수준을 담보해서는 안 되고, 경쟁에서 뒤처진 학생들을 더 이상 방치해서도 안 된다는 것입니다. 다양한 꿈을 품고 있는 아이들에게 국·영·수를 강조하면서 오직 줄 세우기식의 교육을 하는 시대는 이제 끝나야 한다는 사실이죠. 그래서 이제는 '고교학점제'여야 합니다.

교육과정을 알면 보이는 고교학점제

2015 개정 교육과정, 문·이과 통합의 시작

고교학점제에서 '학점제'란 용어가 언제 우리나라 교육과정에 공식적으로 등장했을까요? 바로 2009 개정 교육과정의 토대라고 할 수 있는 〈미래형 교육과정 구상(안)(국가교육기술자문회의, 2009)〉에서입니다. 이때 등장한 용어가 바로 '학점제'였고, 이에 관해 구체적인 '학생의 교과목 선택권 확대'를 주요 내용으로 하는 교과부의 문서는 2010년에 등장했으니 '고교학점제'의 시초는 꽤 오래전부터 이루어졌다고 볼 수 있습니다.

2025년부터 전면 실시될 '고교학점제의 과목'을 꿰뚫어 보기 위해서는 2015 개정 교육과정과 2022 개정 교육과정을 먼저 이해해야 합니다. 고교학점제의 근간이 되는 2015 개정 교육과정은 2015년에 고시되어 2018년에 고1이 되는 학생부터 적용되었습니다.

2015 개정 교육과정에서 가장 주목할 부분은 문·이과 **구분이 없어지고 '학생의 과목 선택 폭'이 더욱 확대**되었다는 것입니다. 물론 이전의 교육과정에서도 학생의 선택권은 늘 있었지만 선택의 범위가 다소 작았고, 2015 개정 교육과정부터는 전체 교과로 확대되었다는 것이 다릅니다. 특히, 기초 교과 영역인 국어, 수학, 영어 교과도 다양하게 선택할 수 있다는 것이 크게 달라진 점입니다.

2015 개정 교육과정 편제

2015 개정 교육과정은 고교학점제 과목의 뼈대를 이루고 있어서 다음의 편제를 반드시 이해하셔야 합니다.

2015 개정 교육과정의 편제

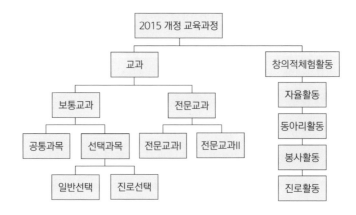

2015 개정 교육과정의 편제는 크게 교과와 창의적체험활동으로 나뉩니다. 창의적체험활동은 자율활동, 동아리, 봉사활동, 진로활동이 포함됩니다.

교과는 '보통교과'와 '전문교과'로 구분되는데, 전문교과I은 과학고, 외국어고, 국제고, 체육고, 예술고 등의 특수목적고에서 배우고, 전문교과II는 특성화고, 산업 수요 맞춤형 고등학교에서 배웁니다.

일반고에서도 학생의 적성과 진로에 따라 전문교과I, II 교과목을 진로선택과목으로 개설할 수 있습니다. 여기서 눈여겨봐야 할 것은 '보통교과'입니다. 고교학점제 과목의 주요 뼈대를 이루는 보통교과에는 모든 학생이 이수하는 **'공통과목'**과 **'선택과목'**이 있으며, **'선택과목'**은 **'일반선택'**과 **'진로선택'**으로 구분됩니다.

고등학교 학점 배당 기준표

구분	교과 영역	교과(군)	공통과목(학점)	필수 이수 학점	자율 편성 학점
교과(군)	기초	국어	국어(8)	10	학생의 적성과 진로를 고려해 편성
		수학	수학(8)	10	
		영어	영어(8)	10	
		한국사	한국사(6)	6	
	탐구	사회(역사/도덕 포함)	통합사회(8)	10	
		과학	통합과학(8) 과학탐구실험(2)	12	
	체육·예술	체육		10	
		예술		10	
	생활·교양	기술·가정/제2외국어/한문/교양		16	
		소계		94	80
창의적체험활동				18(306시간)	
총 이수 학점				192	

2023학년도 입학생 기준

자율고등학교를 포함한 일반 고등학교에서는 국어, 수학, 영어, 한국사의 '기초 교과 영역', 사회와 과학을 포함하는 '탐구 교과 영역', 그 외 '체육/예술 교과 영역', '생활/교양 교과 영역'의 4개 교과 영역이 있습니다. 진학하는 학교의 유형과 상황에 따라 개설 과목이 다를 수 있지만, 보통 1학년 때는 국어, 수학, 영어, 한국사, 통합사회, 통합과학, 과학탐구실험으로 이루어진 공통과목을 배우고, 2, 3학년 때 자신의 진로와 적성에 맞게 과목을 직접 선택해 배웁니다.

단위제 vs 학점제

학점제를 이해하기 전에 기존의 단위제 개념부터 알아야 합니다. 앞의 표에서 과목명 옆의 괄호에 있는 숫자가 단위입니다. 1단위는 50분 수업을 17회 했을 때를 기준으로 합니다. 이런 단위를 교과 관련 180단위, 창의적체험활동 24단위를 합해 204단위를 이수하면 고등학교 졸업 자격이 주어지는 것이 단위제입니다. 단위제에서는 일정한 성취 기준을 요구하지 않기 때문에 법정 최소 '수업 일수'만 충족시키면 진급이나 졸업이 인정되죠.

학점제에서 학점도 단위와 개념은 같습니다. 다만 2023년 고1부터는 '단위'라는 단어가 '학점'으로 대체되는 것이고, 수업량은 줄어듭니다.

총 이수 단위가 204단위에서 192학점으로 변경되는데, 이는 자율 편성 단위가 86단위에서 80학점으로 6학점 감축되고, 창의적체험활동이 24단위에서 18학점으로 6학점 감축돼서 그렇습니다.

　이수 시간은 기존 204단위에서는 연간 2,890시간을 수업했지만, 단계적 이행 단계인 2023년과 2024년엔 2,720시간을 수업해서 170시간이 줄고, 고교학점제가 전면 시행되는 2025년부터는 2,560시간으로 330시간이 감축됩니다.

고등학교 학사 운영 체제 변화

	~ 2022년	2023~2024년	2025년~
수업량 기준	단위	학점	학점
1학점 수업량	50분 17(16+1)회	50분 17(16+1)회*	50분 16회*
총 이수 학점 (이수 시간)	204단위 (2,890시간)	192학점 (2,720시간)	192학점 (2,560시간)
교과 · 창체 비중	교과 180 창의적체험활동 24	교과 174 창의적체험활동 18	교과 174 창의적체험활동 18

* 교과 수업 회수는 감축되지만, 현행 수업 일수(190일 이상)는 유지해 교과융합 수업, 미이수 보충지도 등 다양한 프로그램의 자율적 운영

　학점제에서는 일정한 성취 수준에 도달한 학생만 학점을 받게 됩니다. 이 점이 출석 일수만 채우면 학습의 성취 정도와 무관하게 졸업할 수 있었던 단위제와 다른 점이라 할 수 있습니다.

2015 개정 교육과정의 과목 구성

교과 영역	교과(군)	공통과목	선택과목	
			일반선택	진로선택
기초	국어	국어	화법과 작문, 독서, 언어와 매체, 문학	실용 국어, 심화 국어, 고전 읽기
	수학	수학	수학Ⅰ, 수학Ⅱ, 미적분, 확률과 통계	기본 수학, 실용 수학, 인공지능 수학, 기하, 경제 수학, 수학과제 탐구
	영어	영어	영어Ⅰ, 영어Ⅱ, 영어 회화, 영어 독해와 작문	기본 영어, 실용 영어, 영어권 문화, 진로 영어, 영미 문학 읽기
	한국사	한국사		
탐구	사회 (역사/도덕 포함)	통합사회	한국지리, 세계지리, 세계사, 동아시아사, 경제, 정치와 법, 사회·문화, 생활과 윤리, 윤리와 사상	여행지리, 사회문제 탐구, 고전과 윤리
	과학	통합과학, 과학탐구실험	물리학Ⅰ, 화학Ⅰ, 생명과학Ⅰ, 지구과학Ⅰ	물리학Ⅱ, 화학Ⅱ, 생명과학Ⅱ, 지구과학Ⅱ, 과학사, 생활과 과학, 융합과학
체육·예술	체육		체육, 운동과 건강	스포츠 생활, 체육 탐구
	예술		음악, 미술, 연극	음악 연주, 음악 감상과 비평 미술 창작, 미술 감상과 비평
생활·교양	기술·가정		기술·가정, 정보	농업 생명과학, 공학 일반, 창의 경영, 해양 문화와 기술, 가정과학, 지식 재산 일반, 인공지능 기초
	제2외국어		독일어Ⅰ 프랑스어Ⅰ 스페인어Ⅰ 중국어Ⅰ / 일본어Ⅰ 러시아어Ⅰ 아랍어Ⅰ 베트남어Ⅰ	독일어Ⅱ 프랑스어Ⅱ 스페인어Ⅱ 중국어Ⅱ / 일본어Ⅱ 러시아어Ⅱ 아랍어Ⅱ 베트남어Ⅱ
	한문		한문Ⅰ	한문Ⅱ
	교양		철학, 논리학, 심리학, 교육학, 종교학, 진로와 직업, 보건, 환경, 실용 경제, 논술	

2015 개정 교육과정의 과목 유형

　고1 때 배우는 공통과목(국어, 수학, 영어, 한국사, 통합사회, 통합과학, 과학탐구실험)은 기초 소양 함양과 기본 학력을 갖추기 위한 과목으로 구성되어 있습니다. 이런 공통과목은 모든 학교가 개설하고 모든 학생이 이수하기 때문에, 학생 선택권을 확대하는 교육과정 영역은 고2~3에 선택하는 선택과목입니다.

　선택과목 중 일반선택과목은 교과별 학문의 기본적 이해를 위한 과목들로 구성되어 있고, 진로선택과목은 교과 융합학습, 진로 안내 학습, 교과별 심화학습, 실생활 체험학습 등을 위한 과목으로 구성되어 있으며 3개 이상 과목을 이수하도록 하고 있습니다.

　2015 개정 교육과정에서 과목 유형을 구분하는 것은 학생의 과목 선택을 확대하기 위한 것입니다. 학교에서는 학생들이 과목을 선택할 때 먼저 자신의 진로와 흥미에 맞는 **일반선택과목을 선택한 다음 진로선택과목을 선택할 것을 권장**하고 있습니다.

　다만 옆의 〈2015 개정 교육과정의 과목 구성〉 표에 제시된 모든 과목이 고등학교에 개설되는 것은 아닙니다. 현재 관심 있는 고등학교에 어떤 과목들이 개설되어 있는지 궁금하다면 '학교알리미' 사이트(www.schoolinfo.go.kr)에서 검색해 보면 알 수 있습니다. 만약 다니는 고등학교에 원하는 과목이 개설되어 있지 않더라도 공동교육과정 등을 통해 여러 방법으로 과목을 선택해 들을 수 있도록 하고 있습니다.

수능을 준비하기 위해서는 출제 과목을 고려해 이수할 과목을 선택해야 합니다. 앞의 〈2015 개정 교육과정의 과목 구성〉 표에서 선택과목 중 빨간색으로 표시된 과목은 대학수학능력시험의 출제 과목입니다. 대학별로 자연계 일부 모집 단위에서는 수학에서 '미적분'이나 '기하'를, 탐구에서는 과학을 반영하는 경우가 있습니다. 그러므로 선택과목을 고를 때 희망 대학의 전공 안내서와 모집 요강을 미리 참조해서 선택하는 것도 중요합니다.

또 선택과목 중에 위계가 있는 과목은 과목 간 위계를 고려해 수업을 듣습니다. '위계'란 어떤 과목을 이수하기 위해 먼저 들어야 하는 과목이 있을 경우 이들 과목 간의 순서를 말합니다. 자연계열을 희망하는 학생은 '물리학 I, 화학 I, 생명과학 I, 지구과학 I' 과목 중 필요한 과목을 선택해 이수하고. 3학년 과정에서 전공 관련해 과학 교과 II 수준의 과목을 2~3과목 이수하면 됩니다.

인문사회계열이라 하더라도 대학에서 통계학, 경제학 전공을 희망한다면 자연계열 학생이 주로 선택하는 미적분 과목을 들어야 합니다. 예체능계열을 희망하는 학생이 산업디자인을 전공하려면 컴퓨터 능력이 요구되므로 정보 관련 과목을 이수하면 도움이 됩니다.

2022 개정 교육과정, 고교학점제 기반 교육과정

2022 개정 교육과정은 2021년 11월에 주요 사항이 발표되고, 2022년 8월에 시안이 공개되고 같은 해 12월에 고시 확정되었습니다. 이 교육과정은 2025년 전면 시행되는 고교학점제가 담겨 있는 교육과정이고, 2028 대입 개편과도 연계됩니다. **2009년 이후 출생 아이들은 모두 적용받아서 현재 초등학생 자녀가 있는 학부모도 꼭 알고 있어야 할 교육과정입니다.** 2022 개정 교육과정이 적용되면 고교학점제와 맞물려 많은 변화가 있을 예정입니다.

2022 개정 교육과정 도입 시기

출생 연도별 2022 개정 교육과정 도입 시기

학년	2024년	2025년	2026년	2027년
초등학교 1학년	2017년생	2018년생	2019년생	2020년생
초등학교 2학년	2016년생	2017년생	2018년생	2019년생
초등학교 3학년	2015년생	2016년생	2017년생	2018년생
초등학교 4학년	2014년생	2015년생	2016년생	2017년생
초등학교 5학년	2013년생	2014년생	2015년생	2016년생
초등학교 6학년	2012년생	2013년생	2014년생	2015년생
중학교 1학년	2011년생	2012년생	2013년생	2014년생
중학교 2학년	2010년생	2011년생	2012년생	2013년생
중학교 3학년	2009년생	2010년생	2011년생	2012년생
고등학교 1학년	2008년생	2009년생	2010년생	2011년생
고등학교 2학년	2007년생	2008년생	2009년생	2010년생
고등학교 3학년	2006년생	2007년생	2008년생	2009년생

2022 개정 교육과정 도입 시기를 출생 연도별로 나타낸 표입니다. 2024년에 초1이 되는 2017년생, 초2가 되는 2016년생부터 2022 개정 교육과정이 적용됩니다. 고교학점제가 전면 시행되는 2025년에는 초3이 되는 2016년생과 초4가 되는 2015년생, 중1이 되는 2012년생, 고1이 되는 2009년생에게 적용됩니다. 2026년에는 초5가 되는 2015년생, 초6이 되는 2014년생, 중2가 되는 2012년생, 고

2가 되는 2009년생에게 적용되고, 2027년에는 중3이 되는 2012년 생, 고3이 되는 2009년생에게 적용되면서 모든 학년에 적용됩니다.

따라서 2007년생과 2008년생까지는 2015 개정 교육과정을 적용 받지만, 2025년에 고1이 되는 2009년생 이후 출생자부터는 2022 개정 교육과정을 적용받게 됩니다.

2022 개정 교육과정의 필요성

2009년 확정 발표된 2009 개정 교육과정, 2015년 고시된 2015 개정 교육과정, 2022 개정 교육과정까지 6~7년 주기로 교육과정이 개편되고 있습니다. 그렇다면 2022 개정 교육과정은 무엇 때문에 개 정하는 것일까요?

2022 개정 교육과정 추진 배경

예측할 수 없는 변화에 대응할 수 있는 교육 혁신 필요	학령 인구 감소 및 학습자 성향 변화에 따른 맞춤형 교육 기반 필요
• 변동성, 불확실성, 복잡성 등 미래 사회 대응 • 새로운 인간상과 교육체제 모색	• 저출생, 디지털 전환에 대응하는 교육 환경 구축 필요 • 학습자의 삶과 연계한 학교 교육 혁신
새로운 교육 환경 변화에 적합한 역량 함양 교육 필요	현장 수용성 높은 교육과정에 대한 요구 증대
• 지식 · 정보의 폭발적 증가 → 문제 해결 역량 중요 • 미래 핵심 역량을 키우는 교육 혁신	• 교육 주체와 국민의 참여 확대 요구 증가 • 교육 주체 간 협력적 교육과정 개발 체제로 개선

[유튜브 - 국민과 함께하는 2022 개정 교육과정] 채널에서 〈2022 개정 교육과정의 이해 총론〉 편을 보면 관련 전문가들이 토론자로 나와 교육과정을 좀 더 쉽게 풀이합니다. 2022 개정 교육과정의 필요성은 다음과 같은 2가지로 정리할 수 있습니다.

첫 번째는 변화하는 미래를 준비해야 하기 때문입니다. 인공지능과 코로나가 가져온 미래 사회에 대응하기 위해서는 새로운 인간상과 새로운 교육체제가 필요하다고 판단한 것이죠. 두 번째는 기존 교육과정을 운영하면서 미비한 점을 보완해야 하기 때문입니다.

한마디로 인공지능에 의한 4차 산업혁명, 코로나가 가져온 불확실한 미래로 인해 이에 대응할 수 있는 역량을 키우기 위해 새로운 교육과정을 제시해야 한다는 것이 개정의 필요성이었습니다.

2가지 핵심 가치, 포용성과 창의성

2022 개정 교육과정의 비전은 **포용성과 창의성**입니다. 코로나19가 가져온 지구 전체 생태계에 대한 위험성, 공동체적 가치를 위해서는 포용성이 필요하고, 인공지능과 더불어 4차 산업 시대에 대응할 수 있는 것은 창의성이라고 봤기 때문입니다. 학생들이 이런 포용성과 창의성을 가지고 주도적으로 미래를 열고 성장하길 바라며 교육과정을 개편한 것입니다. 이전과 같은 방식의 교육과정으로는 미래 사회, 변화하는 시대에 대비하기가 어렵다고 판단한 것이죠.

인공지능이 주도하는 세상에서 꼭 필요한 교육

　기성세대도 인공지능 세상을 경험하고 있습니다. 미래를 살아가는 데 필요한 것들을 교육과정에서 얻어야 한다고 생각했고, 그것을 디지털, AI 소양의 함양 교육 강화라는 교육과정 과제로 심어 놓았습니다. 다만 학생들에게 코딩을 교육해서 모든 학생을 개발자로 만들자는 것이 아니라, 컴퓨터가 하는 사고를 획득하고 삶에서 중요한 도구로 컴퓨터를 활용할 수 있는 사람으로 기르고 싶은 것입니다.

　변화하는 시대에는 인간과 인공지능의 차별성을 유념해야 합니다. 인공지능이 잘하는 것을 인간이 고집할 필요는 없습니다. 즉, 많은 지식을 암기하고 반복하는 것이 인공지능이 잘하는 것이라면, 인공지능이 못하고 사람만이 할 수 있는 것에 중점을 둬야 한다는 것이죠. 그래서 2022 개정 교육과정에서는 창의적 사고 역량이 중요한 핵심 역량입니다.

　이런 디지털 리터러시와 컴퓨팅 사고력은 정보 교과를 만든다고 해결되는 문제가 아니기 때문에 기존 주요 과목들에서 어떻게 녹여낼 수 있을지, 학생들이 어떻게 하면 물 마시듯 컴퓨팅 사고 능력을 얻어 나가고 삶에서 활용할 수 있는지의 관점으로 개편했다고 합니다. 그래서 2022 개정 교육과정으로 인해 초등학교는 34시간 이상 정보 교육, 중학교는 68시간 이상 정보 교육, 고등학교는 정보 교과 신설 후 선택과목을 개설하면서 초·중·고 모두 정보 교육을 강화하는 것이 특징입니다.

학교 급전환 시기, 진로 연계 교육 강화

입학 초기(초1-1)	초 6-2
학교 이해와 정서 지원 (학교생활 적응) 기초 학습 이해	중학교 이해와 정서 지원, 교과별 학습 방법, 학습 습관, 학업 자존감 형성

중 3-2	고등학교
(중1) 자유학기 고교학점제와 고등학교 생활 이해, 진로 이수 경로 등	(고1-1) 진로 집중 학기 (수능 이후) 대학생활 이해 및 대학 선이수 과목, 사회 진출 관련 등

아이들은 초등학교 6학년 2학기에 자유학기 프로그램 맛보기 체험을 하고, 중학교 생활 이해, 교과별 진로 교육을 통해 중학교 과정과 연계합니다. 중학교 입학 후 2025년부터 개편된 학기 단위인 '자유학기제'에서 다양한 주제를 선택해 활동하고 진로 탐색을 합니다.

중학교 3학년에는 '진로 연계 학기'라는 새로운 용어가 등장합니다. 고등학교 입학 전 고교학점제와 고등학교 생활 이해, 진로활동을 통해 고교생활을 준비하는 단계라고 할 수 있습니다. 그리고 고등학교 1학년은 진로 집중 학기로 운영됩니다.

이렇게 2022 개정 교육과정에서는 '진로'가 상당히 강조되고, 초등학교에서 중학교로 진학할 때와 중학교에서 고등학교로 진학할 때 진로 연계성을 강화한 것을 알 수 있습니다.

창의적체험활동 개선

2022 개정 교육과정에서 눈여겨볼 변화는 '창의적체험활동'입니다. 기존에 자율활동, 동아리활동, 봉사활동, 진로활동 4개로 나뉘어 있던 것을 학생의 자기주도성과 선택을 확대하기 위해 자율·자치활동, 동아리, 진로활동의 세 영역으로 재구조화했습니다.

신설된 '자율·자치활동'은 공동체 중심의 학교(학급) 단위 활동 중심으로, '동아리활동'과 '진로활동'은 학생 주도성 및 선택 중심의 개별 활동으로 내용을 체계화하였고, 기존의 봉사활동은 동아리활동 영역으로 재편된 것이 특징입니다.

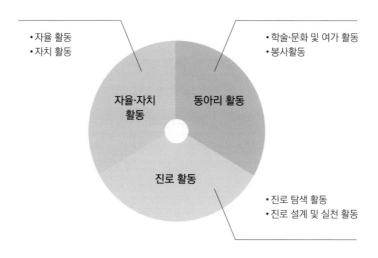

창의적체험활동 영역 개선안

기존의 '봉사활동'은 창의적체험활동의 동아리활동 영역에 편성되었고, 그 성격 및 취지상 창의적체험활동 내의 모든 영역 활동과 탄력적으로 연계해 실효성 있게 운영할 수 있도록 개선하였음.

2022 개정 고교 교육과정 = 고교학점제 기반 고교 교육과정

	고등학교 학사 운영 체제의 변화				
• 수업량 기준을 '단위'에서 '학점'으로 전환 • 1학점 수업량 (17회→16회) • 여분의 수업량을 활용해 다양한 프로그램 자율 운영	구분	단계적 이행			2022 개정
		2021~2022년	2023~2024년		
	수업량	단위	학점	⇨	학점
	1학점 수업량	50분 17(16+1)회	50분 17(16+1)회		50분 16회
	총 이수 학점	204단위	192학점		192학점

 2022 개정 교육과정은 2025년 전면 시행 예정인 고교학점제를 뒷받침합니다. 2025년 고1 학생부터 고교학점제 전면 적용에 맞춰 학생의 진로와 적성을 고려해 맞춤형 교육이 가능하도록 다양한 과목을 신설하는 등 학점 기반 교육과정을 마련한 것이 특징입니다.

 1학점의 수업량 기준을 단위에서 학점으로 전환하고, 1학점 수업량을 16회로 줄여 여분의 수업량을 활용해 다양한 프로그램을 자율적으로 운영할 수 있게 됩니다.

2022 개정 교육과정 고등학교 시간(학점) 배당 기준(2022.12.22.)

교과(군)	공통과목	필수 이수 학점	자율 이수 학점
국어	공통국어1, 공통국어2	8	학생의 적성과 진로를 고려하여 편성
수학	공통수학1, 공통수학2	8	
영어	공통영어1, 공통영어2	8	
사회 (역사/도덕 포함)	한국사1, 한국사2	6	
	통합사회1, 통합사회2	8	
과학	통합과학1, 통합과학2 과학탐구실험1, 과학탐구실험2	10	
체육		10	
예술		10	
기술·가정/정보/ 제2외국어/한문/교양		16	
소계		84	90
창의적체험활동		18(288시간)	
총 이수 학점		192	

① 1학점은 50분을 기준으로 하여 16회를 이수하는 수업량이다.
② 1시간 수업은 50분을 원칙으로 하되, 기후 및 계절, 학생의 발달 정도, 학습 내용의 성격, 학교 실정 등을 고려하여 탄력적으로 편성·운영할 수 있다.
③ 공통과목의 기본 학점은 4학점이며, 1학점 범위에서 감하여 편성·운영할 수 있다. 단, 한국사1, 2의 기본 학점은 3학점이며 감하여 편성·운영할 수 없다.
④ 과학탐구실험1, 2의 기본 학점은 1학점이며 증감 없이 편성·운영하는 것을 원칙으로 한다. 단, 과학, 체육, 예술계열 고등학교의 경우 학교 실정에 따라 탄력적으로 운영할 수 있다.
⑤ 필수 이수 학점 수는 해당 교과(군)의 최소 이수 학점이다. 특수 목적 고등학교의 경우 예술 교과(군) 는 5학점 이상, 기술·가정/정보/제2외국어/한문/교양 교과(군)는 12학점 이상 이수하도록 한다.
⑥ 국어, 수학, 영어 교과의 이수 학점 총합은 81학점을 초과하지 않도록 하며, 교과 이수 학점이 174학 점을 초과하는 경우에는 초과 이수 학점의 50%를 넘지 않도록 한다.
⑦ 창의적체험활동의 학점 수는 최소 이수 학점이며 ( ) 안의 숫자는 이수 학점을 시간 수로 환산한 것 이다.
⑧ 총 이수 학점 수는 고등학교 졸업을 위해 3년간 이수해야 할 최소 이수 학점을 의미한다.

학생의 선택 범위를 넓히기 위한 '교과목 재구조화'

교과목 재구조화

교과 영역	현행 고교 과목 구조		개선안(2025학년도~)				
현행 교과 영역 삭제 → 교과(군) 체제로 개선 교과목 공통과목 유지 및 선택과목 재구조화	보통	공통과목	보통	공통 과목	선택과목		
		일반선택과목			일반 선택 과목	진로 선택 과목	융합 선택 과목
		진로선택과목					

2022 개정 교육과정에서 눈여겨볼 사항은 '**교과목이 재구조화**'되었다는 것입니다. 1학년 때 들어야 하는 공통과목은 그대로이지만, 선택과목을 재구조화해서 학생들의 진로와 연관된 과목을 선택할 수 있는 범위를 넓혔습니다.

공통과목은 고등학교 1학년 학생이 배우는 과목으로 **국어, 영어, 수학, 한국사, 통합사회, 통합과학, 과학탐구실험의 총 7과목**입니다. 학교 유형이 달라도 공통으로 배웁니다.

2022 개정 교육과정에서는 학생 수준에 따라 기본수학, 기본영어를 배울 수 있도록 대체 이수 과목을 운영합니다.

선택과목은 지금의 편제에서 일반선택과 진로선택 2가지로 나뉘던 것이 **일반선택, 진로선택, 융합선택 3가지로 세분**됩니다.

교과	공통과목	선택과목		
		일반선택	진로선택	융합선택
보통	기초 소양 및 기본 학력 함양, 학문의 기본 이해 내용 과목(학생 수준에 따른 대체 이수 과목 포함)	교과별 학문 영역 내의 주요 학습 내용 이해 및 탐구를 위한 과목	교과별 심화학습 및 진로 관련 과목	교과 내·교과 간 주제 융합과목 실생활 체험 및 응용을 위한 과목

또 특목고에 주로 개설되던 전문교과 I을 보통교과로 통합하고 재구조화해서 일반고 학생들도 진로와 적성에 따라 선택할 수 있도록 한 것이 특징입니다.

2022 개정 교육과정의 보통교과

교과(군)	공통과목	선택과목		
		일반선택	진로선택	융합선택
국어	공통국어1 공통국어2	화법과 언어, 독서와 작문, 문학	주제 탐구 독서, 문학과 영상, 직무 의사소통	독서 토론과 글쓰기, 매체 의사소통, 언어생활 탐구
수학	공통수학1 공통수학2 기본수학1 기본수학2	대수, 미적분 I, 확률과 통계	기하, 미적분 II, 경제 수학, 인공지능 수학, 직무 수학	수학과 문화, 실용 통계, 수학과제 탐구
영어	공통영어1 공통영어2 기본영어1 기본영어2	영어 I, 영어 II, 영어 독해와 작문	영미 문학 읽기, 영어 발표와 토론, 심화 영어, 심화 영어 독해와 작문, 직무 영어	실생활 영어 회화, 미디어 영어, 세계 문화와 영어

교과(군)	공통과목	선택과목		
		일반선택	진로선택	융합선택
사회 (역사/도덕 포함)	한국사1 한국사2	세계시민과 지리, 세계사, 사회와 문화, 현대 사회와 윤리	한국지리 탐구, 도시의 미래 탐구, 동아시아 역사 기행, 정치, 법과 사회, 경제, 윤리와 사상, 인문학과 윤리, 국제 관계의 이해	여행지리, 역사로 탐구하는 현대 세계, 사회문제 탐구, 금융과 경제생활, 윤리문제 탐구, 기후변화와 지속가능한 세계
	통합사회1 통합사회2			
과학	통합과학1 통합과학2	물리학, 화학, 생명과학, 지구과학	역학과 에너지, 물질과 에너지, 세포와 물질대사, 지구 시스템 과학 / 전자기와 양자, 화학 반응의 세계, 생물의 유전, 행성우주과학	과학의 역사와 문화, 기후변화와 환경생태, 융합과학 탐구
	과학탐구실험1 과학탐구실험2			
체육		체육1, 체육2	운동과 건강, 스포츠 문화*, 스포츠 과학*	스포츠 생활1, 스포츠 생활2
예술		음악, 미술, 연극	음악 연주와 창작, 음악 감상과 비평, 미술 창작, 미술 감상과 비평	음악과 미디어, 미술과 매체
기술·가정/ 정보		기술·가정	로봇과 공학세계, 생활과학 탐구	창의 공학 설계, 지식 재산 일반, 생애 설계와 자립*, 아동발달과 부모
		정보	인공지능 기초, 데이터 과학	소프트 웨어와 생활

제2외국어/ 한문		독일어, 프랑스어, 스페인어, 중국어, 일본어, 러시아어, 아랍어, 베트남어	독일어 회화, 프랑스어 회화, 스페인어 회화, 중국어 회화, 일본어 회화, 러시아어 회화, 아랍어 회화, 베트남어 회화	독일어권 문화, 프랑스어권 문화, 스페인어권 문화, 중국 문화, 일본 문화, 러시아 문화, 아랍 문화, 베트남 문화
			심화 독일어, 심화 프랑스어, 심화 스페인어, 심화 중국어, 심화 일본어, 심화 러시아어, 심화 아랍어, 심화 베트남어	
		한문	한문 고전 읽기	언어생활과 한자
교양		진로와 직업, 생태와 환경	인간과 철학, 논리와 사고, 인간과 심리, 교육의 이해, 삶과 종교, 보건	인간과 경제활동, 논술

① 선택과목의 기본 학점은 4학점이다. 단, 체육, 예술, 교양 교과(군)의 기본 학점은 3학점이다.
② 선택과목은 1학점 범위 내에서 증감해 편성·운영할 수 있다.
③ * 표시한 과목의 기본 학점은 2학점이며, 1학점 범위 내에서 감하여 편성·운영할 수 있다.
④ 체육 교과는 매 학기 이수하도록 한다. 단, 특성화 고등학교와 산업 수요 맞춤형 고등학교의 경우, 현장 실습이 있는 학년에는 탄력적으로 운영할 수 있다.

원하는 과목이 다니는 학교에 개설이 안 된다면?

기존 학교에서는 학교 밖을 벗어나 수업하는 일이 거의 없었습니다. 거의 모든 수업이 오프라인으로 이루어지고, 교실 안, 재학하는 학교 안에서 이루어졌습니다. 그러나 학점제 학교에서는 학생별로 다양한 선택과목을 이수할 수 있도록 해야 해서 인근 학교, 지역 사회, 온라인으로까지 수업 장소가 확장됩니다. 앞서 살펴본 다양한 선택과목을 한 학교 내에 모두 개설한다는 것이 가능할까요? 아마도 불가능할 것입니다. 그래서 학교는 지역 내 다른 학교들과 협력해서 **'학교 간 공동교육과정'**을 운영하고 있습니다.

학교 간 공동교육과정의 가장 큰 목적은 학생의 과목 선택권을 확대하고 보장하는 것에 있습니다. 즉, 저마다 다른 꿈을 꾸는 학생들에게 자신의 진로에 맞는 과목을 선택할 수 있도록 지원하는 것이죠.

재학하는 학교에 원하는 과목이 개설이 안 되어 있다면 연계된 인근 학교에서 수업을 들을 수 있게 됩니다. 이런 학교 간 공동교육과정은 오프라인뿐 아니라 온라인으로도 수강할 수 있습니다.

또 원하는 과목이 있다면 학교 밖 교육으로도 수강이 가능합니다. 학교 밖 교육은 학생이 수강을 희망한 과목 중 학교장이 학교 내 개설이나 학교 간 공동교육과정으로 운영이 어렵다고 판단한 과목을 일정 요건을 갖춘 지역 사회 기관에서 이수하는 교육을 말합니다. 여기서 지역 사회 기관이란 공공기관, 지자체 및 교육청 운영 기관, 대학 등 공공성이 있는(사교육 기관, 사설 연수원 등은 제외) 기관 중 교육감 승인을 받은 기관을 의미합니다.

학교 간 공동교육과정(오프라인)

희망 학생이 적거나 교사 수급이 어려운 소인 수/심화 과목의 경우에는 학교에서 수업을 개설하기 어려워서 여러 학교가 공동으로 과목을 개설해 운영하는 '학교 간 공동교육과정'을 통해 다양한 수업을 개설하고 있습니다.

▶ 운영 유형

거점형	거점 학교에서 과목을 개설해 지역 내 모든 고등학교에 개방

과목	학교명	과목명	대상 학년	모집 인원	운영 요일
과학	A고	물리학 실험	2학년	20	토(8:00~12:10)
	B고	화학 실험	2학년	20	토(8:00~12:10)
	C고	생명과학 실험	2학년	20	토(8:00~12:10)
수학	D고	고급 수학 I	3학년	20	토(8:30~12:10)
음악	E고	음악 전공 실기	1, 2, 3학년	30	목(17:00~18:40)
		합주	1, 2, 3학년	30	목(18:50~21:20)

거점형 공동교육과정 운영 예시

거점형 공동교육과정은 거점 학교에서 개설된 과목을 인근 학교 학생들이 수강하러 오는 형태의 교육과정입니다. 앞의 예시처럼 과학, 수학, 음악 과목을 개설한 거점 학교에 찾아가 수업을 받는 것이죠. 거점형 공동교육과정을 통해 '아랍어 I', '문예 창작 입문', '연극의 이해'와 같이 특색 있는 과목을 운영하는 학교에 직접 찾아가 수업을 들을 수 있습니다.

공유형	2~4개 인접 학교가 특정 교과목을 정규 수업 중 공동 시간표를 통해 공유하고, 학생들을 상호 교환해서 공동 운영하는 형태

권역	학교명	과목명	대상 학년	신청 가능 학교	운영 요일
동부권	A고	인공지능 수학	2학년	A고, B고, C고	수
	B고	국제 관계와 국제기구	2학년	A고, B고, C고	수
	C고	사물 인터넷	3학년	A고, B고, C고	화, 목

서부권	D고	디자인 드로잉	2학년	D고, E고, G고	토
	E고	인도네시아어	2학년	D고, E고, G고	화
	G고	영상 제작 기초	2학년	D고, E고, G고	목

공유형 공동교육과정 운영 예시

동부권에서는 A고, B고, C고가 '인공지능 수학', '국제 관계와 국제 기구', '사물 인터넷' 과목을, 서부권에서는 D고, E고, G고가 '디자인 드로잉', '인도네시아어', '영상 제작 기초'를 각각 개설합니다. 공유형 은 가까이에 있는 학교끼리 함께 운영하는 과정이어서 동부권과 서 부권 각 권역 내에 있는 학교에서만 수업을 들을 수 있습니다.

▶ 개설 과목

공동교육과정을 통해서는 다음과 같이 단일 학교에서 개설하기 어려운 소인 수/심화 과목들이 개설되고 있습니다.

인문 분야	국제 정치, 철학, 시사 토론, 교육학, 심리학, 제2외국어, 광고 콘텐츠 제작, 인류의 미래 사회 등
과학 분야	고급 수학 I, 로봇 제작, 코딩, 물리 실험, 고급 화학, 과학사, 융합과학 탐구 등
예술 분야	문학 감상, 시 창작, 연극, 영화, 실용 음악, 디자인, 무용 전공 실기, 패션 디자인의 기초 등
특수 분야	식품영양, 전자상거래, 바리스타 등

▶ 시·도별 공동교육과정 사이트

현재 시·도교육청마다 다양한 방식으로 공동교육과정을 운영하고 있습니다. 서울특별시 교육청, 경기도 교육청 등 각 교육청 사이트에 가면 시·도교육청별 공동교육과정에 관한 자세한 내용을 참고할 수 있습니다.

> 사람in 출판사 홈페이지에서 '시·도별 공동교육과정 사이트'를 다운받을 수 있습니다.

학교 간 공동교육과정(온라인)

오프라인으로 공동교육과정을 운영하기 어려운 경우는 온라인 공동교육과정을 활용합니다. 온라인 공동교육과정은 학교에서 오프라인으로 개설하기 어려운 과목을 온라인으로 개설하고, 여러 학교의 학생들이 공동으로 과목을 수강할 수 있도록 운영되는 교육과정입니다.

▶ 운영 방법

운영 시간	정규 일과 시간 내, 방과후, 주말, 방학 등 다양한 시간대를 활용해 수업 진행
수업 방식	온라인 플랫폼(교실온닷 등)에 학생과 선생님이 동시 접속해 실시간 쌍방향 화상 수업으로 진행

▶ 개설 과목

온라인 공동교육과정을 통해 '보통교과'는 물론 아래와 같이 '전문 교과Ⅰ, Ⅱ'와 '고시 외 과목'도 개설되어 운영되고 있습니다.

전문교과Ⅰ	심화 수학Ⅰ, 고급 수학Ⅰ, 생명과학 실험, 지구과학 실험, 중국 문화, 국제 관계와 국제 기구 등
전문교과Ⅱ	기업과 경영, 회계 원리, 창업 일반, 간호의 기초, 건축 일반, 프로그래밍, 빅데이터 분석 등
고시 외 과목	영미 문화, 통계 조사, 강원의 역사와 문화, 시사 영어, 인문 지리 등

▶ 교실온닷 사이트

온라인 공동교육과정으로 기존 공동교육과정의 현장 애로사항(지리적 여건 및 열악한 교통 환경, 이동 시 발생할 수 있는 안전 문제 등)이 해소되었고, 온라인 공동교육과정포털인 '교실온닷(edu.classon.kr)'을 통해 더욱 편리하게 공동교육과정에 참여할 수 있습니다.

'교실온닷'은 '실시간(on-air) 교육과 내 인생의 정점(dot)을 찍는 교실'이라는 의미를 담고 있으며 교육부, 한국교육개발원, 11개 시·도교육청이 협력해 2017년부터 운영하는 사이트입니다. 희망 학생이 너무 적거나 교사 수급이 어려운 소인 수/심화 과목에 대해 여러 학교가 공동으로 과목을 개설해 실시간/양방향 온라인 방식으로 제공하는 공동교육과정이죠. 실시간/양방향 온라인 방식으로 수업이 진행되어서 거꾸로 수업, 블렌디드 러닝 등 다양한 수업 방식이 가능합니다.

다음은 서울시 교육청의 온라인 공동교육과정에 등록된 과목의 일부 예시입니다.

서울시 교육청 - 온라인 공동교육과정(일부 예시)

과목	학교명	과목명	대상 학년	모집 인원	운영 요일
과학	양재고	과학사	2학년	15	금(18:00~20:40)
	창동고	과학사	2학년	15	금(18:00~20:40)
미래 기술	미양고	데이터과학과 머신러닝	2학년	25	토(9:00~12:00)
예술	서울영상고	영상 제작 기초	1, 2, 3학년	15	화, 목(18:00~21:00)
제2 외국어	경기고	아랍어 I	1, 2학년	20	화(17:30~20:20)
	서울국제고	스페인어 독해와 작문 I	1, 2학년	20	목(17:30~20:30) 토(9:00~15:00)
직업	서울영상고	마케팅과 광고	1, 2, 3학년	15	화, 목(18:00~21:00)

온라인 공동교육과정은 실시간/양방향 온라인 수업이기 때문에 학생 참여형 수업이 가능합니다. 또 온라인 수업의 장점이라고 할 수 있는 수업 다시 보기 등을 통한 복습으로 학습 효과가 상승한다는 점도 온라인 공동교육과정의 장점이 될 수 있습니다. 이렇게 오프라인, 온라인 '공동교육과정'을 통해 다양한 수업을 개설하고 들을 기회를 제공하므로 원하는 과목이 다니는 학교에 개설돼 있지 않더라도 걱정할 필요는 없습니다.

중학교 때까지 진로에 대해 충분히 고민해 보지 않았다면, 고등학교에 입학해서 선택과목을 무엇으로 해야 할지 상당히 막막할 것입니다. 고등학교 1학년은 '공통과목'을 배우는 단계로 아직 생각할 시간이 있으니, 담임 선생님 또는 진로상담실 교사에게 선택과목에 관한 안내와 상담을 충분히 받고 진로를 설계해야 할 것입니다.

학교 밖 교육

오프라인과 온라인을 통해 이뤄지는 학교 간 공동교육과정 외에도 지역 사회 기관 등에서 이루어지는 교육 활동인 '학교 밖 교육'도 학점으로 인정됩니다.

학교생활기록부 기재 요령에 보면 '학교 밖 교육'을 다음과 같이 정의하고 있습니다.

> 학생이 진로·적성을 고려하여 수강을 희망한 과목 또는 창의적체험활동 중 학교장이 학교 내 개설 또는 학교 간 공동교육과정으로 운영이 어렵다고 판단한 과목이나 창의적체험활동에 대하여 일정한 요건을 갖춘 지역 사회 기관을 통해 이수하는 교육이며, 이러한 교육을 담당하는 기관을 '학교 밖 교육기관'이라고 합니다.

일반고등학교(특수학교 및 자율고 포함)와 특수목적고등학교에서 학교 밖 교육기관은 공공기관, 지자체 및 교육청 운영 기관, 대학 등

공공성이 있는(사교육 기관, 사설 연수원 등은 제외) 기관 중 교육감의 승인을 받은 기관에서 학점을 인정받을 수 있습니다.

특성화고등학교와 산업 수요 맞춤형 고등학교에서 학교 밖 교육 기관은 교육감 승인을 받은 대학, 기업 및 연수원, 공공성 있는 사회 교육 기관, 시·도 교육감이 승인한 원격 교육 기관 등을 의미합니다.

이러한 학교 밖 교육 중에서도 고등학교와 대학이 연계한 공동교육과정을 운영하는 경우가 많습니다. 대학이 보유한 인적·물적 자원을 활용해 고등학교에서 개설이 어려운 수업을 열어 주는 것이죠.

전남교육청은 꿈키움 캠퍼스를 만들어서 소인 수 선택과목 및 전문교과를 고교-대학이 연계하여 다양한 프로그램을 제공하고 있습니다. 충북교육청은 충북도 내 17개 대학 총장협의회와 업무 협약을 맺고 지역 내 고등학생에게 프로그램을 제공하고 있고, 경북교육청은 금오공대, 안동대, 대구대 등과 협조하고 있으며 대전시교육청은 한국교원대, 우송대, 충남대, KAIST, 한밭대 등 지역 내 대학과 연계하여 학생들에게 과목 선택권을 보장합니다. ("고교학점제 기반 구축. 교육청-대학 연계협력 '활발'. 대학저널, 2022.03.18.)

2025년 고교학점제가 전면 시행되고 2022 개정 교육과정이 적용되면 선택과목 종류는 2015 개정 교육과정보다 더 다양해집니다. 따라서 앞으로는 시도교육청, 고교, 대학, 기업 등이 더욱 긴밀한 네트워크를 조성해 학교 밖 교육이 더 활발하게 일어날 것이라는 예측도 해볼 수 있습니다.

이처럼 고교학점제 이전의 수업이 재적 중인 학교, 교실 안에서만 이루어졌다면 고교학점제 도입 후에는 인근 학교, 지역 사회 기관, 온라인으로 수업 장소가 무한히 넓어진다는 것이 큰 차이점 중 하나입니다.

고등학교 입학을 앞두고 관심 있는 고등학교에 개설된 과목을 알 수 있는 방법을 소개합니다.

1. 해당 학교 홈페이지에 들어가서 확인할 수 있습니다.

2. 학교알리미(www.schoolinfo.go.kr)에 접속해서 메인 페이지 중간의 **[학교별 공시정보]**를 클릭하고 관심 있는 학교를 검색합니다.

관심 있는 학교 정보의 새 창이 뜨면 아래로 스크롤을 내려 공시정보의 **[교육활동]-[학교교육과정 편성·운영 및 평가에 관한 사항]** 파일을 클릭합니다. 이 파일에는 입학 연도 기준으로 작성된 교육과정 편성표가 공개되어 있어 해당 학년이 3년간 배우게 되는 과목이 무엇인지 확인할 수 있습니다.

고교학점제 '과목 선택'의 모든 것

고교학점제 과목 선택 시 6가지 유의 사항

2015 개정 교육과정 편제에 따라 공통과목과 선택과목으로 교과목이 나뉘고, 선택과목은 일반선택과 진로선택으로 나뉜다는 것을 이해하셨을 겁니다. 2022 개정 교육과정에서는 선택과목이 일반선택, 진로선택, 융합선택 3가지로 나뉜다고 했죠. 그럼 정말 듣고 싶은 과목을 아무거나 선택해도 되는 것일까요? 여기서는 과목 선택 시 유의해야 할 6가지 사항을 2015 개정 교육과정 편제를 중심으로 알아보겠습니다.

▶ 유의 사항 1

공통과목 이수 후 일반선택과목이나 진로선택과목을 이수합니다. 학교마다 학교의 상황, 학생의 요구, 과목의 성격 등을 고려해서 자율적으로 과목을 편성하게 됩니다. 다만 선택과목 중에서 '위계성'을 갖는 과목은 계열성을 고려해 선택해야 합니다.

▶ **유의 사항 2**

교과영역	교과(군)	공통과목(단위)	필수 이수 단위
기초	국어	국어(8)	10
	수학	수학(8)	10
	영어	영어(8)	10
	한국사	한국사(6)	6
탐구	사회(역사/도덕 포함)	통합사회(8)	10
	과학	통합과학(8) 과학탐구실험(2)	12
체육·예술	체육		10
	예술		10
생활·교양	기술·가정/제2외국어/한문/교양		16
소계			94
자율 편성 단위			80
창의적체험활동			18(306 시간)
총 이수 학점			192

〈2015 개정 교육과정 고등학교 시간 배당 기준 (2022.1.17. 개정본)〉

교과(군)	공통 과목(학점)	필수 이수 학점
국어	공통국어1, 2 (4)	8
수학	공통수학1, 2 (4)	8
영어	공통영어1 ,2 (4)	8
사회(역사/도덕 포함)	한국사1, 2 (3)	6
	통합사회1, 2 (4)	8
과학	통합과학1, 2 (4) 과학탐구실험1, 2 (1)	10
체육		10
예술		10
기술·가정/정보/제2외국어/한문/교양		16
소계		84
자율 이수 학점		90
창의적 체험활동		18(288 시간)
총 이수 학점		192

〈2022 개정 교육과정 고등학교 시간(학점) 배당 기준(2022.12.22.)〉

2015 개정 교육과정 탐구 교과 필수 이수 단위를 충족시키기 위해 2008년생까지는 2, 3학년 동안 사회와 과학에서 1과목을 필수로 선택해야 합니다.

앞의 표 왼쪽의 2015 개정 교육과정 고등학교 시간 배당 기준을 보면 사회 필수 이수 단위가 3년간 10단위인데 통합사회는 1학년 때 8단위밖에 들을 수가 없기에 2단위가 모자랍니다. 과학 필수 단위는 12단위이지만 1학년에 통합과학은 8단위, 과학탐구실험은 2단위로 총 10단위밖에 들을 수가 없어서 과학도 2단위가 모자랍니다. 따라서 2~3학년 때 사회와 과학에서 1과목 이상 선택해 들어야 필수 단위를 채울 수가 있습니다.

그러나 오른쪽의 2009년생 이후부터 적용되는 2022 개정 교육과정에서는 사회와 과학 필수 이수 학점을 1학년 공통과목으로 모두 채울 수가 있어서, 2, 3학년에는 필수 이수 학점을 생각하지 않고 원하는 대로 자유롭게 선택할 수가 있습니다.

▶ **유의 사항 3**

고등학교 3년간 진로선택과목을 3과목 이상 반드시 필수 선택해야 합니다. 자신의 진로를 고려해서 고등학교 3년 동안 〈2015 개정 교육과정의 과목 구성〉 표(40페이지) 파란색 부분의 진로선택과목 중에 '3과목' 이상은 반드시 필수로 선택해야 합니다. '반드시', '필수로'라는 표현이 있으니 무조건 진로선택과목 중 3과목 이상은 들어야 한다는 것입니다.

▶ **유의 사항 4**

　일반선택과목과 진로선택과목은 위계에 따른 구분이 아닙니다. 일반선택과목이 앞쪽에 적혀 있어서 이 과목을 먼저 듣고 진로선택과목을 듣는 것인가 하는 의문이 생길 수도 있습니다. 그러나 대답은 '아니오'입니다. 일반선택과목과 진로선택과목의 구분은 과목의 '성격'에 따른 구분이며 전적으로 위계에 따른 구분은 아니라는 것이죠.

▶ **유의 사항 5**

　Ⅰ, Ⅱ로 구분된 과목은 Ⅰ을 먼저 이수한 후 Ⅱ를 이수합니다. 선택과목 중 Ⅰ, Ⅱ로 구분된 과목들이 있습니다. 수학Ⅰ과 수학Ⅱ, 영어Ⅰ과 영어Ⅱ, 물리학Ⅰ과 물리학Ⅱ, 화학Ⅰ과 화학Ⅱ 등 Ⅰ과 Ⅱ로 구분된 과목의 경우 특별한 경우를 제외하고는 Ⅰ을 먼저 이수한 후 Ⅱ를 이수합니다. (이런 과목들이 '위계'가 있는 과목이라고 할 수 있습니다.)

　고교학점제는 학생선택중심 교육과정이지만 과목 선택에 아무 기준이 없는 것은 아닙니다. 학생에게 과목을 선택할 기회를 적극적으로 제공하는 대신, 이에 따른 과목 이수 책임은 학생 본인에게 있습니다. 따라서 자신의 적성과 진로를 고려해서 부모님, 선생님과 충분히 상담하고 신중하게 과목을 선택해야 합니다.

　일부 대학은 입학을 위해 고등학교에서 특정 과목을 이수하거나, 특정 교과의 과목을 몇 단위 이상 이수하는 것을 요구하기도 합니다. 예를 들어 서울대학교 같은 경우 '서울대 교과 이수 기준'이 있습니다.

　서울대학교의 교과 이수 기준은 지원 자격과 무관하다고 되어 있지만, 교과 이수 기준의 충족 여부는 수시 모집 서류평가와 정시 모집 교과평가에 반영되기 때문에 서울대 지원 학생이라면 반드시 지켜야 합니다. 따라서 특정 대학을 희망한다면 학교 모집 요강을 참고해서 한쪽으로 치우친 교과 선택을 하지 않도록 하는 것이 좋습니다.

서울대 교과 이수 기준 I

교과 영역	모집 단위	교과 이수 기준 I
탐구	전 모집 단위 공통	사회(역사/도덕 포함) 교과 중 3과목 + 과학 교과 중 3과목 또는 사회(역사/도덕 포함) 교과 중 2과목 + 과학 교과 중 4과목
생활·교양		제2외국어 또는 한문 중 1과목

※ 진로 희망에 따라 과학II 과목 이수를 권장함

서울대 교과 이수 기준 II

교과(군)	교과 이수 기준 II	
수학	일반선택 4과목 또는 일반선택 3과목 + 진로선택 1과목	2개 교과(군) 이상에서 충족
과학	일반선택 3과목 + 진로선택 2과목 또는 일반선택 2과목 + 진로선택 3과목	
사회*	일반선택 3과목 + 진로선택 1과목 또는 일반선택 2과목 + 진로선택 2과목	

※ 사회는 국제계열 포함
※ 교육부 및 교육청에서 인정하는 '공동교육과정, 온라인 공동교육과정 및 온라인 수업'
  에서 이수한 과목도 포함함
※ 전문교과는 진로선택과목으로 분류함(2015 개정 교육과정 고등학교 교육과정 편제 참고)

▶ **유의 사항 6**

　대학이 바라보는 '고등학교 교육과정의 관점'을 고려해서 선택해야 합니다. 과목을 선택할 때는 학습의 부담이나 석차 등급의 유불리를 고려해 입시에 유리한 과목을 선택하기보다는, 자신의 진로와 적성에 따라 과목을 선택하는 것이 대학 입시에서 상당히 중요해진다는 것을 고려해야 합니다.

> 교과 성적을 평가할 때 학생이 이수한 과목의 선택 상황을 고려합니다. 소수 학생이 선택한 과목이나 난도가 높은 과목을 이수해 수치상 결과가 나쁠 수 있지만, 학생의 도전 정신과 호기심을 긍정적으로 평가한다면 도전하지 않은 학생에 비해 더 좋은 평가를 할 수도 있습니다.
> 따라서 소규모 학교나 소수 학생이 이수하는 과목을 수강하는 것이 서류평가에서 결코 불리하지 않습니다.
>
> － 서울대 입학관리본부
>
> ─────────────────────────────────
>
> 고교학점제가 시행되면 학생들은 다양한 교과목을 선택할 수 있게 되며, 이런 환경에서는 학생 개개인의 교과목 선택 이력이 중요해집니다. 공대에 지망하는 학생들은 수학 등 기초 과목을 단단히 다져야 대학에서 고등교육을 제대로 받을 수 있습니다. 화려한 전문교과를 많이 듣게 하는 것은 오히려 마이너스입니다.
>
> － 건국대 입학사정관

　학생 선택과목에 대한 대학들의 입장을 보면 고2~3까지 학생이 직접 '선택'하는 과목의 이력이 중요해짐을 알 수 있습니다.

2022년 8월 26일에 진행한 〈고교학점제 현장 안착을 위한 대학입학전형 토론회〉에서도 전문가들은 고교학점제 시행으로 '세특(세부 능력 및 특기사항)'만큼 '교과목 선택 이력'이 중요해졌음을 강조했습니다. 고교학점제 하에서는 학생들이 선택과목을 골라 들을 수 있어서 희망 진로와 교과목 선택 이력이 연계될 수 있습니다. 따라서 대학들은 학생이 선택한 과목을 예전보다 더 중요하게 볼 수밖에 없습니다.

여기서 한 가지 중요한 점은 대학이 고등학교 교육과정을 보는 관점입니다. 대학은 고등학교 교육과정을 '대학에서 공부하기 위한 기초 소양을 함양하는 과정'으로 보고 있다는 것이죠.

다음은 2021년 7월, 서울대에서 발표한 〈2024학년도 대학 신입학생 입학전형 예고〉에 나온 〈전공 연계 교과 이수 과목〉의 일부분입니다.

서울대 전공 연계 교과 이수 과목 현황 일부

모집 단위		핵심 권장과목	권장과목
사회과학대학	경제학부	–	미적분, 확률과 통계
자연과학대학	통계학과	미적분, 확률과 통계, 기하	–
	화학부	화학 II, 미적분	확률과 통계, 기하
	생명과학부	생명과학 II, 미적분	화학 II, 확률과 통계, 기하
간호대학		–	생명과학 I, 생명과학 II
공과대학	기계공학부	물리학 II, 미적분, 기하	확률과 통계
	컴퓨터공학부	미적분, 확률과 통계	–

모집 단위		핵심 권장과목	권장과목
농업생명과학대학	농경제사회학부	-	미적분, 확률과 통계
	식물생산과학부	생명과학 II	화학 II, 미적분, 확률과 통계, 기하
사범대학	수학교육과	미적분, 확률과 통계, 기하	-
	물리교육과	물리학 II	미적분, 확률과 통계, 기하
	생물교육과	생명과학 II	화학 II, 미적분, 확률과 통계
	지구과학교육과	지구과학 I	지구과학 II, 미적분, 확률과 통계, 기하
생활과학대학	식품영양학과	화학 I, 생명과학 I	화학 II 또는 생명과학 II
	의류학과	-	화학 I, 생명과학 I
수의과 대학	수의예과	생명과학 II	미적분, 확률과 통계
약학대학	약학계열	화학 I, 생명과학 I	미적분, 화학 II 또는 생명과학 II
의과대학	의예과	생명과학 I	생명과학 II, 미적분, 확률과 통계, 기하
자유전공학부		-	미적분, 확률과 통계
첨단융합학부		미적분	확률과 통계 또는 물리학 I 또는 화학 I

(출처: 2025학년도 서울대 신입학생 입학 전형 시행 계획)

전공 연계 교과 이수 과목(핵심 권장과목 및 권장과목)은 학생이 희망하는 학과(부)에서 전공을 공부하는 데 도움이 되는 과목을 제시한 것입니다. 여기서 **핵심 권장과목은 학과(부)에서 공부하기 위해 필수적으로 이수를 권장하는 과목**을 말하고, **권장과목은 학과(부)에서 공부하기 위해 이수를 권장하는 과목**을 말합니다.

서울대가 제시한 이 과목들은 모두 2015 개정 교육과정 보통교과의 일반선택과목과 진로선택과목의 범위 안에 있고 제시한 과목의 수도 그리 많지 않습니다. 다시 말해, 전문교과에 있는 과목이 아니더라도 보통 일반 고등학교에서 얼마든지 개설할 수 있는 선택과목에 있는 과목만 충실히 공부해도 대학에서 전공과목을 배울 수 있는 기초를 다질 수 있다는 것입니다.

앞의 표에서 경제학부의 권장과목을 보면 학과 이름과 관련된 경제 과목이 아니라 '미적분', '확률과 통계'가 있습니다. 경제학부에 들어오기 전에 '미적분', '확률과 통계' 과목에서 수학적인 역량만 충실히 길러도 대학의 전공 과목을 이수할 수 있다고 보는 대학의 관점이 반영된 것입니다.

2025년 동국대 학생부위주전형 가이드북 책자를 보면 '선택과목은 어떠한 과목이냐보다는 어떻게 이수하였는지가 중요하며 일반선택과목과 진로선택과목만으로도 충분히 학습 기회 확보가 가능'하다는 대학의 입장을 다시 한번 확인할 수 있습니다.

즉 대학은 학생이 "무슨 과목을 이수하였는가"보다 "과목을 어떻게 이수하였고, 왜 이수하였는가"를 더 중요하게 본다는 것이죠.

"물리학Ⅱ를 이수하였는가"	**과목 이수에 대한 입학사정관의 평가 관점**
	"물리학Ⅱ를 왜 선택하여 이수하였는가"
	"물리학Ⅱ의 내용을 제대로 이해하였는가"
	"평가 내용이 학교생활기록부에 잘 기록되어 있는가"
	"물리학Ⅱ를 통해 대학 입학 후 수학할 역량을 갖추었는가"

따라서 대학은 보여주기식의 화려한 전문교과나 멋짐이 묻어나는 과목에 대한 이수 자체만으로 우수한 평가를 하는 것이 아닙니다. 희망하는 학과에 대한 기초 소양을 충실히 쌓을 수 있는 과목을 우선 선택하면서, 얼마나 충실히 이수했는지에 더 많은 관심을 기울인다는 것을 기억해야 합니다.

▶ 자연계열로 진로를 정했다면 이 과목만은 꼭 선택!

2015 개정 교육과정을 시작으로, 2022 개정 교육과정, 고교학점제 등으로 학생에게 진로와 적성에 따른 다양한 과목 선택 기회가 더 확대되고 있습니다. 학생이 진로를 자연계열로 정했다면 자연계열은 학문의 특성상 학습 단계(위계)가 뚜렷하기에 위계에 따라 과목을 선택하고 충실히 이수하는 것이 매우 중요합니다. 그럼 계열별로 어떤 과목을 선택하는 것이 좋을까요?

자연계열로 진로를 결정했다면 [경희대, 고려대, 성균관대, 연세대, 중앙대] 등 5개 대학이 2022년 공동연구한 내용을 관심 있게 보셨으면 합니다.

여기서는 자연계열 전공 모집단위를 14개 학문 분야별로 수학·과학 교과과목을 중심으로 핵심과목과 권장과목을 다음과 같이 제시했습니다. 핵심과목은 '필수'로 이수해야 하는 과목을 뜻하고, 권장과목은 '가급적' 이수를 권장하는 과목입니다.

학문분야	모집단위 (5개 대학)	핵심과목		권장과목	
		수학교과	과학교과	수학교과	과학교과
수학	〈경희대〉수학과, 응용수학과 〈고려대〉수학과, 수학교육과 〈성균관대〉수학과, 수학교육과, 통계학과 〈연세대〉수학과, 응용통계학과 〈중앙대〉수학과	수학 I 수학 II 미적분 기하	-	확률과 통계	-
컴퓨터	〈경희대〉소프트웨어융합학과, 인공지능학과, 컴퓨터공학과 〈고려대〉데이터과학과, 사이버국방학과, 스마트보안학부, 컴퓨터학과	수학 I 수학 II 미적분 기하	-	확률과 통계 인공지능수학	-
산업	〈경희대〉산업경영공학과 〈고려대〉산업경영공학부 〈성균관대〉시스템경영공학과 〈연세대〉산업공학과	수학 I 수학 II 미적분 기하 확률과 통계	-	-	-
물리	〈경희대〉물리학과, 응용물리학과 〈고려대〉물리학과 〈성균관대〉물리학과 〈연세대〉물리학과 〈중앙대〉물리학과	수학 I 수학 II 미적분 기하	물리학 I 물리학 II	확률과 통계	화학 I
기계	〈경희대〉기계공학과 〈고려대〉기계공학부 〈성균관대〉기계공학부 〈연세대〉기계공학부 〈중앙대〉기계공학부	수학 I 수학 II 미적분 기하	물리학 I 물리학 II 화학 I	확률과 통계	화학 II
전기·전자	〈경희대〉생체의공학과, 전자공학과, 정보디스플레이학과 〈고려대〉반도체공학과, 전기전자공학부 〈성균관대〉반도체시스템공학과, 전자전기공학부 〈연세대〉시스템반도체공학과, 전기전자공학부 〈중앙대〉전자전기공학부	수학 I 수학 II 미적분 기하	물리학 I 물리학 II 화학 I	확률과 통계	-

학문 분야	모집단위 (5개 대학)	핵심과목		권장과목	
		수학 교과	과학 교과	수학 교과	과학 교과
건설/ 건축	〈경희대〉 건축공학과, 건축학과, 사회기반시스템공학과 〈고려대〉 건축사회환경공학부, 건축학과 〈성균관대〉 건설환경공학부, 건축학과 〈연세대〉 건축공학과, 도시공학과, 사회환경시스템공학부 〈중앙대〉 사회기반시스템공학부, 건설환경플랜트공학, 사회기반시스템공학부 도시시스템공학, 건축학부	수학Ⅰ 수학Ⅱ 미적분	-	확률과 통계 기하	물리학Ⅰ
화학	〈경희대〉 응용화학과, 화학과 〈고려대〉 화학과 〈성균관대〉 화학과 〈연세대〉 화학과 〈중앙대〉 화학과	수학Ⅰ 수학Ⅱ 미적분 확률과 통계	화학Ⅰ 화학Ⅱ	기하	물리학Ⅰ 물리학Ⅱ 생명 과학Ⅰ
재료/ 화공 고분자· 에너지	〈경희대〉 원자력공학과, 정보전자신소재공학과, 화학공학과 〈고려대〉 신소재공학부, 융합에너지공학과, 화공생명공학과 〈성균관대〉 나노공학과, 신소재공학부, 화학공학/고분자공학부 〈연세대〉 디스플레이융합공학과, 신소재공학부, 화공생명공학부 〈중앙대〉 에너지시스템공학부, 융합공학부, 첨단소재공학과, 화학공학과	수학Ⅰ 수학Ⅱ 미적분	물리학Ⅰ 물리학Ⅱ 화학Ⅰ	확률과 통계 기하	물리학Ⅱ
생명 과학· 환경/ 생활 과학/ 농림	〈경희대〉 생물학과, 스마트팜과학과, 식물·환경신소재공학과, 식품생명공학과, 식품영양학과, 유전생명공학과, 한방생명공학과, 환경학 및 환경공학과 〈고려대〉 가정교육과, 생명공학부, 생명과학부, 식품공학과, 환경생태공학부 〈성균관대〉 글로벌바이오메디컬공학과, 바이오메카트로닉스학과, 생명과학과, 식품생명공학과, 융합생명공학과 〈연세대〉 생명공학과, 생화학과, 시스템생물학과 〈중앙대〉 생명과학과, 생명자원공학부 동물생명공학, 생명자원공학부 식물생명공학, 시스템생명공학과, 식품공학부 식품공학, 식품공학부 식품영양	수학Ⅰ 수학Ⅱ	화학Ⅰ 생명 과학Ⅰ 생명 과학Ⅱ	미적분 확률과 통계	화학Ⅱ

학문분야	모집단위 (5개 대학)	핵심과목		권장과목	
		수학교과	과학교과	수학교과	과학교과
천문·지구	〈경희대〉 우주과학과, 지리학과 〈고려대〉 지구환경과학과 〈연세대〉 대기과학과, 지구시스템과학과, 천문우주학과	수학 I 수학 II 미적분	물리학 I 화학 I 지구과학 I 지구과학 II	확률과통계 기하	물리학 II
의학	〈경희대〉 의예과, 한의예과, 치의예과 〈고려대〉 의학과 〈성균관대〉 의예과 〈연세대〉 의예과, 치의예과 〈중앙대〉 의학부	수학 I 수학 II 미적분	화학 I 생명과학 I 생명과학 II	확률과통계	물리학 I 화학 II
약학	〈경희대〉 약과학과, 약학과, 한약학과 〈성균관대〉 약학과 〈연세대〉 약학과 〈중앙대〉 약학부	수학 I 수학 II 미적분	화학 I 화학 II 생명과학 I 생명과학 II	확률과통계 기하	물리학 I
간호/보건	〈경희대〉 간호학과 〈고려대〉 간호학과, 바이오시스템의과학부, 바이오의공학부, 보건환경융합과학부 〈연세대〉 간호학과 〈중앙대〉 간호학과	수학 I 수학 II 확률과통계	생명과학 I 생명과학 II	미적분	화학 I 화학 II

〈경희대 외 공동연구: 대학 자연계열 전공 학문 분야의 교과 이수 권장과목 안내〉

전반적으로 자연계열 학과들은 수학에서는 '미적분'이 핵심과목인 분야가 많고 그다음이 기하, 확률과 통계 과목 순으로 나타났습니다. 과학은 물리학과 화학이 핵심과목인 분야가 많고 생명과학, 지구과학 순임을 알 수 있습니다.

그리고 이번 연구에는 학생들이 가장 궁금해하는 질문 사항 3가지에 대한 답변도 실었으니 다음의 Q&A도 꼭 읽어 보시길 바랍니다.

Q1 대학이 제시한 핵심과목, 권장과목에서 우리 학교에서 개설하지 않은 과목이 있는데, 만약 이수하지 않으면 평가에 불이익이 많이 있나요?

A 대학 설문조사에서 **이수 권장과목 중 일부 과목을 듣지 않은 경우 평가에 크게 영향이 없다**는 의견이 많았습니다. 이수 권장과목이 없더라도 지원 자격처럼 결격 처리되지는 않습니다. 대학은 학교가 개설하지 않아 이수하지 못한 학생과 학교가 개설했음에도 이수하지 않은 학생을 다르게 평가합니다. 학생이 처한 상황도 고려하겠지만, 추가적인 노력도 기대합니다. 학교가 개설하지 않았다면 외부 공동교육과정으로 이수하길 추천합니다. 동일 과목이 없으면 유사 명칭의 과목을 이수하세요.

Q2 일반고에 재학 중인 학생인데요, 그러면 전문교과 I 의 고급, 심화과목은 이수하지 않아도 되나요?

A 대학의 입학사정관은 어떤 과목을 들었느냐보다 어떤 과목이라도 얼마나 충실하게 이수했느냐를 우선하여 평가합니다. 고교 교육환경을 반영하여 일반고는 보통교과의 일반선택과목과 진로선택과목을 충실하게 이수하면 됩니다.
과학고 학생이라면 특목고 개설 과목인 전문교과 I 인 수학과 과학 고급/심화/실험 과목을 이수하는 것이 필요하겠지만, 일반고 학생이 꼭 들어야 하는 것은 아닙니다.
대학은 일반고의 경우 표에서 제시된 권장과목인 보통교과 중심으로 평가합니다.

심화 학습 과정에서 일반고 학생도 진로선택과목이나 공동교육과정으로 전문교과를 들을 수 있겠지만 이때 **위계에 맞게 충실하게 이수하고 있는지**를 살펴봅니다. 대학에 따라 예외적인 경우 면접 때 확인할 수도 있습니다.

Q3 표에 제시된 핵심, 권장과목 이수 여부를 실제 대입평가에서는 어떻게 반영하나요?

A **주로 학생부종합전형 등 서류평가에서 반영**합니다. 해당 전공에 적합한 학생인지를 판단하기 위해 학업역량이나 진로역량 등을 평가하는 데 활용할 수 있습니다. 예컨대 진로역량 평가에서 전공 또는 계열 관련 교과 이수 노력이란 항목으로 평가에 반영합니다.

충실하게 이수하고 있는지를 판단하기 위해 **이수 과목 수와 이수 단위의 적정성**도 살펴봅니다. 핵심과목, 권장과목 이외의 과목 중 기술·가정, 생활·교양, 기타 고교 자체 개설 과목 중에서도 지원 전공과 관련한 과목이 얼마든지 있을 수 있습니다.

표에서 제시된 핵심과목과 권장과목은 예시 수준으로 이외의 과목도 평가에 반영될 수 있으니, 대학에서 공부하는 데 필요한 과목들을 다양하게 이수할 것을 권장합니다.

위계가 있는 과목은
어떻게 선택할까?

과목의 '위계'는 어떤 과목을 이수하기 위해 먼저 들어야 하는 과목이 있을 경우, 이들 과목 간의 순서를 말합니다. 수학, 과학, 제2외국어 및 한문 교과를 선택할 때는 교과목의 위계를 고려해야 합니다.

선택과목(일반, 진로) 중에는 '위계'가 있는 과목이 있어서 2, 3학년에서 배울 과목의 학습 순서를 고려해야 합니다. 수학, 과학, 한문, 제2외국어 교과목처럼 I과 II로 구분된 경우는 특별한 경우를 제외하고는 I을 먼저 배우고 II를 배우도록 합니다. 교과군별로 더 자세히 위계를 살펴보겠습니다.

수학 교과군

보통교과	공통과목	수학
	일반선택과목	수학Ⅰ, 수학Ⅱ, 미적분, 확률과 통계
	진로선택과목	기본수학, 실용 수학, 기하, 경제 수학, 수학과제 탐구, 인공지능 수학
전문교과	전문교과Ⅰ	심화 수학Ⅰ, 심화 수학Ⅱ, 고급 수학Ⅰ, 고급 수학Ⅱ

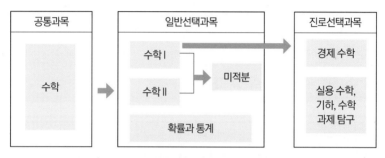

수학 교과군 위계(학생선택형 교육과정 운영을 위한 과목 안내서, 교육부·KICE)

- 수학은 모든 학생이 필수적으로 이수해야 하는 공통과목입니다.
- 일반선택과목에서는 수학Ⅰ을 배우고, 수학Ⅱ를 배워도 되고, 수학Ⅰ과 수학Ⅱ를 병행해서 배워도 됩니다.
- '경제 수학'을 배우기 위해서는 수학Ⅰ의 학습을 전제로 합니다.
- '미적분'은 수학Ⅰ, 수학Ⅱ를 모두 배운 후 더 높은 수준의 수학을 학습하기 원하는 학생들이 선택할 수 있는 과목입니다.
- '확률과 통계'는 공통과목인 수학을 학습한 후 선택할 수 있는 과목입니다.
- 진로선택과목인 '기하, 실용 수학, 수학과제 탐구'는 과목 특성상 위계성은 없지만 수학 과목 이수 후 편성, 운영이 원칙입니다.

• '심화 수학 I, II', '고급 수학 I, II'는 보통교과를 이수한 학생들이 더욱 심화된 내용을 학습할 수 있는 전문교과입니다. 특목고 등에서는 공통과목 수학을 이수한 후 '심화 수학 I, II', '고급 수학 I, II' 순으로 편성해 내용 면에서 유기적으로 연결할 수 있습니다.

영어 교과군

영어 교과군은 의사소통 기능인 듣기, 말하기, 읽기, 쓰기의 4가지 기능 중 배양하고자 하는 주요 기능에 따라 영역을 3부분으로 구분해 각 영역 내 과목의 위계화를 시켰습니다.

보통교과	공통과목	영어
	일반선택과목	영어 회화, 영어 I, 영어 독해와 작문, 영어 II
	진로선택과목	기본영어, 실용 영어, 영어권 문화, 진로 영어, 영미 문학 읽기
전문교과	전문교과 I	심화 영어 회화 I, 심화 영어 회화 II, 심화 영어 I, 심화 영어 II, 심화 영어 독해 I, 심화 영어 독해 II, 심화 영어 작문 I, 심화 영어 작문 II

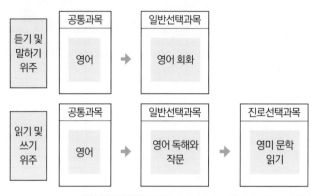

영어 교과군 위계(고등학교 교육과정 진로진학 설계, 세종시교육청)

- 4개 기능의 고른 발달을 위한 과목 선택: 공통영어 → 진로선택(실용 영어), 일반선택(영어Ⅰ) → 진로선택(영어권 문화) → 일반선택(영어Ⅱ), 진로선택(진로 영어)
- 듣기 및 말하기 기능 위주 과목 선택: 공통영어 → 일반선택(영어 회화)
- 읽기 및 쓰기 기능 위주 과목 선택: 공통영어 → 일반선택(영어 독해와 작문) → 진로선택(영미 문학 읽기)

과학 교과군

보통교과	공통과목	통합과학, 과학탐구실험
	일반선택과목	물리학Ⅰ, 화학Ⅰ. 생명과학Ⅰ, 지구과학Ⅰ
	진로선택과목	물리학Ⅱ, 화학Ⅱ, 생명과학Ⅱ, 지구과학Ⅱ, 과학사, 생활과 과학, 융합과학
전문교과	전문교과Ⅰ	고급 물리학, 고급 화학, 고급 생명과학, 고급 지구과학, 물리학 실험, 화학 실험, 생명과학 실험, 지구과학 실험, 정보과학, 융합과학 탐구, 과학과제 연구, 생태와 환경

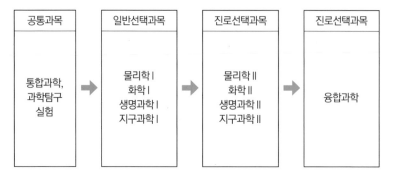

과학 교과군 위계(학생선택형 교육과정 운영을 위한 과목 안내서, 교육부·KICE)

- '통합과학', '과학탐구실험'은 모든 학생들이 필수적으로 이수해야 하는 공통과목으로 이 과목들을 학습한 후 그 외 과학 과목을 이수하는 것이 원칙입니다.
- 과학Ⅰ을 이수한 후 과학Ⅱ를 이수해야 합니다. 과학Ⅱ를 선 이수한 후 과학Ⅰ을 이수하는 것은 원칙적으로 불가합니다.
- 진로선택과목의 '과학사', '생활과 과학', '융합과학'은 학생의 희망과 진로에 따라 이수할 수 있습니다. 다만 '융합과학'은 과학 교과목Ⅰ, Ⅱ를 학습한 후 이수하는 것이 바람직합니다.

이처럼 위계가 있는 과목을 선택할 때는 순서대로 듣는 것이 중요합니다. 이러한 내용들은 입학한 학교에서 자세히 안내받을 수 있으니 미리부터 걱정하지 않아도 되지만, 알고 있으면 과목을 선택할 때 도움이 될 것입니다.

대학 계열별 과목은
어떻게 선택해야 할까?

    학생부종합전형에서는 학생의 진로에 관한 관심과 의지를 파악하기 위해 어떤 과목을 선택했는지 '과목 이력'을 평가에 중요하게 반영합니다. 따라서 자신의 전공 분야, 학과, 직업과 관련해서 고등학교 3년간 공부할 교과목을 스스로 선택해 진로를 개척할 수 있어야 합니다.

    서울시교육청에서 발간한 〈2015 개정 교육과정 선택과목 안내서〉와 충청남도교육청에서 발간한 〈함께해요! 고교학점제〉에 나와 있는 내용을 중심으로 7가지 계열별(인문/상경/의료·보건/자연·생활과학/공학/교육/예술·체육계열) 선택과목과 취업을 목표로 하는 경우를 예시로 설명하려고 합니다. 다만, 주의해야 할 것은 말 그대로 '예시'일 뿐이므로 여기에 제시되지 않은 과목을 선택했다고 해서 잘못된 것은 아니라는 점입니다. 참고용으로만 보고 희망하는 대학의 학과에서 제시하는 교육과정을 꼭 확인해야 합니다.

인문계열 OO학과 '과목 선택' 예시

인문계열은 사회 모든 지식의 기초가 되는 인문학을 연구하는 분야로 다양한 문학과 문화를 배울 수 있는 과목을 선택하는 것이 좋습니다. 따라서 사회 교과에서 한국지리, 세계지리, 세계사, 동아시아사, 정치와 법, 사회·문화, 윤리와 사상 등에서 선택이 가능하고, 언어가 중요시되므로 제2외국어, 한문도 II 수준까지 선택할 수 있습니다.

영역	공통	일반	진로
기초	국어, 수학, 영어, 한국사	•**국어**: 문학(2학년), 독서(2학년), 화법과 작문(3학년) 또는 언어와 매체(3학년) •**수학**: 수학 I, II (2학년), 확률과 통계(2, 3학년) •**영어**: 영어 I, II (2학년), 영어회화(2, 3학년), 영어 독해와 작문(3학년)	•**국어**: 고전 읽기(3학년), 심화 국어(3학년), 현대문학 감상(3학년) •**수학**: 수학과제 탐구(3학년) •**영어**: 영어권 문화(3학년), 영미 문학 읽기(3학년)
탐구	통합사회	한국지리(2, 3학년), 세계지리(2, 3학년), 세계사(2, 3학년), 동아시아사(2, 3학년), 정치와 법(2, 3학년), 사회·문화(2, 3학년), 생활과 윤리(2, 3학년), 윤리와 사상(2, 3학년)	사회문제 탐구(3학년)
	통합과학, 과학탐구실험	과학 교과목 I (2학년)	생활과 과학(3학년)

체육·예술	체육, 음악, 미술	운동과 건강, 스포츠 생활, 음악 감상과 비평, 미술 감상과 비평
생활·교양		철학, 논술, 논리학, 제2외국어Ⅰ, 한문Ⅰ, 제2외국어Ⅱ, 한문Ⅱ

상경계열 OO학과 '과목 선택' 예시

상경계열은 일상생활에서 발생하는 다양한 문제를 논리적으로 분석하는 사고력을 기르기 위해 수학을 충분히 선택하는 것이 좋습니다. 또한 국제적 감각을 익히기 위해 도움이 되도록 사회 교과인 정치와 법, 경제, 사회·문화, 세계지리, 세계사 등의 과목을 폭넓게 선택할 수 있습니다.

영역	공통	일반	진로
기초	국어, 수학, 영어, 한국사	• **국어:** 문학(2학년), 독서(2학년), 화법과 작문(3학년) 또는 언어와 매체(3학년) • **수학:** 수학Ⅰ, Ⅱ(2학년), 확률과 통계(2, 3학년), 미적분(3학년) • **영어:** 영어Ⅰ, Ⅱ(2학년), 영어회화(2, 3학년), 영어 독해와 작문(3학년)	• **국어:** 심화 국어(3학년), 고전 읽기(3학년), 현대문학 감상(3학년) • **수학:** 수학과제 탐구(3학년), 경제 수학(3학년)(경제 수학을 배울 수 없는 경우 미적분) • **영어:** 영어권 문화(3학년), 영미 문학 읽기(3학년)

탐구	통합사회	경제(2, 3학년), 한국지리(2, 3학년), 세계지리(2, 3학년), 세계사(2, 3학년), 동아시아사(2, 3학년), 정치와 법(2, 3학년), 사회·문화(2, 3학년), 생활과 윤리(2, 3학년), 윤리와 사상(2, 3학년)	사회문제 탐구(3학년)
	통합과학, 과학탐구실험	과학 교과목 I(2, 3학년)	과학과제 연구(3학년), 생활과 과학(3학년)
체육·예술	체육, 음악, 미술	운동과 건강, 스포츠 생활, 음악 감상과 비평, 미술 감상과 비평	
생활·교양		창의 경영, 정보, 심리학, 실용 경제 제2외국어 I , 한문 I , 제2외국어 II	

의료·보건계열 OO학과 '과목 선택' 예시

의료·보건계열의 전공 이해를 높이고 직무를 수행하기 위해서는 생명과학·화학 등의 과목을 심화 수준까지 선택하는 것이 좋습니다. 또 환자의 마음과 몸을 돌볼 수 있는 인성을 갖추는 것이 중요합니다. 정치와 법, 사회·문화, 생활과 윤리, 심리학, 보건 등 인간에 대한 이해를 돕는 과목도 선택할 수 있습니다.

영역	공통	일반	진로
기초	국어, 수학, 영어, 한국사	• **국어:** 문학(2학년), 독서(2학년), 화법과 작문(3학년) 또는 언어와 매체(3학년) • **수학:** 수학 I, II(2학년), 확률과 통계(2, 3학년), 미적분(3학년) • **영어:** 영어 I, II(2학년), 영어회화(2, 3학년), 영어 독해와 작문(3학년)	• **국어:** 심화 국어(3학년), 현대문학 감상(3학년) • **수학:** 기하(2, 3학년), 수학과제 탐구(3학년) • **영어:** 영어권 문화(3학년)
탐구	통합사회	윤리와 사상(2, 3학년), 생활과 윤리(2, 3학년)	사회문제 탐구(3학년)
	통합과학, 과학탐구실험	물리학 I(2, 3학년), 생명과학 I(2, 3학년), 화학 I(2, 3학년), 지구과학 I(2, 3학년)	물리학 II(2, 3학년), 생명과학 II(2, 3학년), 화학 II(2, 3학년), 과학과제연구(3학년), 생활과 과학(3학년), 과학사(3학년)
체육·예술	체육, 음악, 미술	운동과 건강, 스포츠 생활, 음악 감상과 비평, 미술 감상과 비평	
생활·교양		심리학, 보건 제2외국어 I, 한문 I, 제2외국어 II	

자연계열·생활과학계열 OO학과 '과목 선택' 예시

자연계열·생활과학계열을 전공하려면 물리, 화학, 지구과학, 생명과학의 4개 분야를 필수적으로 이해해야 합니다. 가능한 한 4개 과목을 모두 배우고, 특히 관심 있는 분야는 심화 수준까지 선택하도록 합니다. 공학적인 지식을 향상하기 위해 수학도 충분히 배울 필요가 있고, 정보나 가정과학도 자연과학과 연결되는 과목임을 고려해 선택할 수 있습니다.

영역	공통	일반	진로
기초	국어, 수학, 영어, 한국사	• **국어:** 문학(2학년), 독서(2학년), 화법과 작문(3학년) 또는 언어와 매체(3학년) • **수학:** 수학 I, II (2학년), 확률과 통계(2, 3학년), 미적분(3학년) • **영어:** 영어 I, II (2학년), 영어회화(2, 3학년), 영어 독해와 작문(3학년)	• **국어:** 심화 국어(3학년), 현대문학 감상(3학년) • **수학:** 기하(2, 3학년), 수학과제 탐구(3학년) • **영어:** 영어권 문화(3학년), 영어 독해와 작문(3학년)
탐구	통합사회	경제(2, 3학년), 정치와 법(2, 3학년), 사회·문화(2, 3학년), 생활과 윤리(2, 3학년)	사회문제 탐구(3학년)
	통합과학, 과학탐구실험	물리학 I (2, 3학년), 생명과학 I (2, 3학년), 화학 I (2, 3학년), 지구과학 I (2, 3학년)	물리학 II (2, 3학년), 생명과학 II (2, 3학년), 화학 II (2, 3학년), 과학과제연구(3학년), 생활과 과학(3학년)
체육·예술	체육, 음악, 미술	운동과 건강, 스포츠 생활, 음악 감상과 비평, 미술 감상과 비평	
생활·교양		정보, 보건, 심리학, 가정과학, 제2외국어 I , 한문 I	

공학계열 OO학과 '과목 선택' 예시

대부분의 공학계열 학과는 대학 입학 후 저학년에 수학, 물리학, 화학 등의 기초과학을 배우도록 교육과정이 설계되어 있습니다. 따라서 진로를 공학계열로 정했다면 수학과 과학 중심으로 한 과목을

Chapter 1 드디어 열리는 '고교학점제' 시대

충분히 선택해야 합니다. 미적분, 기하까지 배워야 하고, 영어도 소홀히 해서는 안 됩니다. 과학도 4개 분야 과목을 모두 배우고, 가능하면 심화 수준까지 배울 수 있는 것이 좋습니다.

영역	공통	일반	진로
기초	국어, 수학, 영어, 한국사	• **국어**: 문학(2학년), 독서(2학년), 화법과 작문(3학년) 또는 언어와 매체(3학년) • **수학**: 수학 I, II (2학년), 확률과 통계(2, 3학년), 미적분(3학년) • **영어**: 영어 I, II (2학년), 영어 회화(2, 3학년), 영어 독해와 작문(3학년)	• **국어**: 심화 국어(3학년), 현대문학 감상(3학년) • **수학**: 인공지능 수학(2학년), 기하(2, 3학년), 수학과제 탐구(3학년) • **영어**: 영어권 문화(3학년), 영어 독해와 작문(3학년)
탐구	통합사회	경제(2, 3학년), 정치와 법(2, 3학년), 사회·문화(2, 3학년), 생활과 윤리(2, 3학년)	사회문제 탐구(3학년)
	통합과학, 과학탐구실험	물리학 I (2, 3학년), 생명과학 I (2, 3학년), 화학 I (2, 3학년), 지구과학 I (2, 3학년)	물리학 II (2, 3학년), 생명과학 II (2, 3학년), 화학 II (2, 3학년), 과학과제 연구(3학년), 생활과 과학(3학년)
체육·예술	체육, 음악, 미술	운동과 건강, 스포츠 생활, 음악 감상과 비평, 미술 감상과 비평	
생활·교양		정보, 환경, 공학 일반, 가정과학, 제2외국어 I, 한문 I	

교육계열 OO학과 '과목 선택' 예시

모든 교육계열학과는 인간과 사회에 관한 폭넓고 다양한 이해와 지식이 필요합니다. 유아교육의 경우 유아의 성장 과정을 배우는 가정 관련 과목에 대한 관심이 필요하고, 초등교사는 모든 과목을 가르쳐야 하므로 음악, 미술, 체육 과목도 중요합니다. 교육학은 교육철학, 교육사회학 등의 세분된 학문들을 접하므로 사회 과목들을 미리 공부하며 기본을 다져 놓으면 도움이 됩니다. 교과교육과는 관련 교과 과목을 심화 수준까지 제대로 공부하면 좋습니다.

영역	공통	일반	진로
기초	국어, 수학, 영어, 한국사	•**국어:** 문학(2학년), 독서(2학년), 화법과 작문(3학년) 또는 언어와 매체(3학년) •**수학:** 수학Ⅰ, Ⅱ(2학년), 확률과 통계(2, 3학년), 미적분(3학년) •**영어:** 영어Ⅰ, Ⅱ(2학년), 영어회화(2, 3학년), 영어 독해와 작문(3학년)	•**국어:** 심화 국어(3학년), 현대문학 감상(3학년) •**수학:** 인공지능 수학(2학년), 기하(2, 3학년), 수학과제 탐구(3학년) •**영어:** 영어권 문화(3학년), 영어 독해와 작문(3학년)
탐구	통합사회	경제(2, 3학년), 한국지리(2, 3학년), 동아시아사(2, 3학년), 윤리와 사상(2, 3학년), 세계지리(2, 3학년), 세계사(2, 3학년), 정치와 법(2, 3학년), 사회·문화(2, 3학년), 생활과 윤리(2, 3학년)	사회문제 탐구(3학년)
	통합과학, 과학탐구실험	물리학Ⅰ(2, 3학년), 생명과학Ⅰ(2, 3학년), 화학Ⅰ(2, 3학년), 지구과학Ⅰ(2, 3학년)	물리학Ⅱ(2, 3학년), 생명과학Ⅱ(2, 3학년), 화학Ⅱ(2, 3학년), 과학과제 연구(3학년)

체육·예술	체육, 음악, 미술	운동과 건강, 스포츠 생활, 음악 감상과 비평, 미술 감상과 비평
생활·교양		심리학, 교육학, 논술, 제2외국어 I, 한문 I

예술·체육계열 OO학과 '과목 선택' 예시

예술·체육계열은 본인의 전공에 맞춰 심화 수준의 과목을 선택해서 교육과정을 구성하면 됩니다. 만약 재학 중인 학교에 개설이 안 되었을 경우는 공동교육과정을 이용하면 되고요. 특히 전공과 관련한 예술 분야로 유명한 나라의 역사, 문화, 언어, 지리에 관련한 과목을 선택하는 것도 좋습니다.

영역	공통	일반	진로
기초	국어, 수학, 영어, 한국사	• **국어:** 문학(2학년), 독서(2학년), 화법과 작문(3학년) 또는 언어와 매체(3학년) • **수학:** 수학 I, II (2학년), 확률과 통계(2, 3학년) • **영어:** 영어 I, II (2학년), 영어회화(2, 3학년), 영어 독해와 작문(3학년)	• **국어:** 심화 국어(3학년), 현대문학 감상(3학년) • **수학:** 수학과제 탐구(3학년) • **영어:** 영어권 문화(3학년)
탐구	통합사회	경제(2, 3학년), 세계사(2, 3학년), 사회·문화(2, 3학년), 생활과 윤리(2, 3학년)	여행지리(3학년), 사회문제 탐구(3학년)
	통합과학, 과학탐구실험	과확 교과목 I (2, 3학년)	과학과제 연구(3학년), 생활과 과학(3학년)

| 체육·예술 | 체육, 음악, 미술 | 운동과 건강, 스포츠 생활, 음악 감상과 비평, 미술 감상과 비평
음악: 음악 이론, 음악 연주, 시창·청음, 음악 전공 실기
미술: 미술 창작, 평면 도형, 미술 전공 실기
예술: 연기, 시나리오, 연극의 이해, 연극 감상과 비평
체육: 체육 탐구, 스포츠 개론, 체육 전공 실기 기초 |
| 생활·교양 | | 교육학, 심리학, 가정과학
제2외국어 I, 한문 |

취업을 목표로 하는 경우 '과목 선택' 예시

졸업 후에 대학에 진학하지 않고 취업하거나, 일정 기간 취업 준비를 하게 될 수도 있습니다. 고등학교 단계에서 배울 수 있는 컴퓨터나 경영 관련 과목을 선택해서 공부해도 좋습니다. 그 외 가장 관심이 가는 과목들을 열심히 공부하면 생각지도 못했던 곳에서 자신의 가능성을 발견하게 되고, 앞으로 사회에 나가 어떤 분야든 도전해서 성취할 힘을 기르게 될 것입니다.

구분	1학년	2학년	3학년
기초	국어, 수학, 영어, 한국사	화법과 작문, 독서, 문학, 실용 국어, 수학 I, 수학 II, 실용 수학, 영어 회화, 영어 I, 영어 독해와 작문, 실용 영어	
탐구	통합사회	한국지리, 세계사, 정치와 법, 사회·문화, 생활과 윤리, 여행지리	
	통합과학, 과학탐구실험	과학 교과목 I, 생활과 과학	
체육·예술	체육, 음악, 미술	운동과 건강, 스포츠 생활, 음악 감상과 비평, 미술 창작, 미술 감상과 비평	

생활·교양	실용 경제, 지식 재산 일반, 컴퓨터 그래픽, 컴퓨터 구조 제2외국어 I , 한문 I

▶ 참고해 볼 희망 모집단위의 교육과정

서울시교육청교육연구정보원에서 발간한 〈2023학년도 고1·2학년 진학지도 자료집〉을 보면 과목을 선택할 때 희망 모집단위의 교육과정도 참고해야 한다는 내용이 나옵니다.

문과 계열 학과지만 교육과정에 일부 이과 과목 이수가 필요한 전공일 수 있고, 입학 후 학업 방향에 따라 여러 가지 트랙으로 구분되어 학습하는 경우가 적지 않기 때문이죠. 따라서 대학에서 제공하는 전공 가이드북, 학과 홈페이지에 들어가서 반드시 해당 전공의 교육과정을 살펴보고, 필요한 과목들을 선택해서 이수해야 합니다.

> 예1) 동국대 문화재학과: "불교와 관련된 각종 동산·부동산·무형의 자원을 조사·연구, 전시, 교육, 보존, 관리할 수 있는 전문 지식인의 양성"을 목표로 하고 있다. 고고학 외에 보존과학도 포함하고 있어 보존과학개론, 문화재재료연구 등에 필요한 물리학, 화학의 이수가 필요하다.
>
> 예2) 성신여대 수리통계데이터사이언스학부: 수리·통계학을 바탕으로 하는 모집단위이지만 입학 후 순수 수학 트랙 외에도 "지능형 금융서비스 트랙, 사회 조사 분석가 및 컨설턴트 트랙, 데이터 사이언스 분석 전문가 트랙" 등 다양한 학업 경로가 존재하므로 희망 진로 분야에 따라 수학교과 외에 사회교과, 정보교과 등의 이수가 필요한 경우가 있다.
>
> 출처: 서울시교육청교육연구정보원, 〈2023학년도 고1·2학년 진학지도 자료집〉

▶ 같은 학과를 목표로 해도 희망 진로에 따른 차별성 존재

희망하는 진로가 구체적일수록 과목 선택을 할 때 차별성을 둘 수 있습니다. 예를 들어 같은 경영학과를 목표로 하는 학생이라 해도 A 학생은 배터리 업사이클링 기술 상용화를 꿈꾸는 스타트업 CEO가 목표이고, B학생은 스포츠 마케터가 되는 것이 목표라고 한다면 다음과 같이 과목을 구성해서 이수할 수 있는 것이죠.

A학생: 배터리 업사이클링 기술 상용화를 꿈꾸는 스타트업 CEO
일반선택: 경제, 정치와 법, 사회문화, 제2외국어I, 화학I, 물리I
진로선택: 경제수학, 사회문제 탐구, 제2외국어II, 생활과 과학, 융합과학

B학생: 브랜드 이미지를 향상시키는 스포츠 마케터
일반선택: 경제, 정치와 법, 사회문화, 제2외국어I, 생활과 윤리, (교양: 심리학, 실용 경제)
진로선택: 경제수학, 사회문제 탐구, 제2외국어II, 창의 경영, 지식 재산 일반

따라서 학과 목표가 정해졌다면 졸업 후 구체적으로 무슨 일을 하고 싶은지도 생각해 보면 좋겠습니다. 막막하다면 대학 학과 홈페이지나 전공 가이드북에 나와 있는 "졸업 후 진출 분야"를 읽어 보고 관심 있는 분야가 있다면 인터넷 검색을 통해 더 자세히 찾아보고 유튜브에 해당 직업에 대한 브이로그를 보는 것도 방법입니다. 이런 과정을 통해 꿈이 생기고 목표가 정해지면 목적이 이끄는 공부도 할 수 있게 됩니다.

고교학점제의 시간표는 어떻게 구성될까?

고교학점제가 시행되면 아이들은 어떤 시간표를 갖게 될까요? 고등학교에는 다양한 유형이 있지만, 일반고를 기준으로 1학년부터 3학년까지 시간표를 예시로 들어보겠습니다.

1학년 시간표: 반 친구들과 같은 수업을 들어요

1학년 시간표 예시

교시	월	화	수	목	금
1	국어	국어	통합과학	수학	통합사회
2	체육	영어	한국사	국어	국어

3	한국사	수학	수학	통합사회	통합과학
4	수학	통합사회	영어	과학탐구실험	한국사
5	영어	통합과학	창체	음악	체육
6	정보	미술	창체	기술·가정	창체
7	학교자율	미술		기술·가정	학교자율

• 같은 반 친구들과 함께 수업을 듣습니다.

• 공통과목 중심으로 같은 반 전체가 같은 시간표로 수업을 듣습니다.

• 1학년에 선택과목이 있는 학교도 있을 수 있습니다.

• 학교자율활동은 학교별로 특색 있게 운영될 수 있습니다.

• 창체(자율활동, 동아리활동, 봉사활동, 진로활동 등)는 학교마다 다르게 운영합니다.

(출처: 고교학점제 맛보기, 경상남도교육청)

1학년의 경우는 모든 과목이 '공통과목'으로 구성되어 있어서 같은 교실에서 같은 반 친구들과 같은 수업을 듣습니다. 물론 일부 학교에서는 1학년도 선택과목을 선택해 들을 수도 있습니다.

2022년까지는 예시의 시간표처럼 월, 화, 목, 금에 7교시, 수요일에 6교시 수업을 들어서 1주일에 총 34시간 수업을 듣고, 이렇게 고등학교 3년 동안 6번의 학기별로 204단위를 이수하고 졸업하게 됩니다. 그러나 2023년 고등학교 1학년(2007년생)부터는 1주일에 32시간의 수업을 듣고 3년 동안 6번의 학기별로 이수 학점이 총 192학점에 도달하면 졸업할 수 있게 되는 것이죠.

2학년 시간표: 같은 반이라도 시간표가 개인별로 달라요

2학년 시간표 예시

교시	월	화	수	목	금
1	윤리와 사상	생활과 과학	수학 I	윤리와 사상	수학 I
2	생명과학 I	영어 I	수학 I	생명과학 I	창체
3	독서	세계사	독서	심리학	영어 I
4	독서	세계사	생활과 과학	독서	영어 I
5	영어 I	생명과학 I	운동과 건강	세계사	창체
6	생활과 과학	수학 I	운동과 건강	미술 감상과 비평	창체
7	윤리와 사상	창체	심리학	미술 감상과 비평	

- 학교 지정 과목은 자기 반 교실에서, 학생 선택과목은 같은 선택을 한 학생들과 함께 교실을 이동하며 수업을 듣습니다.
- 같은 반이라도 선택한 과목에 따라 시간표가 개인별로 다릅니다.
- 학교 여건에 따라 수업 중간에 공강 시간이 있을 수 있습니다.
- 학생 선택과목은 1학기와 2학기가 각각 다를 수도, 같을 수도 있습니다.
- 같은 과목을 선택한 학생들을 대상으로 성적을 산출합니다.
- 창체(자율활동, 동아리활동, 봉사활동, 진로활동 등)는 학교마다 다르게 운영합니다.

  (출처: 고교학점제 맛보기, 경상남도교육청)

　　위의 시간표는 〈서울형 고교학점제 워크북〉에 나오는 한 학생의 2학년 1학기 시간표입니다. 이 학생은 '심리치료사'로 진로를 정했기 때문에 탐구 영역에서는 '생명과학 I', '생활과 과학'을 선택했습니다. 그리고 심리 치료에 활용할 수 있을 것 같아서 '미술 감상과 비평'과 '심리학' 과목도 선택한 것을 볼 수 있습니다. 이렇게 2학년부터는 선택과목에 따른 수업이 많아지면서 진로에 따른 나만의 시간표를 갖게 되는 것입니다.

3학년 시간표: 대부분 선택과목을 들어요

3학년 시간표 예시

교시	월	화	수	목	금
1	언어와 매체	미적분	언어와 매체	생활과 윤리	생명과학II
2	스포츠	언어와 매체	미적분	미적분	화학II
3	미적분	생명과학II	진로 영어	생명과학II	진로 영어
4	인공지능 기초	진로 영어	생명과학II	언어와 매체	생활과 윤리
5	진로 영어	생활과 윤리	창체	인공지능 기초	인공지능 기초
6	화학II	스포츠	창체	화학II	창체
7	학교자율	화학II		생활과 윤리	학교자율

• 선택과목이 많아지면서 대부분 같은 선택을 한 학생들과 함께 교실을 이동하며 수업을 듣습니다.

• 같은 반이라도 선택한 과목에 따라 시간표가 개인별로 다릅니다.

• 학교 여건에 따라 수업 중간에 공강 시간이 있을 수 있습니다.

• 학생 선택과목은 1학기와 2학기가 각각 다를 수도, 같을 수도 있습니다.

• 같은 과목을 선택한 학생들을 대상으로 성적을 산출합니다.

- 학교자율활동은 학교별로 특색 있게 운영될 수 있습니다.

- 창체(자율활동, 동아리활동, 봉사활동, 진로활동 등)는 학교마다 다르게 운영합니다.

  (출처: 고교학점제 맛보기, 경상남도교육청)

　　3학년의 시간표를 보면, 대부분이 선택과목으로 이루어져 있습니다. 따라서 같은 반이라도 선택한 과목에 따라 시간표가 개인별로 다를 수 있습니다.

　　이렇게 학생 개인별 시간표가 달라지면서 교실을 이동해 듣는 수업이 늘어나고, 자신의 물건을 보관하고 휴식할 수 있는 교실 밖 공간이 필요하게 됩니다.

　　따라서 고교학점제가 효율적으로 운영되기 위해서는 학교 공간의 재구조화가 필요하게 되었습니다. '고교학점제 홈페이지(www.hscredit.kr)'에는 학교 공간 조성 사례 사진이 올라와 있습니다. 이렇듯이 학교 공간 혁신 사업을 통해 전국 곳곳의 학교 공간에서 고교학점제에 적합한 학교 공간 리모델링 공사가 진행되고 있습니다.

고교학점제 2가지 '평가' 방식

상대는 나의 경쟁자, 상대평가

중학교 때까지는 절대평가로 평가받습니다. 아이들을 성적 순서대로 '줄 세우기'를 하지 않고, 몇 점을 받았고 얼마만큼 성취했는지를 평가합니다. 이렇게 중학교 때 절대평가로 평가받다가 고등학교에 진학해서 첫 시험을 본 후 성적표를 보고 충격을 받는 학생들이 많습니다. 고등학교 교과 성적은 자신이 획득한 점수보다 남들과 비교했을 때 얼마나 더 잘했느냐가 중요한 상대평가로 평가받기 때문입니다.

상대평가는 등급당 비율을 정해 놓고 학생을 성적순으로 한 줄로 세워 순위를 매기는 평가여서 학생 간 비교 우열만 알 수 있을 뿐, 학생이 실제로 무엇을, 얼마나, 어느 정도 알고 있는지는 알려 주지 못합니다.

현재 9등급제의 상대평가는 상위 4%까지는 1등급, 4% 초과 11% 까지는 2등급 등의 방식으로 등급이 부여됩니다. 이렇게 등급당 비율이 정확히 정해져 있어서 동점자 수가 많아 중간 석차를 적용해도 이 비율을 초과하면 수능과 달리 모두 아래 등급을 받게 됩니다. 만약 시험에서 100점을 받은 학생이 너무 많아 상위 4%의 비율을 넘어가면 누구도 1등급을 받지 못하는 경우도 벌어지는 것이죠.

등급별 학생 수 성적 방식

등급	등급 비율	누적 비율	300명 기준 등수
1	4%	4%	~12등
2	7%	11%	~33등
3	12%	23%	~69등
4	17%	40%	~120등
5	20%	60%	~180등
6	17%	77%	~231등
7	12%	89%	~267등
8	7%	96%	~288등
9	4%	100%	~300등

9등급제 상대평가 체제에서는 최소한 해당 과목의 수강생이 14명 이상이어야만 1등급이 1명(4%) 나올 수 있는 구조입니다. 수강생이 10명이라면 상대평가 4% 체제에서는 아무리 잘해도 0.4명, 즉 1등급이 1명도 없게 됩니다. 따라서 적은 수의 학생이 선택한 소인 수 과

목은 기피하는 현상이 발생해서 물리학 실력이 중요한 공대를 희망하는 학생이라도 수강 인원이 적은 물리학 I을 선택하지 않는 것이죠. 그래서 상대평가는 학생 과목 선택권을 넓히는 2015 개정 교육과정과 고교학점제와 잘 맞지 않는 평가방식이라고 할 수 있습니다.

《제대로 이해하는 고교학점제》(이성대 저, 좋은땅)에서는 일부 학교에서 1등급의 숫자를 맞추기 위해서 그 과목을 들을 필요가 없는 학생들에게까지 특정 과목을 강제로 수강하도록 하는 편법적인 교육과정을 운영하기도 한다는 내용이 나옵니다. 특히 서울대학교에서 특정 과목의 이수를 요구하는 경우 이런 일들이 종종 벌어지는데, 1등급을 받는 학생 수를 늘리기 위해서 불필요한 학생들에게까지 과목을 수강하도록 교육과정을 편성하고 있는 것이죠.

이처럼 상대평가는 상대는 나의 경쟁자가 되어 '무한경쟁'을 유발하고, 누군가 대학에 가기 위해 또 어떤 누군가는 희생되기도 하며, 1등급을 받았어도 실제로 무엇을 배웠고 어느 정도 알고 있는지에 관한 정보는 얻을 수 없습니다.

"상대평가는 아이들을 칼로 두부 베듯 잘라 버리는 인간이 만든 최악의 시스템인 것 같아요. 아이들이 좋아하는 과목이면 뭐 해요. 일단 수업을 듣기 시작하면 저희 교사들 머릿속엔 얘네들을 나중에 어떻게 갈라야 할까 하는 고민이 우선인데요. 시험 1주일 전만 되면 아이들의 책도 종종 없어져요. 당연히 시험이 지나면 성적 때문에 사이가 멀어지는 경우도 생기고요. 애들이 고등학교를 초등학교, 중학교보다 더 싫어하는 이유가 다 있어요. 정말 이런 평가가 어서 없어지면 좋겠어요." -OO고 교사

"영어를 잘하는 학생들이 많은 학교에서 학생들을 9등급으로 평가하는 것이 정말 힘들어요. 상위권 학생층이 워낙 두텁다 보니 1, 2등급 대 학생들의 경쟁이 정말 치열합니다. 솔직히 1, 2등급 대 학생들은 절대평가를 실시하면 모두 A를 성취할 학생들이어서 어려운 지필평가 한두 문항으로 구분 짓는 것이 매우 안타까운 실정입니다." -○○고 교사

《고교학점제 어떻게 실천할 것인가》에 수록된 교사들 인터뷰

이 교사 인터뷰에서도 알 수 있듯이, 상대평가 체제에서는 학생들이 아무리 노력해도 일정 비율은 어쩔 수 없이 낮은 등급을 받아야 합니다.

여기서 '평가'를 왜 하는 것인지 한번 생각해 볼 필요가 있습니다. 평가는 단순히 줄 세우기나 선발을 위한 것이 아니라 배움을 확인하는 데 있을 것입니다. 학생의 성장과 발전을 돕는다는 교육의 본질적 측면에서 보더라도 '절대평가' 방식을 따라야 하는 것이죠.

2

고교학점제에서의 평가, 성취평가제

현재 내신평가＝상대평가＋절대평가

　현재는 2015 개정 교육과정으로 문·이과가 통합되고, 선택과목을 다양화한 교육과정을 운영하고 있다고 앞서 말씀드렸습니다. 이러한 선택중심교육과정은 2000년도 제7차 교육과정 때부터 실시해 온 교육과정의 흐름입니다. 그렇다면 지금과 다른 점은 무엇일까요? 바로 과목 선택의 주체가 '학생'이라는 것입니다.

　현재의 교육과정인 2015 개정 교육과정은 역량중심교육, 학생중심교육입니다. '역량'은 학생중심교육이 이루어질 때 키울 수 있습니다. 이러한 학생중심교육이 이루어지기 위해서는 수업/평가/기록 일체화, 교과선택제, 고교학점제, 성취평가제와 같은 4가지 요소가 필요합니다. 이 중 하나인 '성취평가제'가 이번 장의 핵심 키워드입니다.

2015 개정 교육과정 목표 및 핵심 역량

2015 개정 교육과정: 4차 산업혁명과 융합 사회에 적합한 창의융합 인재	
역량중심교육	학생중심교육
6가지 핵심 역량 1. 자기 관리 역량 2. 지식 정보 처리 역량 3. 창의적 사고 역량 4. 심미적 감성 역량 5. 의사소통 역량 6. 공동체 역량	1. 수업/평가/기록일체화 2. 교과선택제 3. 고교학점제 4. 성취평가제

2015 개정 교육과정의 목표에서 '역량중심교육'이라는 말이 등장했습니다. 여기서 '역량'이란 지식, 기술, 태도, 신념과 가치관처럼 눈에 보이는 것이 아닙니다. 따라서 역량은 상대평가보다는 절대평가와 어울릴 수밖에 없는 개념입니다. 모든 평가가 줄 세우기식의 상대평가였던 고등학교의 내신평가는 2015 개정 교육과정이 도입된 이후로 달라지기 시작했습니다. 물론 아이들의 점수로 등급을 매기는 상대평가도 존재하긴 하지만, 얼마만큼 성취했고 목표에 도달했는지를 평가하는 절대평가도 도입되었습니다.

절대평가 vs 상대평가

	절대평가	상대평가
	중학교 내신 산출 몇 점이냐?	고등학교 내신 산출 몇 등이냐?
수능	영어, 한국사, 제2외국어	국어, 수학, 탐구
내신	예체능, 진로선택과목	공통과목, 일반선택과목

현재는 위의 표와 같이 상대평가와 절대평가가 혼용되어 실시되고 있습니다. 수능에서는 영어, 한국사, 제2외국어는 절대평가를 하고 있고, 국어, 수학, 탐구는 상대평가를 하고 있습니다. 또 내신에서는 예체능, 진로선택과목은 절대평가를 하고 있고, 공통과목과 일반선택과목은 석차 등급이 나오는 상대평가를 하고 있습니다.

성취평가제란?

'고교학점제'는 학생들의 다양성을 존중하는 교육제도입니다. 학생들에게 같은 것을 배우라고 강요하지 않고, 저마다의 개성을 발휘하며 본인에게 필요한 학습을 주도적으로 진행하기를 원합니다. (고등학교 학생평가 톺아보기, 한국교육과정평가원, 2020) 그런데 학생들이 꿈을 찾고 진로에 맞는 과목을 선택해 수업을 듣는 과정에서, 과목 선택에 따라 내신 성적 산정의 유불리가 발생한다면 당연히 특정 과목으로 쏠림 현상이나 기피 현상이 나타날 수밖에 없습니다.

따라서 학생이 성적에 구애받지 않고 최대한 자신의 진로와 적성을 고려해 자유롭게 과목을 선택할 수 있도록 하기 위해서는 '상대적으로 누가 더 잘했는지'를 평가하기보다는 '학생이 무엇을 어느 정도 성취했는지'를 평가해야 합니다. 이것이 바로 **'성취평가제'**입니다. 이를 상대평가와 비교하여 그림으로 나타내면 다음과 같습니다.

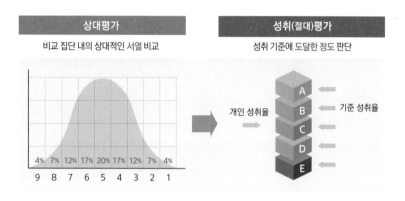

상대평가 vs 성취(절대)평가(출처: 교육부)

현재 9등급 체제로 이루어진 상대평가는 집단 안에서 상대적인 서열을 비교하는 평가입니다. 성취평가는 성취 기준에 도달한 정도로 평가해서 A~E까지 성취도를 부여하는 절대평가 제도입니다. '몇 등인가?'보다는 '무엇을 할 수 있는가?'가 중요한 것이 성취평가인 것이죠. 다시 말해, **"성취평가제는 상대적 서열에 따라 '누가 더 잘했는지'를 평가(상대평가)하는 것이 아니라 '학생이 무엇을 어느 정도 성취하였는지'를 평가(절대평가)하는 제도입니다."**(출처: 고등학교 학생

평가 톺아보기, 한국교육과정평가원, 2020)

따라서 성취평가제(절대평가)는 수강 인원이 적은 과목이어도 등수에 따라 등급이 나누어지지 않아서 등수 걱정 없이 원하는 과목을 부담 없이 선택할 수 있기에 고교학점제의 취지에 맞는 평가라 할 수 있습니다.

그런데 2009년생부터 적용받는 2028 대입 개편에서는 전 학년, 전 과목 내신에서 절대평가도 하지만 중요한 것은 5등급 상대평가를 함께 병기함으로써 사실상 고교학점제의 의미는 퇴색되었다고 할 수 있습니다. 이 부분은 뒤에 나오는 2028 대입 개편 섹션에서 자세히 설명했습니다.

고교학점제에서의
성적 산출 방식

2021년 교육부가 발표한 고교학점제 종합 추진 계획에 따르면 '과목출석률'과 '학업성취율' 모두가 일정 기준 이상이어야 학점 취득이 가능하다고 기준을 제시했는데, 과목출석률은 수업 회수의 2/3 이상이고, 학업성취율은 기준성취율 40% 이상이어야 합니다.

고교학점제의 학점 취득 방식

(출처: 고교학점제 종합 추진 계획, 교육부, 2021)

2015 개정 교육과정의 현재 체제에서 공통과목과 일반선택과목은 9등급 상대평가로 성적을 산출하고, 성취도, 석차 등급이 표기되지만, 진로선택과목은 등급은 산출하지 않고 3단계 성취도(A, B, C)로 평가하되 원점수, 평균, 이수자 수, 성취 수준별 학생 비율은 기재합니다.

2025년 이후 과목별 성적 산출 및 대학 제공 방식(확정)

구 분	절대평가		상대평가	통계정보		
	원점수	성취도	석차등급	성취도별 분포비율	과목평균	수강자수
공통과목, 선택과목 (일반/진로/융합)	○	A·B·C·D·E	5등급	○	○	○
사회·과학 융합선택과목	○	A·B·C·D·E	–	○	○	○
체육·예술/과학탐구실험	–	A·B·C	–	–	–	–
교양	–	P	–	–	–	–
전문교과	○	A·B·C·D·E	5등급	○	○	○

(출처: 2028 대학입시제도 개편 확정안(2023.12.27., 교육부))

2025년 이후 고교학점제가 전면 도입되면 앞의 표와 같이 보통교과(공통과목, 일반선택과목, 진로선택과목, 융합선택과목)와 전문교과에서 석차등급(1~5등급)과 성취도(A~E)가 함께 표기됩니다. 다만, 사회·과학 융합선택과목은 석차등급은 미기재하고 성취도(A~E)만 표기됩니다.

그동안은 조퇴와 지각을 자주 하고, 학교에 와서 잠만 자더라도 출석만 하면 졸업이 가능했습니다. 또 눈에 띄게 불성실하지는 않아도 늘 무기력하며 학업 성취도가 낮은 조용한 학생들도 출석 일수 충족으로 졸업을 할 수 있었습니다. 하지만 앞으로는 이런 학생들은 이수 기준을 충족하지 못해 졸업하기 어려울 것이라는 게 고교학점제에서의 큰 변화일 것이라고 말씀드렸습니다. 그래서 고교학점제 하의 학교에서는 학생들의 과목 미이수 예방과 그 대책에 심혈을 기울이고, 특별 프로그램을 통해 최소 학업 성취 수준에 도달할 수 있도록 책임 교육을 하게 될 것입니다.

진로선택과목, 대학은 어떻게 반영하는가?

대학 입시 전형은 크게 학생부종합전형, 학생부교과전형 등으로 선발하는 '수시'와 수능 성적을 기준으로 선발하는 '정시'로 나뉩니다. 이 중 학생부교과전형은 주로 내신 최상위권 학생들이 지원해서 경쟁률과 내신 합격선도 높게 형성되는 편입니다. 2024학년도에는 주요 15개 대학 중 서울대를 제외하고 14개 대학에서 학생부교과전형을 운영하며 일반전형 기준으로 총 4,917명이라는 적지 않은 수의 인원을 선발했습니다.

보통 고 2~3학년에 이수하는 진로선택과목은 절대평가로 이루어지고 등급도 나오지 않아 가볍게 여기는 경우가 있는데, 학생부교과전형은 소수점에서 당락이 결정되고 진로선택과목의 반영방법에 따라 유불리가 생기므로 자신에게 유리한 대학을 찾아 지원하는 것이 무엇보다 중요해졌습니다.

다음은 2025학년도 서울권 대학이 학생부교과전형에서 진로선택과목을 반영하는 방식을 정리한 표입니다.

2025학년도 서울권 대학 진로선택과목 반영 방법

대학명	반영방법	반영과목	성취도별 환산점(등급)
건국대	정성평가	반영 교과	–
경희대	성취도별 환산 점수	반영 교과 (3과목, 20% 반영)	교과 이수 단위를 가중 평균
고려대	성취도별 변환 석차 환산 등급	반영 교과	A=1등급 B, C=성취도 비율 고려 산출
광운대	성취도별 환산 등급	전 과목	A=1등급, B=2등급, C=4등급
동국대	정성평가	전 과목	
명지대(서울)	성취도별 환산 등급	반영 교과	A=1등급, B=2등급, C=4등급
상명대	성취도별 환산 점수	반영 교과 (최대 3과목)	A=100점, B=96점, C=90점
서강대	성취도별 환산 점수 (성취도 비율 고려)	전 과목	과목 성취 비율=취득 성취 비율/2+성 취도 하단 성취 비율 합계
서울과기대	성취도별 환산 등급	반영 교과	A=1등급, B=3등급, C=5등급
서울시립대	성취도별 환산 점수	전 과목	10% 반영
성균관대	정성평가	전 과목	20% 반영
성신여대	성취도별 환산 등급	반영 교과	A=1등급, B=2등급, C=4등급
세종대	성취도별 환산 등급	반영 교과	A=1등급, B=3등급, C=5등급
숙명여대	성취도별 환산 등급	반영 교과	A=1등급, B=3등급, C=5등급
숭실대	성취도별 환산 등급	반영 교과	A=1등급, B=2등급, C=3등급
연세대	성취도별 환산 점수	전 과목	A=20점, B=15점, C=10점
이화여대	성취도별 환산 점수	반영 교과	A=10점, B=8.8점, C=5점
중앙대	성취도별 환산 점수	반영 교과	A=10점, B=9.43점, C=8.86점
한양대	정성평가	전 과목	10%에 포함
홍익대	성취도별 환산 점수	반영 교과	A=10점, B=9점, C=7점

(출처: 2025 대입정보 119)

2025학년도 수시 모집에서 학생부교과전형을 시행하는 수도권 소재 대학의 진로선택과목 반영 사례를 살펴보면, 대체로 성취도에 따른 단순 환산 점수를 부여합니다.

건국대, 동국대, 성균관대는 등급이 아닌 성취도로 평가하는 진로선택과목의 취지를 살려 정량화하지 않고 정성평가 방식으로 반영하는 대학입니다. 일부에서는 진로선택과목의 성적 부풀리기 현상이 일어나 성취도 A를 받는 학생들이 많아져 변별력이 떨어지지 않을까 우려도 하지만, 고려대와 서강대처럼 성취도별 분포 비율까지 고려해 성적을 산출하는 대학교도 있습니다. 따라서 A를 받은 비율이 적은 학교일수록 더 유리해진다는 점도 유념해야 합니다.

2022학년도 입시부터 본격적으로 반영되기 시작한 진로선택과목은 이처럼 대학마다 반영 방법이 달라 혼란스럽기도 합니다. 하지만 등급이 나오지 않는다고 해서 결코 소홀히 해서는 안 되며, 좋은 성취도를 받도록 최선을 다하는 것이 중요합니다.

고교학점제 전면 도입 이후 '기존 학교와 학점제 학교'의 차이점

구분	기존 학교	학점제 학교
진로 설계	• (고1) 일반적 진로활동 • (고2) 내신 성적 중심 • (고3) 성적별 진학 결정	• (고1) 진로 적성 탐색 → 학업 설계 → 수강 신청 • (고2) 과목 선택 및 수강 → 진로 구체화 • (고3) 진로 기반 진학 준비, 졸업 이후 설계
과목 선택	• 제2외국어, 사회·과학, 교과 내에서 일부 선택 • 편성 주요 기준: 대입 준비, 수능 출제 과목 중심, 인문·자연 계열별 정해진 과목	• 교과 구분 없이 다양한 선택과목 • 편성 주요 기준: 학생 수요 학생 과목 수요 조사 및 수강 신청 결과 학생·교사가 협업해 과목을 설계
수업 량	• 교과 180단위 선택과목당 5단위 내외 이수 1단위: 17회 수업 • 창의적체험활동 24단위 자율, 동아리, 봉사, 진로활동 주당 평균 4시간(학기당 4단위)	• 교과 174학점 1학점: 16회 수업 • 창의적체험활동 18학점 진로탐구활동(교과·창체 융합 활동): 9학점 동아리, 자치, 봉사 등: 144시간(9학점 분량)
졸업 요건	• 과목당 별도 이수 기준 없음 • 각 학년 수업 일수의 2/3 이상 출석 시 학교 졸업	• 과목당 이수 기준 적용 이수 기준: 출석률, 학업성취율 ───────────────────── 이수 판정 시 → 학점 취득 미이수 판정 시 → '보충 이수' 후 학점 취득 ───────────────────── • 3년간 192학점 이상 취득 시 졸업 (창체 144시간 포함)
평가	• 상대평가 실시(석차 등급 산출) 동일 과목 수강 학생 간 성적 경쟁 발생, 결과에 의한 변별	• 내신 5등급 상대평가 + 절대평가 혼용 • 사회·과학 융합선택과목은 절대평가(등급 미산출)

수업 장소	• 학교 교실, 오프라인 수업 (학생) 재적 중인 학교로 등교 (교사) 재직 학교 학생 지도 (수업 자료) 서책 교과서 중심 • 단위 학교별 운영	• 지역 사회, 온라인으로 수업 장소 확장 (학생) 인근 학교, 지역 사회 기관에서 일부 수업 (교사) 필요 시 타학교 학생도 포함해 지도 (수업 자료) 지역 사회, 온라인 등 다양한 학교 안 팎 자원 활용 • 학교 간 협력, 지역 사회 연계 학습공동체
학교 생활	• 주당 34시간 매일 6~7교시씩 수업 3년간 대부분 학교 내, 학급 별 교실에서 생활 • 학급별 동일 시간표 • 학생 거점 공간: 학급별 교실	• 주당 32시간 일과 중 공강 시간을 활용해 인근 학교 또는 지 역 사회 기관, 온라인 등에서 선택과목 수강 • 학생 개인별 시간표 선택한 과목 수업 교실로 이동 • 홈베이스, 도서관 등 교실 경계 확장 소규모 스터디룸, 카페형 학습 공간 등 조성 도서관을 거점 공간으로 활용, 다양한 학생 활 동 지원
교직 문화	• 주로 단일 자격 활용 수능 대비 강의식 수업 중심 • 행정학급별 담임 배정 담임 역할: 행정학급 운영 • 교무·생활 지도 중심 조직 행정업무 중심 부서 배치	• 복수전공·부전공 활성화, 복수 자격 활용 다양한 현장 전문가 참여로 수업·체험 연계 • 학생 소그룹별(예:10여 명) 담임 배정 담임 역할: 학생별 상담 강화 | 1학년 상담 | 2~3학년 상담 | | 수강 신청 3개년 학업 설계 | 진로·학업 설계 점검, 변경 교육과정 이수 과정 관리 | • 교육과정 중심 업무 조직 교과별 전문적 학습공동체 활성화 과목별 교수 학습 계획서 제공 교육과정 자체 규정(구성원 합의)
고교 체제	• 학교 유형별 고교 서열 구조 외고, 국제고, 자사고, 일반고 순 특목고 중심 수월성 교육	• 고교 선택의 다양성 유지 자사고, 외국어고, 국제고 존치 전국단위선발자사고 사회통합전형, 지역인재 전형으로 20% 이상 선발 의무화

(출처: 고교학점제 종합 추진 계획, 2021, 교육부)

CHAPTER 2

흐름을 알아야
성공하는 입시

Section 1

알아두면 쓸모 있는 입시 정보

대입 전형
4년 예고제

　'대입 전형 사전 예고제'는 입시가 코앞에 임박해서야 대입 전형을 파악할 수 있던 폐해에서 벗어나 현장의 혼란을 줄이고 대입 예측 가능성을 키우기 위해 교육당국이 대입 제도와 관련된 사항을 정해진 시기에 미리 안내하는 제도입니다. 대입 사전 예고제는 2015년 4월부터 '3년 예고제'의 형태로 시행되고 있었지만, 2019년 4월에 대입 정책 공개 시기를 4년 전으로 앞당기면서 현재는 '4년 예고제'가 되었습니다. 따라서 중3 때 대입의 큰 틀을 예측할 수 있습니다.

　4년 예고제는 '대입 정책 발표(교육부)' → '대입 전형 기본 사항 발표(한국대학교육협의회)' → '대입 전형 시행(전형) 계획 발표(각 대학교)' → '모집 요강 발표(각 대학교)'의 순서로 진행됩니다.

대입 전형 4년 예고제

사전예고제 항목		재학생 기준	대입 기준	발표 주체	세부 내용
대입 정책		중3 새 학기 직전 2월 말	4년 전	교육부 장관	고교 진학 전, 대입의 방향 이해
대입 전형 기본 사항		고1 8월 말	2년 6개월 전	한국대학 교육협의회	대입 전형의 원칙과 전형별 기본 사항, 전형 원칙, 지원 자격, 정원 외 전형 선발 비율, 수시/정시 전형 일정 등
대입 전형 시행 계획 (전형 계획)		고2 4월 말	1년 10개월 전	대학 수립 (대교협 승인)	모집 단위(계열)별 모집 인원, 지원 자격, 수능 필수 응시 영역, 전형 요소 및 반영 비율, 학생부 반영 교과, 수능 영역별 반영 비율 및 가산점 등
모집 요강	수시	고3 4월 말 ~5월 초	10개월 전	대학	전형 계획을 더욱 구체화(전형료, 학생부 반영 방법 상세 내용, 확정된 모집 인원 등)
	정시	고3 8월 말 ~9월 초	6개월 전		

4년 예고제의 첫 번째는 교육부가 중3 새 학기 직전인 2월 말까지 '대입 정책의 틀'을 발표하는 단계입니다. 학생들이 고등학교에 진학하기 전에 미리 자신이 치를 대입의 방향을 이해할 수 있게 하는 데 목적이 있습니다. 이렇게 교육당국이 교육정책의 큰 틀을 제시하면 대학들도 각 대학의 교육환경에 맞는 전형을 설계할 수 있고, 학생과 학부모들도 입시의 방향을 미리 알게 되니 어떤 고등학교가 진학에 유리할지 가늠해 볼 수 있게 됩니다.

2009년생이 고등학교에 입학하는 2025년에는 고교학점제가 전면 시행되면서 이에 맞는 대입을 치러야 하는 만큼 현재의 대입 체제와 다른 틀로 개편될 수밖에 없었습니다. 그래서 2028 대입 개편안은 대입 4년 예고제에 맞춰 2024년 2월까지 확정지었던 것입니다.

두 번째는 고등학교에 진학한 후 고1 8월 말에 한국대학교육협의회에서 '대입 전형 기본 사항'을 발표하는 단계입니다. 한국대학교육협의회(대교협)는 전국 4년제 대학교의 협의체이며 교육부 유관기관으로, 대학의 평가, 정보 공시, 연수, 입시 등 대학과 관련한 많은 일들을 하는 곳입니다. 그중 대학입학지원실의 입학지원팀이란 곳에서 '대입 전형 기본 사항'을 수립하는 일을 담당합니다.

대입 전형 기본 사항을 수립하기 위해 자문단을 운영해 시안을 마련하고, 대학과 교육청 대상 설문조사 및 간담회 등 다양한 의견을 수렴한 후, 대학입학전형실무위원회의 검토와 대학입학전형위원회의 최종 심의·의결을 거쳐 그해의 대입 전형 기본 사항을 발표하게 되는 것이죠.

대입 전형 기본 사항에는 대입 전형의 원칙과 전형별 기본 사항, 지원 자격, 정원 외 전형 선발 비율, 수시/정시 전형 일정 등을 공지해 대학들이 전형 계획을 수립할 수 있도록 합니다. 기본 사항이 적용된 대표적인 사례는 원서 접수 기간입니다. 대교협이 특정 기간 중 며칠 이상 원서 접수를 하도록 규정하고 있어서 대학들의 원서 접수도 비슷한 시기에 이뤄지는 것이죠. 이러한 대입 전형 기본 사항은 대교협 홈페이지(www.kcue.or.kr) 및 대입정보포털 사이트(www.adiga.kr)에 게재되니 참고하시길 바랍니다.

세 번째 단계는 고2 4월 말까지 대학이 입학처 홈페이지에 공개하는 '대입 전형 시행(전형) 계획'입니다. 시행 계획에는 모집 단위(계열)별 모집 인원, 지원 자격, 수능 필수 응시 영역, 전형 요소 및 반영 비율, 학생부 반영 교과, 수능 영역별 반영 비율 및 가산점에 관한 내용이 반드시 포함되어야 해서 상당히 상세한 전형 계획이 발표됩니다. 실질적인 대학별 모집 요강 미리 보기라고 할 수 있습니다.

한 번 공개된 시행 계획은 대학 임의대로 바꿀 수 없습니다. 구조 조정에 따른 학과 개편과 정원 조정, 기본 사항 변경, 행정처분 등의 예외 사항이 있을 때만 대교협의 승인 하에 변경할 수 있어서 확정된 전형 계획은 다음 단계인 모집 요강에서 확인할 수 있습니다.

대부분의 대학은 대입 전형 시행 계획에 '대학 입학 전형 주요 사항' 또는 '대학 입학 전형 주요 변경 사항'이라는 이름으로 지난해와 비교해서 달라진 점들을 요약한 자료를 가장 앞 장에 수록합니다. 따라서 시행 계획을 살펴볼 때는 지난해와 비교해 무엇이 달라졌는지 미리 파악하며 읽어야 합니다.

마지막 네 번째 단계는 입시를 치르게 되는 고3에 대학에서 발표하는 수시 모집 요강과 정시 모집 요강입니다. 모집 요강은 전형 계획을 더욱 구체화한 것으로 전형료, 학생부 반영방법 상세 내용, 확정된 모집 인원 등이 담겨 있습니다. 주의할 점은 시행 계획에는 있었던 모집 단위가 없어지기도 하고, 이름이 바뀌기도 하고, 모집 인원이 증가하기도 하고, 감소하기도 하고, 없던 모집 단위가 신설되기도 하므로 반드시 모집 요강을 꼼꼼하게 살펴봐야 한다는 것입니다.

대학별 시행 계획, 모집 요강 편하게 보는 사이트

대입 전형 시행 계획과 모집 요강은 대학 입학처 홈페이지에 게재되어 있지만 서울진로진학정보센터와 대입정보포털 '어디가'에 접속하면 편하게 자료를 볼 수 있습니다.

1. 서울진로진학정보센터(www.jinhak.or.kr)

사이트 접속 → 대학진학정보 → 고1·2 대입자료 → 대입 전형 시행계획에 들어가면 전국 대학의 시행 계획을 살펴볼 수 있습니다.

2. 대입정보포털 어디가(www.adiga.kr)

사이트 접속 → 대학정보 → 대학명을 검색하면 각 대학의 시행 계획뿐 아니라 수시 모집 요강, 정시 모집 요강 등 다양한 자료를 한 번에 볼 수 있습니다.

입시에 쓰이는 용어 정리

입시를 처음 접할 때 어렵고 복잡하게 느껴지는 것은 입시에서 쓰이는 용어가 생소하기 때문입니다. 입시와 친근해지기 위해서는 용어 이해가 우선입니다.

2017년 서울여대를 주관대학으로 해서 경희대, 연세대, 중앙대가 공동 연구한 《대학입학 용어사전》이라는 책자가 있습니다. 과거 자료이긴 하지만 용어 개념이 변하는 것은 아니기에 여전히 유효한 자료이며 한번 읽어 보면 각종 입시 설명회나 언론에서 나오는 내용을 이해하는 데 큰 도움이 될 것입니다. 《대학입학 용어사전》에서는 용어의 분류 기준을 크게 ① 대학 입학 전형 일반, ② 평가, ③ 입학 전형 기타사항으로 나누었습니다.

이 분류를 중심으로 정리한 '입시 용어 정리집'을 사람in 출판사 홈페이지에서 다운받아 확인할 수 있습니다.

Section 2

바뀌는 대입 제도

수능이 달라지다 - 선택형 수능, 문·이과 통합

2021년 11월 18일 치러진 2022학년도 수능은 **'선택형'**과 **'문·이과 통합'**이라는 큰 틀의 변화가 있었습니다.

2022학년도 수능 '선택과목 도입' 내용

공통 + 선택과목		영역 구분 폐지
국어	수학	사회·과학탐구
⬇	⬇	⬇
공통: 독서, 문학	공통: 수학Ⅰ, 수학Ⅱ	17개 과목 중 최대 택2
선택: 화법과 작문, 언어와 매체 중 택1	선택: 확률과 통계, 미적분, 기하 중 택1	사회탐구 9과목
		과학탐구 8과목

국어 영역은 문학과 독서를 공통으로 하고 화법과 작문, 언어와 매체 중 한 과목을 선택하고, **수학 영역**은 수학 I 과 수학 II 가 공통이며 확률과 통계, 미적분, 기하 중 한 과목을 선택하게 되었습니다. 또 문·이과 통합이 되면서 사회탐구와 과학탐구 총 17과목 가운데 2과목을 자유롭게 선택할 수 있게 되었습니다. 그러나 이런 방식의 수능은 2027학년도까지만(2008년생까지) 치를 예정이고, 2009년생 이후 출생자부터는 다음 챕터에서 자세히 설명하는 2028 대입개편에 따라 선택과목 없는 공통형 수능을 치르게 됩니다.

2022학년도~2027학년도 수능 영역별 문항 수, 시험 시간 및 선택과목

영역		문항 수	문항 배점	전체 배점	출제 범위	비고
국어		45	2, 3	100점	공통과목: 독서, 문학 선택과목(택1): 화법과 작문, 언어와 매체	
수학		30	2, 3, 4	100점	공통과목: 수학 I , 수학 II 선택과목(택1): 확률과 통계, 미적분, 기하	
탐구 (택1)	사회 탐구	과목당 20	2, 3	과목당 50점	생활과 윤리, 윤리와 사상, 한국지리, 세계지리, 동아시아사, 세계사, 경제, 정치와 법, 사회·문화, 물리학 I , 화학 I , 생명과학 I , 지구과학 I , 물리학 II , 화학 II , 생명과학 II , 지구과학 II 17개 과목 중 최대 택 2	상대 평가
	과학 탐구	과목당 20	2, 3	과목당 50점		
	직업 탐구	과목당 20	2, 3	과목당 50점	1과목 선택: 농업 기초 기술, 공업 일반, 상업 경제, 수산·해운 산업의 기초, 인간발달 중 택1 2과목 선택: 위 5개 과목 중 택1+ 성공적인 직업생활	

영어	45	2, 3	50점	영어 I, 영어 II를 바탕으로 다양한 소재의 지문과 자료를 활용해 출제	절대 평가
한국사(필수)	20	2, 3	과목당 50점	한국사 바탕으로 우리 역사에 대한 기본 소양을 평가하기 위한 핵심 내용 중심으로 출제	
제2외국어/ 한문	과목당 30	1, 2	과목당 50점	독일어 I, 프랑스어 I. 스페인어 I, 중국어 I, 일본어 I, 러시아어 I, 아랍어 I, 베트남어 I, 한문 I 9개 과목 중 택 1	

▶ 국어: 공통(독서, 문학) + 선택(화법과 작문 or 언어와 매체)

국어에서 공통과목으로 모든 학생이 동일한 문제를 푸는 독서, 문학은 출제 문항 수가 기존 15문항에서 2문항씩 늘어나 각 17문항씩 출제됩니다. '화법과 작문', '언어와 매체'는 각 11문항씩 출제되고 이중 한 과목을 선택해 시험을 봅니다.

2022학년도부터 EBS 연계율이 70%에서 50%로 하향된 것도 중요하게 볼 부분입니다. 국어 영역에서 연계율을 가장 체감할 수 있는 과목은 '문학'입니다. 기존 EBS 연계율이 70%였을 때는 EBS 연계교재에 나온 지문을 위주로 깊이 공부하는 사례가 많았지만, 50%로 연계율이 하락하면서 EBS 교재 외에도 다양한 작품을 읽고 분석하는 훈련이 필요해졌습니다.

EBS 연계율이 하향되고 처음 치러진 2022학년도 수능의 국어는 전반적으로 난도가 높았다는 공식적인 분석이 나왔죠. 평가원에서도 EBS 연계율 비중이 축소돼 불수능에 큰 영향을 미치지 않았나 판단하고 있다고 언급한 적이 있었습니다. 그리고 두 번째로 치러진

2023학년도 수능 국어는 독서와 문학 모두 EBS 체감 연계율이 높게 출제되면서 2022학년도보다 조금 쉬웠다는 평이었습니다.

그해의 수능 난이도를 알아보기 위해서는 표준점수를 살펴보면 됩니다. 표준점수는 개인 점수가 전체 응시자의 평균과 얼마나 차이가 있는지 보여주는 점수인데요, 수능 출제 난도가 높을수록 표준점수가 높아지고, 평이한 난이도로 출제될수록 표준점수가 낮아지는 경향이 있습니다. 2022학년도 국어 표준점수 최고점이 149점이었는데 2023학년도는 134점으로 점수 차가 15점인 것을 봐도 2022학년도 국어가 2023학년도 국어보다 어려웠다는 것을 알 수 있죠.

통합형 수능이 세 번째로 치러진 2024학년도 수능은 정부가 '초고난도 문항' '킬러 문제' 배제 방침을 밝힌 이후의 첫 수능이었습니다. 소위 킬러 문제는 없었지만, 수험생이 느낀 체감 난이도는 국어 공통과목과 선택과목 모두 높았습니다. 국어 표준점수 최고점이 150점으로, 지난해보다 16점이나 높은 결과를 보여도 학생들에게 어려운 시험이었다는 것을 알 수 있죠.

EBS 연계율도 평가원 발표대로 50% 이상 출제되긴 했지만, 다양한 난이도의 문항 및 선지로 변별력을 갖추어 출제됐다는 총평이 많았습니다.

▶ **수학: 공통(수학Ⅰ, 수학Ⅱ) + 선택(확률과 통계 or 미적분 or 기하)**
수학에서 공통과목인 수학Ⅰ, 수학Ⅱ는 전체 30문항 중 22문항입니다. 나머지 8문항은 선택과목으로 '확률과 통계', '미적분', '기하' 중 한 과목을 선택해 시험을 치릅니다. 공통과목 22문항 중 7문항, 선택과목 8문항 중 2문항은 단답형으로 출제됩니다.

통합형 수능을 세 번째 치르면서 수학에서는 주로 문과 학생이 선택하는 '확률과 통계'보다 이과 학생이 선택하는 '미적분'이 더 유리하다는 인식이 커지면서, 무늬만 '문·이과 통합형' 수능이라는 비판은 피하기 어렵게 되었습니다. 특히 2024학년도 입시에서는 수학에서 미적분을 선택한 학생의 표준점수 최고점이 확률과 통계를 선택한 학생보다 11점이 높아 선택형 수능을 도입한 후 가장 크게 벌어졌습니다.

이렇게 이과 학생에게 유리한 구조를 띠는 양상은 2027학년도 마지막 선택형 수능을 보는 해까지 이어질 것이라 예상됩니다.

▶ 탐구영역 문·이과 구분 없이 2과목 선택, 제2외국어/한문은 절대평가

문·이과 구분이 없어지면서 탐구영역에서는 17개 과목 중 2과목을 선택할 수 있지만, 대학에 따라 자연계열에서 선택과목 범위를 지정하거나 가산점을 부여하기 때문에 진정한 문·이과 통합 수능은 아니었습니다.

그러나 2025학년도 대입부터는 수능 선택과목 필수 반영을 폐지하는 대학이 늘어납니다. 즉, 정시 자연계열 모집단위 지원 시 수학(미적분/기하), 탐구(과탐) 필수 반영을 폐지한 것이죠. (고려대, 서울대, 서울시립대, 숙명여대, 홍익대는 여전히 응시 과목에 제한을 둡니다.) 그러나 많은 대학이 수학과 탐구의 필수 반영을 폐지한 대신 가산점을 부여하기 때문에 인문계열 학생이 자연계열 학과에 지원은 할 수 있어도 합격하기는 쉽지 않을 것으로 보입니다.

2025학년도 주요 대학 수능 자연계열 필수과목 가산점 현황

대학	자연계열		가산점 부여
	수학	탐구	
경희대	확/미/기	사/과	과탐 변환표준점수 과목당 4점 가산
동국대	확/미/기	사/과	수학(미/기) 과탐 3% 가산
서강대	확/미/기	사/과	과탐2 1과목 변환표준점수 가산 0.5%
서울대	미/기(필수)	과(필수)	과탐2 가산 1과목 3점, 2과목 5점
서울시립대	미/기	사/과	과탐 2과목 변환표준점수 7% 가산
성균관대	확/미/기	사/과	과탐 가산점 부여
숙명여대	확/미/기	과탐 1과목(필수)	신소재물리전공, 물리 선택 5% 가산
연세대	확/미/기	사/과	과탐 변환표준점수 과목당 3% 가산
이화여대	확/미/기	사/과	과탐 변환표준점수 과목당 6% 가산
중앙대	확/미/기	사/과	과탐 가산점 부여
한양대	확/미/기	사/과	과탐 변환표준점수 가산

* **확** 확률과 통계 **미** 미적분 **기** 기하 **사** 사회탐구 **과** 과학탐구

통합형 수능의 화두가 된 '문과 침공'

통합형 수능의 첫해 결과

2022학년도 대입부터 시작된 통합수능으로 수험생들이 과목을 직접 선택함에 따라 과목에 유불리가 발생할 가능성은 컸습니다. 국어와 수학에서 도입된 '공통과목+선택과목' 제도가 특정 과목을 선택한 수험생들에게 유리한 결과를 낳았다는 것이죠.

물론 수능 출제와 운영을 주관하는 한국교육과정평가원은 2022년 4월 1일 홈페이지에 공개한 '2023학년도 대학수학능력시험 Q&A 자료집'에서 '어느 선택과목이 유리한지 고민할 게 아니라 잘할 수 있는 과목을 선택해 좋은 점수를 받는 것이 중요하다'라고 설명하면서 국어, 수학 영역에서 선택과목 간 유불리는 없다는 입장을 다시 확인시켜 줬습니다. ("선택과목 간 유불리 없다... 수능평가원 입장 재확인", 매일경제, 2022.04.03. 기사)

2022학년도 수능은 전체적으로 어려웠던 소위 불수능이었는데 그중 국어는 2005년 현 수능 체제 도입 이래 두 번째로 어려운 시험이라고 평가받았죠. 국어 만점자는 28명으로 151명이었던 전년도 수능보다 약 5.4배 적은 수치였습니다. 만점자들은 모두 '언어와 매체' 응시자인 것으로 추정됐습니다.

수학은 만점자가 2,702명으로 전년도 304명보다 오히려 증가했지만, 표준점수 최고점은 10점이 올랐습니다. 표준점수는 수험생 간 상대적 위치를 파악하는 데 활용되는 척도로 시험이 어려울수록 상승합니다. 이렇게 표준점수가 상승할 정도로 시험은 어려웠는데 오히려 만점자가 증가한 것입니다. 이유는 문·이과 통합 방식으로 첫 시험을 치르며 난이도를 조절한 결과 문과생에게는 전년 대비 어렵고 이과생에게는 쉽게 출제됐기 때문이라고 보고 있습니다. 전문가들은 이과생이 다수 선택하는 '미적분' 선택과목 응시자들이 수학 만점을 받았을 것으로 추정했습니다.

서울시교육청 교육연구정보원에 따르면 2022학년도 수능에서 수학 1등급을 받은 학생들의 선택과목 비율을 보면, 이과생들이 주로 선택하는 '미적분'이나 '기하'를 선택한 학생이 전체의 94.4%를 차지하고, 문과생들이 주로 선택하는 '확률과 통계'에서는 1등급을 받은 학생이 5.6%밖에 되지 않는 것으로 나타났습니다.

이런 결과가 나오게 된 이유는 2022학년도 수능부터 문·이과 구분이 사라진 통합형 수능을 치르며 선택과목에 따라 점수를 조정했기 때문입니다. 이전에는 수학 가형을 선택한 이과생과 수학 나형을 선택한 문과생이 따로 경쟁하고 등급도 따로 나왔습니다. 하지만 2022학년도 수능부터 문과생과 이과생이 따로 나누어지지 않고 모든 수험생이 '공통과목+선택과목' 형태로 함께 경쟁하게 됐습니다. 이 과정에서 각 선택과목 응시자의 공통과목 평균 점수가 높을수록 조정 점수도 높아지게 됩니다. 즉, 상위권 학생이 많이 선택하는 '미적분'이나 '기하'를 선택하면 이들이 공통과목도 잘 볼 가능성도 커서 평균 점수가 높아지면서 조정 점수 또한 높아질 수 있다는 뜻이죠.

상황이 이렇다 보니 '미적분' 또는 '기하'를 선택해서 '확률과 통계'를 선택한 문과생보다 높은 표준점수를 받게 된 이과생들이 본인 점수로 지원 가능한 자연계열 대학보다 상위권 대학의 인문계열로 교차 지원하는 일이 많이 생기게 되었습니다.

서울대가 2022년 2월 정경희 국민의힘 의원실에 제출한 자료에 따르면, 2022학년도 정시 모집 일반전형 인문·사회계열 모집 단위 최초 합격자 486명 중 수학 미적분/기하를 선택한 이과생이 216명(44.4%)에 달했다고 합니다. 서울대에 정시 지원 시 제2외국어/한문 필수 응시 조건이 있는 것을 감안하면 놀라운 수치입니다. 특히 이과생 비율이 가장 높은 학과는 자유전공학부로 94.59%였습니다. 합격자 대부분이 이과생이었던 것이죠.

고려대의 '2022학년도 수시·정시 전형 결과 안내' 자료를 보면 수시 모집에서 인문계열 지원자의 수능 최저 학력 기준 충족률이 자연계열에 비해 10% 가까이 낮은 것을 볼 수 있습니다. 이는 통합형 수능에서 문과 학생들이 이과 학생보다 수학에서 대체로 1등급 정도 수능 성적이 낮은 것에 원인이 있다고 보고 있습니다.

서울교육연구정보원이 각 대학 입학처에 확인해 제공한 자료에 따르면 서강대의 교차 지원 비율은 60%에 달했고, 중앙대 56%, 서울시립대 55%, 인하대 40%, 동국대 28%, 성균관대 25.5%, 한국외대 15% 순으로 나타났습니다. 통합형 수능에서 '미적분/기하' 응시자가 '확률과 통계' 응시자보다 표준점수 획득에 유리했고, 대학에서도 인문계 모집 단위 대부분은 필수 지정 과목이 없는 관계로 진입 장벽이 낮아 입학 후 전과나 복수전공을 고려해 대학 간판을 보고 상향 지원한 것입니다. 이 현상을 '문과 침공'이라 부르게 되었는데, 이과 학생의 문과 학과로의 '교차 지원'이라고 하는 것이 정확한 표현입니다.

이러한 교차 지원으로 인해 전공적합성과 거리가 먼 이과생들이 문과 학과로 진학하여 다른 학과로 이탈하거나 반수나 재수를 하는 등, 문과대학의 퇴화를 부추긴다는 지적이 나올 수밖에 없었던 것이 통합형 수능을 처음 치른 2022학년도 수능의 결과였습니다.

통합형 수능 2년 차와 3년 차 결과, 그 이후는?

통합형 수능 2년 차인 2023학년도 역시 2022학년도와 마찬가지로 문과생이 불리한 현상이 반복될 것이라고 보는 시각이 많았습니다. 교육 현장에서는 적성과 진로에 상관없이 '미적분', '기하'를 공부하는 학생들도 늘어나는 추세이고, '확률과 통계'를 선택했던 상위권 학생들이 대거 빠져나가면 '미적분'과의 표준점수 차이는 더 벌어질 수밖에 없지 않겠냐고 우려하는 목소리도 있었죠. ("이과의 문과 침공, 올해가 더 심해진다... 수포생이 미적분 선택 왜", 중앙일보, 2022.03.28. 기사)

결과적으로 2023학년도 수능은 국어 영역이 상대적으로 쉽게 나와 변별력이 크게 떨어졌고, 수학 점수의 영향력이 더욱 커지게 되었습니다. 수능 수학 영역에서 똑같이 전체 문항을 다 맞히더라도 미적분 선택 집단의 표준점수 최고점(만점)이 확률과 통계 선택 집단보다 높게 나온 현상도 작년과 동일했습니다.

예상대로 서울대는 정시에서 문·이과 모두 지원할 수 있는 학부에 이과생 비율이 2022학년도의 44.4%에서 51.6%로 절반을 넘어섰습니다. (자료: 서울대·국민의힘 정경희 의원, 2023.02.08.) 이러한 '교차 지원'은 서울대뿐 아니라 주요 사립대 역시 마찬가지였습니다. 통합수능 1년 차인 2022학년도보다 2년 차인 2023학년도에 교차 지원 비율이 더 올라갔으니 이과생들의 '문과 침공'이 더 두드러진 것이죠.

교육부는 이런 '문과 침공' 현상을 해소하고자 '2023년 고교교육 기여대학 지원사업'을 발표하면서 지원 요건에 전년도에는 없던 '문과 침공' 해소 대학에 우대 평가지표를 추가하기도 했습니다. 대학들 또한 현재 상황의 심각성을 인지하고 문과생들에게 불리한 교차 지원 제도 등에 대한 해결책을 모색했습니다. 그래서 일부 대학의 경우 2024학년도 대입부터 자연계열 지원자를 대상으로 요구해 온 수능 필수 영역 요건을 폐지했습니다. 문과생의 이공계열 지원을 막는 장애물을 제거한 것이죠.

2023년 4월 말에는 2006년생이 대입을 치르는 2025학년도 시행 계획이 발표되었는데요, 살펴보면 서울대 등 주요 대학에서 문과 수험생이 이과 계열을 지원하기는 사실상 어렵고, 이과생의 문과 침공은 유지될 것이라고 보는 것이 전문가들의 지배적인 의견이었습니다.

통합형 수능 3년차였던 2024학년도 수능은 미적분 표준점수 최고점과 확률과 통계 최고점이 11점으로 역대 최대로 벌어지게 되면서 이과에게 유리한 현상은 지속되었습니다. 표준점수에서 고득점에 유리해진 이과의 문과 침공은 한층 뚜렷해진 경향을 보였습니다.

문·이과 구분이 없는 2015 개정 교육과정과 선택과목에 따라 유불리가 있는 통합형 수능은 엇박자를 내는 것이 사실입니다. 대입이 바뀌는 것은 현 2009년생이 입시를 치르는 2028학년도부터입니다. 2027학년까지는 지금 체제로 운영해야 하기에 통합형 수능의 현실에 대해 명확히 알고 있는 것이 중요합니다. 그리고 계속해서 교육부, 교육과정평가원, 한국대학교육협의회, 대학 등에서 발표하는 정보들을 예의 주시하면서 자신에게 가장 유리한 방향으로 입시 전략을 꼼꼼히 세워나가는 자세가 필요합니다.

그렇다면 한 가지 생각해 볼 문제가 있습니다. 현재의 통합형 수능에서 표준점수가 유리해 보이는 미적분을 무조건 응시하는 것이 누구에게나 현명한 선택일까요? 이 과목을 선택한다고 누구에게나 유리한 것은 아닙니다. 표준점수가 유리하다는 것은 **동일한 점수를 받았을 때를 가정**한 것이기에 과목의 특성, 과목의 난이도, 시험의 난이도, 학습량을 고려했을 때 미적분을 응시할 경우 더 낮은 점수를 받을 수 있다는 가능성도 고려해야 합니다. 원래부터 수학을 잘하는 학생이라면 모르겠지만 미적분은 학습량이 상당히 많고 난도가 높은 과목이어서 다른 과목 공부에 투자할 시간이 적어진다는 것도 고려해야 할 사항입니다.

따라서 어느 선택과목이 유리한지 고민하기보다는 기본적으로 자신이 좋아하고 잘할 수 있는 과목으로 선택해 좋은 점수를 받는 것이 가장 유리한 길입니다. 또 수능 출제 기조는 해마다 바뀌기 때문에 표준점수가 잘 나오는 과목으로 무조건 선택하겠다는 것은 자칫 위험한 선택일 수 있다는 것을 기억해야 합니다.

서울대, 정시에서 '교과평가'를 도입하다

공정성 강화 방안의 여파로 대학들이 정시를 확대해야 하는 상황에 내몰렸습니다. 그중 서울대는 2023학년도 정시부터 '교과평가'를 도입했습니다. 그동안 수능 100%로만 선발하던 정시에서 수능 점수와 더불어 교과평가 점수도 일부 반영한다는 것이었습니다. '정시 확대'로 인해 마치 학교생활에 충실하지 않아도 수능 공부만 하면 서울대에 갈 수 있다는 오해를 불식시킨 것이죠.

2023학년도 서울대 정시 모집 교과평가 반영 전형

정시 모집 지역균형전형		정시 모집 일반전형		
수능	교과평가	1단계	2단계	
		수능	1단계 성적	교과평가
60	40	100%	80	20

2023학년도 대입부터 서울대는 정시에 지역균형전형을 신설해서 '수능60+교과평가40'의 방식으로 선발했습니다. 기존의 수능 100%로 선발하던 일반전형은 1단계에서 수능 100%로 2배수를 선발한 후 2단계에서 1단계 성적 80점과 교과평가 20점을 합산해 최종 합격자를 가려냈습니다.

서울대의 교과평가는 학생부교과전형에서 교과를 반영하는 것처럼 내신을 등급에 따라 기계적으로 산출하는 정량평가가 아니라 학생부를 종합적으로 평가하는 정성평가이자 절대평가 방식입니다. 교과목 이수 내용, 교과 성취도, 교과 학업 수행 등을 종합적으로 2명의 평가자가 독립적으로 평가해 각각 A, B, C 등급을 부여하고, 등급 조합에 따라 점수를 부여받는 방식입니다. 다음은 서울대에서 제시한 정시 모집 교과평가 평가 항목에 대한 표입니다.

2023학년도 서울대 정시 모집 '교과평가' 항목

평가 항목	평가내용	교과학습발달 상황 영역
과목 이수 내용	• 교과(목)별 위계에 따른 선택과목 이수 내용 • 진로, 적성에 따른 과목 선택 이수 내용 (예) 공과대학: 수학, 과학 교과 이수 현황 등을 고려해 평가 (예) 경제학부: 수학, 사회 교과 이수 현황 등을 고려해 평가	교과(목) 이수 현황
교과 성취도	• 기초 교과 영역 및 모집 단위 관련 교과 성취도의 우수성을 평가함 • 과목 수준, 수강자 수, 원점수, 평균(표준편차), 성취도별 분포 비율 등을 고려함	교과(목) 학업 성적
교과 학업 수행 내용	• 교과(목)별 수업 활동에서 나타나는 학업 수행의 충실도를 평가함	세부능력 및 특기사항

과목 이수 내용에서 교과(목)별 위계는 생물Ⅰ을 들은 후 생물Ⅱ를 들어야 하는 것처럼 교육과정의 흐름에 맞게 과목 이수가 이루어졌는지를 본다는 것입니다. 진로 적성에 따른 선택과목 이수는 경제학부에 지원했다면 수학과 사회를, 공대에 지원했다면 수학과 과학처럼 계열에 맞는 교과목을 얼마나 이수했는지 평가하겠다는 것입니다.

교과 성취도는 단순히 성적의 우수 여부만 판단하는 것이 아니라 과목 수준, 수강자 수, 원점수, 평균 등을 전부 고려합니다.

교과 학업 수행 내용에서는 교사가 작성하는 '세부능력 및 특기사항(세특)'을 통해 학업 태도를 평가하기 때문에 수업 시간에 얼마나 적극적으로 충실히 참여했는지가 중요해졌습니다.

2023학년도 서울대 정시 모집 '교과평가' 평가 기준(절대평가)

등급	기준
A	• 모집 단위 학문 분야 관련 교과(목)을 적극적으로 선택해 이수하고 전 교과 성취도가 우수하며 교과별 수업에서 주도적 학업 태도가 나타남 **A등급 평가 사례(공과대학 지원자)** • 모집 단위 관련 진로선택과목 2과목 이상 선택해 이수(물리학Ⅱ, 화학Ⅱ, 기하 등) • 기초 교과 영역(국어, 수학, 영어 등) 및 모집 단위 관련 교과목 성적이 1~2등급, 성취도 A 수준 • 이수한 각 교과 수업에 충실히 참여한 내용
B	• 대학 학업 수행에 필요한 일반적인 수준의 교과 성취도 및 교과 이수 내용, 학업 수행 능력이 나타남
C	• 교과 성취도 및 교과 이수 내용이 미흡해 충실히 고교생활을 하지 않은 것으로 판단할 만한 경우

2023학년도 서울대 정시에서 교과평가 영향력은 어땠을까요? 이 영향력에 대해 각종 언론에서는 다양한 입장을 내놓고 있습니다. 이럴 때는 입학처의 공식 의견을 찾아보는 것이 중요합니다.

서울대는 교과평가 영향력에 대해 다음 의견을 내놓았습니다.

"교과평가에 대한 서울대의 공식 의견은 다수의 학생이 B를 받을 것으로 예상하므로 그 변별력은 제한적이라고 보시면 되겠습니다. A와 C를 아주 엄격하게 적용하게 되면 많은 수가 A를 받을 것이라고 말씀하시는 분들도 있었는데, 저희는 그런 상황이 오지 않을 것이라고 예측하고 있습니다. 실제로 전년도의 자료를 가지고 자체적인 모의평가를 준비하는 과정에서 확인한 사항입니다. 엄격한 기준으로 적용했을 때에도 A를 모두 충족하는 최상위의 그룹은 많지 않을 겁니다. 반대로 정말 이 아이가 학교를 제대로 다닌 게 맞나 싶을 정도의 이수 내용이 아닌 이상 C를 받는 학생도 많지 않을 것입니다. (인천교육청. 「2023 대입지원 전략 및 2024 대입특징 대학 탐방보고서」 서울대학교 탐방보고서)

이런 서울대의 공식 입장을 고려한다면 대부분의 학생들은 BB 정도의 교과평가 점수를 받을 것으로 예상되었죠. 그리고 2023년도 2월 진학사가 자사 사이트를 이용한 2,345명의 입시 결과를 분석한 결과, 교과 성적으로 당락이 바뀐 '역전 현상'은 일반전형이 1.3%, 지역균형전형이 1.8%인 것으로 나타났습니다. 즉, 일반전형은 2,037명 중 27명이, 지역균형전형은 317명 중 6명이 교과평가로 당락이 갈린 것이죠. 그래서 많은 언론에서는 교과평가로 당락이 바뀐 경우는 1% 수준으로 영향력이 크지 않다고 보도했습니다.

이와 반대로 전체 인원 대비 비율로 살펴보면 적은 비율일 수 있으나 당락이 갈린 경우가 존재한다는 데 초점을 둬야 한다고 보는 입장도 있습니다. 즉, 어디에 초점을 두고 보느냐에 따라 교과평가의 영향력이 작다고 볼 수도 있고 크다고 볼 수도 있을 것입니다.

이처럼 2023학년도부터 서울대가 정시에 교과평가를 도입하면서 이전보다는 내신의 중요성이 커진 것은 사실입니다. 1%의 비율이라도 교과평가로 당락이 갈리는 경우가 있었고, 특히 검정고시생의 수능 성적이 재학생과 졸업생 대비 나쁘지 않았는데도 지원자 수 대비 합격률이 검정고시생이 가장 저조했습니다. 검정고시생의 경우 교과평가를 위해 학생부 대체 서식을 제출하도록 했지만, 세특 내용 전체가 나오는 재학생이나 졸업생에 비해 다소 부족한 평가를 받은 것으로 보인다는 것이 전문가들의 입장이었습니다.

교과평가 영향력에 관한 입장이 분분해도 정시에서는 수능 점수가 가장 중요하다는 점은 변하지 않습니다. 서울대 입학처에서도 "교과평가의 영향력이라는 것은 80대 20, 그리고 60대 40이라는 것을 준수해서 활용하기 위한 것이다. 수능을 무력화하고 교과평가로 바꾸려는 것이 아니다"라고 밝히기도 했습니다.

따라서 2024학년도에도 서울대 정시의 합격 당락을 결정짓는 것은 압도적으로 탁월한 수능 점수가 뒷받침되어야 한다는 사실에는 이견이 없었습니다.

▶ 서울대에 이어 고려대(2024)와 연세대(2026)도 정시에 교과 반영

서울대가 정시에 교과를 반영하면서 2024학년도 입시부터 고려대도 정시에 '수능-교과우수전형'을 신설해서 수능 80% + 학생부(교과) 20%로 427명의 학생을 선발했습니다.

정시에 내신성적을 반영하는 건 서울대에 이어 고려대가 두 번째였습니다. 다만 고려대가 서울대와 다른 점은 서울대는 정시에서도 학생부종합전형처럼 정성평가를 하고 고려대는 정량평가를 한다는 점입니다. 그래서 서울대는 내가 어떤 등급을 받을지 가늠이 어렵지만, 고려대는 석차등급을 그대로 반영하기 때문에 계산 공식에 넣으면 정확한 점수를 알 수 있다는 차이점이 있습니다.

연세대는 2026학년도 정시부터 교과이수를 반영해 학생을 선발합니다. 교과 전 과목에 대해 등급 또는 성취도 점수를 반영하고, 미인정 출결에 대해서는 감점 요소로 활용합니다.

따라서 이제는 서울대(2023년 대입), 고려대(2024년 대입), 연세대(2026년 대입) 순으로 일명 SKY라 부르는 대학이 정시에서 모두 내신을 반영하면서, 이 같은 움직임이 다른 대학으로 확산될지에 대해서 지켜봐야 할 것 같습니다.

4

학생부종합전형,
평가 요소 변화와 비교과 영역의 축소

대입공정성 강화방안의 일환으로 '대입 전형 자료의 공정성 강화'를 위해 학생부에서 대입에 반영되는 항목은 계속 축소됐습니다. 2022학년도부터는 교사 추천서가 폐지되었고, 2024학년도부터는 자기소개서까지 폐지되어 대학 입장에서는 학생부종합전형 서류평가에서 활용할 수 있는 자료가 과거에 비해 많이 줄었습니다.

또 2015 개정 교육과정의 시행, 고교학점제 도입, 2022 개정 교육과정까지 고교 현장에서도 많은 변화가 있기에 건국대·경희대·연세대·중앙대·한국외대 5개 대학은 공동연구를 통해 학생부종합전형 공통 평가 요소 및 항목 구조를 개선하여 다음 표와 같이 발표했습니다.

	〈현행〉			〈개선〉	
평가 요소	평가 항목			평가 요소	평가 항목
학업 역량	학업 성취도			학업 역량	학업 성취도
	학업 태도와 학업 의지				학업 태도
	탐구활동				탐구력
전공 적합성	전공 관련 교과목 이수 및 성취도			진로 역량	전공(계열) 관련 교과 이수 노력
	전공에 대한 관심과 이해				전공(계열) 관련 교과 성취도
	전공 관련 활동과 경험	➡			진로 탐색 활동과 경험
인성	협업 능력			공동체 역량	협업과 소통 능력
	나눔과 배려				나눔과 배려
	소통 능력				성실성과 규칙 준수
	도덕성				리더십
	성실성				
발전 가능성	자기주도성				
	경험의 다양성				
	리더십				
	창의적 문제 해결력				

〈건국대·경희대·연세대·중앙대·한국외대의 새로운 학생부종합전형 평가 요소 및 평가 항목 개선안〉

평가 요소가 기존에는 '학업 역량, 전공 적합성, 인성, 발전 가능성'으로 4개였지만, 새로 발표된 연구에서는 '학업 역량, 진로 역량, 공동체 역량' 3개로 줄었습니다.

전형 자료가 간소화되면서 평가가 어려운 요소들을 제외하고 요소 간 중복을 최소화하기 위해 비슷한 항목을 합치고 명칭을 변경해 의미를 좀 더 분명히 전달하는 평가 요소와 평가 항목으로 재구성하여 발표한 것이죠.

▶ 전공 적합성에서 진로 역량으로

이번 연구에서 가장 큰 변화는 '전공 적합성'을 '진로 역량'으로 평가 요소를 변경한 점입니다. 그동안 '전공 적합성'이라는 평가 요소로 인해 학생들은 특정 전공에 맞춘 활동을 해야 한다는 인식이 강했습니다. '전공 적합'이라는 표현 때문에 가고자 하는 학과가 있으면 꼭 그와 관련된 활동'만' 해야 할 것 같은 부담이 있었던 것이죠. 하지만 이제는 '전공' 탐색에서 '진로' 탐색으로 개념이 확장되었다는 것이 중요합니다.

그렇기에 희망 전공(계열)과 관련이 있든 없든, 학교교육에서 자신의 관심 분야나 흥미와 관련해 무슨 활동을 하더라도 경험을 통해 시각을 넓혔는지, 얼마나 성장했는지가 중요해졌습니다. 예를 들어 경영학과 지원자라면 'CEO', '사회적 기업 CEO', '마케터', '스포츠마케터', '스포츠 에이전트', '예술경영자', '문화 콘텐츠 기획자', '경영 컨설턴트', '공인회계사', '세무사', '경제 연구원', '증권사 애널리스트', '펀드 매니저', '외환 딜러'. '자산관리사' 등으로 자신의 진로를 다양하게 정하여 탐색할 수 있고, 심리학과 지원자라면 '임상심리사', '범죄심리 전문가', '상담교사', '스포츠 심리 상담사', '커리어 코치' 등

그 꿈만큼이나 활동도 다양할 수 있는 것입니다.

따라서 앞으로는 전공에 국한된 활동에서 벗어나 학교의 다양한 활동에 적극적으로 참여하고 자신의 역량을 키우기 위해 기울인 노력을 보여주는 것이 중요하다는 점을 기억하시기 바랍니다.

▶ 학생부종합전형, 학생부 평가항목의 축소

학생부종합전형은 단순하게 내신 성적만 보지 않고, 학교생활기록부를 통해 학생의 다양한 역량을 확인하며 선발하는 전형입니다. 학생부를 통해 '학생의 성장'과 '대학이 원하는 우수함'을 보여줄 수 있어야 하는 것이 학생부종합전형의 핵심입니다. 그래서 무엇보다 가장 중요한 서류가 학생부일 수밖에 없는 전형이죠.

그런데 2024학년도부터는 대입에 활용되는 학생부 항목 중 대입에 미반영 또는 미기재하는 항목이 대폭 증가했습니다.

2022 대입	
수상경력	
진로희망	
창체	자율활동
	진로활동
	봉사활동(학교, 개인)
	동아리활동(정규, 자율)
교과	세특
	방과후 수업
독서활동	
행동특성 및 종합의견	
자소서	

➡

2024 대입	
창체	자율활동
	진로활동
	봉사활동(학교)
	동아리활동(정규)
교과	세특
행동특성 및 종합의견	

학생부 주요 항목 내 비교과 영역(요소) 개선 현황

구분		20~21학년도 대입 (2001~2002년생)	22~23학년도 대입 (2003~2004년생)	24학년도 대입 (2005년생)
① 교과활동		• 과목당 500자	• 과목당 500자 • 방과후학교 활동 (수강) 내용 미기재	• 과목당 500자 • 방과후학교 활동(수 강) 내용 미기재 • 영재·발명 교육 실적 대입 미반영
② 종합의견		• 연간 500자	• 연간 500자	• 연간 500자
③ 비교과 영역	자율활동	• 연간 500자	• 연간 500자	• 연간 500자
	동아리 활동	• 연간 500자 • 정규·자율동아리, 청 소년 단체활동, 스포 츠클럽 활동 기재 • 소논문 기재 가능	• 연간 500자 • 자율동아리는 연간 1개(30자)만 기재 • 청소년 단체활동은 단체명만 기재 • 소논문 기재 금지	• 연간 500자 • 자율동아리 대입 미 반영 • 청소년 단체활동 미 기재 • 소논문 기재 금지
	봉사활동	• 연간 500자 • 실적 및 특기 사항	• 특기사항 미기재 • 교내·외 봉사활동 실 적 기재	• 특기 사항 미기재 • 개인 봉사활동 실적 대입 미반영 단, 학교교육계획에 따라 교사가 지도한 실적은 대 입 반영
	진로활동	• 연간 700자	• 연간 700자 • 진로 희망 분야 대입 미반영	• 연간 700자 • 진로 희망 분야 대입 미반영
	수상 경력	• 모든 교내수상	• 교내수상 학기당 1건만(3년간 6건) 대 입 반영	• 대입 미반영
	독서활동	• 도서명과 저자	• 도서명과 저자	• 대입 미반영

※ (미기재) 학생부에서 삭제, (미반영) 학생부에 기재하되 대입 자료로 미전송
(출처: 대입공정성 강화방안, 2019.11.29., 교육부)

그러나 여기서 꼭 알아야 할 사항은 정규 과정 내 비교과 영역도 미반영되는 것이 아니라 '정규 교육과정 내'에서 활동한 것은 계속해서 평가한다는 부분입니다.

학생부 비교과 영역 기재 예시 및 대입 반영 변화

	정규 교육과정 내 비교과 활동	정규 교육과정 외 비교과 활동
대입 반영 여부	반영	미반영, 미기재
학생부 기재 사항	• 자율활동 • 정규 동아리활동 • 학교봉사활동 • 진로활동	• 자율동아리 • 청소년 단체활동 • 개인 봉사활동 • 독서활동 • 수상 경력

구분	기재 예시	22~23학년도	24학년도
자율활동 (500자)	• 학생 자치활동, 학교 행사, 전문가 특강	○	○
동아리 (500자)	• (정규동아리) 독서, 방송반, 동영상 제작	○	○
	• (자율동아리) 시사탐구, 영어 회화, 신문 제작	○	미반영
	• (청소년단체) 청소년발명영재단, 우주청소년단	○	미기재
봉사활동	• (학교) 환경 정화, 공원 청소, 급식도우미	○	○
	• (개인) 도서관 서가 정리, 요양원 봉사	○	미반영
진로활동 (700자)	• 진로 상담, 멘토링, 직업 탐색 활동	○	○
수상 경력	• 과학탐구대회(실험 부문, 공동 수상, 3인)	○	미반영
독서활동	• 국어교육을 위한 국어문법론(이관규 저)	○	미반영

(출처: 교육부)

▶ 자율동아리 미반영

학생 스스로 조직한 자율동아리는 반영되지 않으며, 청소년 단체 활동은 기재되지 않습니다. 대신 학교 내 정규동아리에서 한 활동은 변함없이 기재됩니다. 따라서 정규동아리를 활동할 때 이전보다는 선택과 집중의 필요성이 커지게 되었습니다.

▶ 개인 봉사활동 미반영

개인 봉사활동 실적은 대입에 반영되지 않지만, 학교교육계획에 따라 교사가 지도한 봉사활동 실적은 여전히 반영 대상입니다. 따라서 학교교육과정에서 실시하는 봉사를 의미 있는 일로 여겨 충실히 참여하는 자세가 필요합니다.

학생부종합전형에서는 단순히 봉사 시간을 채우는 것보다는 3년 간의 꾸준한 봉사활동을 통해 학생이 배우고 느낀 점 등에 더 중요한 의미를 둡니다. 대학에서는 학생부의 '행동특성 및 종합의견' 항목과 면접 등을 통해 이 부분을 확인할 수 있습니다.

다음은 대교협에서 발행한 〈2022 대입정보 119〉에서 공개된 일부 대학의 봉사활동 관련 면접 질문 예시입니다.

> ◇ 특수반 학생 도우미 활동을 통해서 본인이 가장 얻었다고 생각하는 점은 무엇이며, 그 특수반 학생과 나눈 대화 중 가장 기억에 남는 말과 그 이유는 무엇인가요?
>
> – 2020학년도 가톨릭대 선행학습 영향평가

◇ 봉사활동이 눈에 띄게 많은데, 다른 지원자에 비해 더 많이 하게 된 특별한 이유가 무엇인가요?

◇ 봉사활동 중 가장 의미 있거나 기억에 남는 봉사는 무엇이며, 무엇을 느꼈는지 말해 보세요.

◇ (학교 또는 개인) 봉사를 거의 안 한 이유는 무엇인가요?

– 2020학년도 성신여대 선행학습 영향평가

이같이 학생이 봉사활동을 하며 직접 경험하고 배운 점 등을 중심으로 면접이 진행되기 때문에 단순히 시간만 채우기 위한 활동은 큰 도움이 되지 못할 것입니다.

▶ 독서활동상황 미반영

학교생활기록부에서 독서를 미반영한다고 하니 독서를 안 해도 되는지 등의 질문을 많이 받습니다. 교육부가 발간한 〈2022학년도 학교생활기록부 기재 요령〉을 살펴보면 다음과 같은 내용이 나옵니다.

◇ 제15조의3(독서활동상황) 중·고등학교의 개인별, 교과별 독서활동상황은 독서활동에 특기할 만한 사항이 있는 학생을 대상으로 학기 단위로 입력한다. (p.13)

◇ (유의 사항) 단순 독후활동(감상문 작성 등) 외 교육활동을 전개했다면 도서명을 포함해 해당 내용을 다른 영역(교과세특, 창의적체험활동 등)에 입력할 수 있다 (p.130)

– 2022학년도 학교생활기록부 기재 요령

즉, 학생부 항목 안의 '독서활동상황'은 대입에 반영되지는 않지만, 수업 시간을 통해 학생이 심화, 연계해 주도적으로 학습한 독서 관련 내용은 '세부능력 및 특기사항', '창의적체험활동'에 기재할 수 있다는 것입니다. 특히 학업 역량을 파악할 수 있는 좋은 지표가 되는 '세특'은 평가자들이 학생부에서 가장 주목하는 부분 중 하나입니다. 대학은 학생들이 교과 과정의 배움을 토대로 지적 호기심을 스스로 발휘해 봤는지, 관심 분야에 주도적인 학습 태도를 보여주는지를 관심 있게 봅니다.

즉, 대학은 교과목 내용을 배운 것으로 그치지 않고 호기심 있는 주제에 대해서 깊게 파고 들어가는 학업 역량이 있는 학생을 선발하고 싶은 것이죠. 이때 책은 학생들이 가장 접근하기 쉽고, 지적 호기심, 진로에 대한 관심 정도를 잘 보여 줄 수 있으며, 이를 통해 본인의 학생부를 풍성하게 만들어 줄 수 있는 하나의 도구로 쓰일 수 있습니다.

그럼 '책'을 활용한 세특을 통해 평가자들에게 좋은 평가를 받게 된 경우를 서울대 입학본부에서 제작한 〈학교생활기록부 기반 면접 내실화를 위한 교사 자문 결과보고서〉에 나온 학생부 사례와 면접 질문을 예시로 들어보겠습니다.

과목	수학Ⅰ
세부능력 및 특기사항	수업 시간 항상 교사가 알려 주는 방법으로 문제를 해결하기보다 다른 방법을 고민해 보는 시도를 적극적으로 하는 학생임. 수업에서 특수각의 삼각함수 내용만 배우는 것에 의문을 품고 특수각이 아닌 각들에 대해 삼각함수 값을 구하는 방법을 탐구하는 모습을 보임.《한 번 읽고 평생 써먹는 수학 상식 이야기》라는 책을 통해 특수각이 아닌 삼각함수 값을 구하는 방법을 연구해 수업 시간에 발표 자료를 만들어 와서 친구들에게 발표하는 모습이 인상적이었음. 평소 궁금한 점을 해결하는 방식이 인터넷의 단편적인 정보를 활용하는 것이 아닌 독서를 통한 깊이 있는 탐구를 하는 좋은 탐구 습관을 지닌 학생임.
면접 질문	1. 수업 시간에 배운 내용의 문제 해결을 위해 어떤 방법을 주로 활용하였는지 말씀해 보십시오. 2.《한 번 읽고 평생 써먹는 수학 상식 이야기》의 책 내용 중 발표한 부분 외에 인상 깊었던 내용이 있으면 간략히 설명해 보십시오. 3. 위의 책 외에 수학 탐구를 위해 읽은 책이 있다면 읽게 된 동기와 책 내용을 간략히 말씀해 보십시오.

(출처: 학교생활기록부 기반 면접 내실화를 위한 교사 자문 결과보고서, 서울대 입학처)

서울대에 합격한 학생의 '수학'의 세특 예시입니다. 이 학생은 항상 다른 방법을 고민하는 시도를 적극적으로 하는 학생이라 적혀 있고《한 번 읽고 평생 써먹는 수학 상식 이야기》라는 책을 통해 특수각이 아닌 삼각함수 값을 구하는 방법을 연구해 발표 자료를 만들어 와서 수업 시간에 친구들에게 발표하는 모습이 인상적이었다는 내용이 기재되어 있습니다. 즉, 어떤 책을 읽었다는 것으로 끝이 아니라 그 책을 통해 기존과는 다른 방법을 연구했고 '수업 시간 발표 자료'라는 결과물까지 만들어 냈죠. 따라서 '책'을 통해 자기주도성뿐 아니라 학업 역량까지 잘 보여 줄 수 있었던 사례라 할 수 있습니다.

이 세특에 관련한 면접 질문도 유심히 살펴볼 필요가 있습니다. 세특에 '독서'와 관련된 기록이 기재되어 있다면 면접 질문으로 나올 가능성이 큽니다. 그래서 수준에 안 맞고 어려운 책을 수박 겉핥기식으로 읽기보다는 조금 쉽더라도 자기 수준에 맞는 책을 책에 관한 어떤 질문이 나와도 대답할 수 있을 정도로 제대로 소화해 읽는 것이 훨씬 중요합니다.

2015 개정 교육과정이 적용되면서 진로선택과목은 등급제가 아닌 A, B, C의 절대평가로 성적이 부여되고 있습니다. 학교마다 다르겠지만 진로선택교과를 평가할 때 지필평가 없이 100% 수행평가로 운영하는 경우도 있고, 지필평가를 치르더라도 수행평가의 비중이 꽤 크고 책의 도움을 받아야 하는 수행평가를 과제로 내주는 경우가 많습니다.

따라서 2024학년도 입시부터 '독서활동상황'의 항목은 미반영되지만, '독서 경험'은 여전히 유효하며 독서 활동 그 자체의 중요성이 사라진 것은 아니라는 점을 기억했으면 합니다.

▶ 수상 실적 미반영

그동안 교내 수상 실적은 대입 자료로 모두 활용되었지만 2023학년도부터는 한 학기에 1개의 수상 실적만 반영하게 되었죠. 그리고 2024학년도부터는 수상은 학생부 수상 경력 항목에 기재는 되지만 대입에는 미반영됩니다.

이제까지 수상 경력은 지원자의 학업 역량, 전공(계열)적합성을 보여 줄 수 있는 항목이었습니다. 수상 경력이 대입에 반영되지 않는다면 '진로활동'을 통해 탐구 역량을 보여 줄 수 있도록 해야 합니다.

학생부를 정성평가하는 평가자는 입학사정관도 있지만, 전공 학과의 교수님도 위촉사정관으로 평가에 참여하고 있습니다. 직접 학생을 지도해야 하는 전공 학과 교수님은 당연히 우리 학과에 관심 있고 그에 걸맞은 역량을 갖춘 학생을 선발하고 싶어 합니다.

따라서 수상 경력에서 보여주지 못한 역량을 보여주기 위해서는 학교에서 운영하는 진로독서활동, 진로 캠프, 학급 특색활동 등의 다양한 '진로활동'에 적극적으로 참여하면서 본인의 진로 분야에 대한 관심과 탐색, 탐구 역량을 보여주는 것이 중요해졌습니다.

이렇게 비교과 영역의 영향력이 줄어들었기에 상대적으로 **'세부능력 및 특기사항(세특)'의 중요성은 더욱 커졌습니다.** 모든 교과에서 세특 기재가 의무화되었기 때문에 정규 교육과정 시간의 수업에 열심히 참여해서 개인의 역량을 드러내는 것이 중요해진 것입니다.

세특의 수준을 결정짓는 것은 학습 태도입니다. 수업 시간에 얼마나 집중했는지, 얼마나 활동에 자발적으로 참여했는지가 중요합니다. 더불어 수업 시간에 배운 내용, 수행평가 과정에서 흥미로웠던 부분을 주도적인 태도로 경험을 확장하는 활동들이 보인다면 학업 역량, 진로 역량 등 다양한 역량에서 높이 평가받을 수 있을 것입니다.

또 여기저기서 들려오는 '세특'이 중요하다는 말에 치우쳐 내신 관리를 소홀히 하는 우는 범하지 말아야 합니다. 대학에서 평가할 때 최우선으로 보는 것은 어떤 전형이든 '내신 등급과 성취도'입니다. 내신 등급과 성취도가 낮은데 세특 기재 내용이 화려하다고 해서 우수한 학생으로 평가하기는 어렵습니다.

따라서 고등학교 생활 중 가장 중요한 1순위는 내신 대비이고, 그중에서도 전공과 관련한 과목의 등급과 성취도는 가장 최우선 순위로 관리해야 함을 잊지 말아야 합니다. 이것이 기본으로 되어 있어야 세특도 의미가 있습니다.

자기소개서 폐지
득일까, 실일까?

'대입공정성 강화방안'으로 2024학년도부터 자기소개서(자소서)가 **폐지**됐습니다. (모든 대학에서 폐지되는 것이 아니고 특별법에 따라 설립된 대학인 이공계 특성화대학(포항공대(POSTECH, 포스텍), 광주과학기술원(GIST, 지스트), 대구경북과학기술원(DGSIT, 디지스트), 울산과학기술원(UNIST, 유니스트), 한국과학기술원(KAIST, 카이스트))은 여전히 자기소개서가 필수입니다.)

그동안 학생부종합전형 평가 서류로 받았던 자소서는 부모 직업 등 기재 금지 사항을 적고도 합격하는 사례가 적발되면서 입시 공정성을 해친다는 지적을 받았습니다. 사교육이 개입한다는 비판도 많이 받은 것이죠. 자소서 작성에 큰 부담을 느끼던 수험생들은 자소서 폐지를 반기는 분위기도 있는 것 같습니다.

자소서는 학생부에 있는 내용을 근거로 학생이 자신의 역량을 글로 보여 줄 수 있는 유일한 서류였습니다. 입학사정관으로 재직하면서 학생부와 자소서 평가를 했을 때, 학생부에는 짤막하게 한 줄 적혀 있는 동아리활동 내용이 자소서 문항에서는 더욱 자세하게 설명되어 있어 학생이 활동한 과정이 마치 영상처럼 재생되는 것 같은 경험을 한 적이 있습니다. 또 학생부에서는 진로가 변경된 이유가 잘 드러나지 않았지만, 자소서에서는 이 과정이 충분히 서술되어 있던 경우도 있었습니다.

학종의 평가 담당자인 입학사정관들은 기본적으로 교사들이 기록한 학생부도 신뢰하지만 더불어 학생들의 이야기도 듣고 싶어 하고 학생들의 생각을 읽어내길 원합니다. 그런데 2024학년도부터는 이런 이야기를 들을 수 있던 통로가 하나 사라진 셈이죠. 따라서 자소서가 있을 땐 학생부에 드러내지 못한 본인의 강점, 역량이나 상황을 보여 줄 기회가 있었지만, 이 기회가 사라졌기에 자소서 폐지가 마냥 좋은 일인지에 대해서는 생각해 볼 필요가 있는 것 같습니다.

2022년 10월 진행된 〈2028학년도 대입 개편을 위한 전문가 1차 포럼〉에서 성균관대 입학처장은 '2028 대입 제도 개편 및 공정성 강화방안 평가'라는 주제로 발언을 하면서 자소서가 폐지되면서 지원자가 자신을 설명하고 강점이나 장점을 홍보할 부분이 사라졌기에 자소서 부활이 필요하다는 언급도 했습니다. 향후 대입 개편이 이루어질 때는 자소서가 부활할지 예상할 수 없으나, 분명한 것은 2024학년도부터 자소서는 폐지되었다는 것입니다.

이렇게 2024학년도부터 자소서가 전면 폐지되고, 대입에 반영되는 항목이 축소되면서 학생부의 창의적체험활동, 교과 세특, 행동특성 및 종합의견의 중요성이 더욱 커졌다는 것은 반박할 여지가 없을 것입니다.

이에 덧붙여 한 가지 더 이야기하고 싶은 부분은 학생의 목소리를 들을 방법이 자소서 하나만 있는 것은 아니라는 겁니다. 바로 **'면접'**이죠. 성향에 따라 면접을 무조건 피하는 학생도 있지만, 면접에 강점이 있는 학생도 분명 존재합니다. 면접이 있는 전형의 경우 예를 들어 서류 70+면접 30의 비율이라도 면접이 당락을 결정짓는 요소가 되는 경우가 많습니다. 따라서 '면접'에 강점이 있는 학생들은 면접이 있는 전형을 전략적으로 노리는 것이 중요합니다.

수시 원서는 6장을 쓸 수 있기 때문에 대학마다 중복 합격으로 빠져나가는 경우가 많습니다. 또 수능 최저까지 걸려 있다면 최저 조건을 충족하지 못해 불합격하는 인원도 많아서 실질 경쟁률은 최초 경쟁률에 비해 낮을 수밖에 없습니다. 즉, 면접이 있는 전형에 원서를 냈는데 1차를 최초는 아니지만, 예비 합격했다면 추가 합격의 기회가 높은 것이죠. 하지만 무조건 합격한다는 보장은 없으니 사활을 걸고 면접에 최선을 다해 최종 합격하는 것을 목표로 해야 합니다.

자소서도 폐지되고 학종에 반영하는 영역도 축소되고 여러 가지로 변화들이 많고 혼란스러운 입시지만 자기만의 강점을 잘 찾고 전략을 잘 세워서 준비한다면 분명 길은 존재합니다.

2004년생~2013년생까지 한눈에 보는 대입 변화

출생연도	대입연도	교육과정	고교학점제	고교내신평가	1학점 수업량 총 이수학점	학생부	자기소개서	수능	주요이슈
2004년생	2023학년도	2015 개정 교육과정	-	상대	50분 17(16+1)회 3년간 204단위	학생부 기재 항목 축소 소논문 기재 금지, 수상 경력 대입 제공 제한	공통 문항 2개, 자율 문항 1개 (3,100자)	공통+ 선택체제	• 수도권 16개 대학 정시 40% 이상 • 서울대 정시 교과평가 도입 • 의·약·간호 지역인재 40%
2005년생	2024학년도					정규 교육과정 외 비교과활동 대입 반영 폐지 (수상 경력X, 자율동아리X, 개인봉사X, 독서활동X, 영재학급X)	폐지	상대평가: 국어 (공통+선택) 수학 (공통+선택) 탐구 (사탐 및 과탐 중 2과목 선택) 절대평가: 영어, 한국사, 제2외국어/ 한문	• 고려대 정시 교과우수자 전형 신설 • 첨단분야 정원 배정, 수도권 867명 순증
2006년생	2025학년도								• 의대 증원 • 무전공 선발 확대 • 고려대 논술전형 신설 • 서울시립대, 연세대, 한양대 수시 수능 최저 신설 • 수능 선택과목 필수 반영 폐지 대학 증가
2007년생	2026학년도		부분 도입	공통 (상대) 일반 (상대) 진로 (절대)	50분 17(16+1)회 3년간 192학점				• 연세대 정시 교과평가 도입
2008년생	2027학년도								• 2015 개정 교육과정, 현행 입시 체제 적용 마지막 학년
2009년생	2028학년도	2022 개정 교육과정	전면 시행	공통, 일반, 진로, 융합 (상대) 사회· 과학 융합 선택 (절대)	50분 16회 3년간 192학점	정규 교육과정 외 비교과활동 대입 반영 폐지 (수상 경력X, 자율동아리X, 개인봉사X, 독서활동X, 영재학급X)	폐지	• 선택과목 폐지 • 통합형 과목 체계 • 평가 방법 유지 상대평가: 국어(공통) 수학(공통) 사회(공통) 과학(공통) 절대평가: 영어, 한국사, 제2외국어/한문	• 2028 대입 개편 적용 공통형 수능 내신 5등급 체제 수도권 16개 대학 정시 비율 40% 유지 논·서술형 평가 강화 • 2028 서울대 대입정책 포럼(확정 아님) 정시 40% 비율 축소 추진 수능 비중 축소 학생부, 면접 비중 강화
2010년생	2029학년도								
2011년생	2030학년도								
2012년생	2031학년도								
2013년생	2032학년도								

2028 대입 개편

2028
대입 개편의 확정

　2025년 고교학점제 전면 도입 대상자인 2009년생 이후 출생 아이들에게 해당되는 2028 대입개편안이 2023년 10월 10일 발표되었고, 12월 27일 확정되었습니다.

　2028 대입 수능은 한마디로 **'선택과목 없는 공통형 수능'**입니다. 2008년생까지 치르는 현행 수능은 '선택과목' 체제입니다. 국어와 수학은 '공통과목 + 선택과목' 체제이기에 선택과목을 무엇으로 하느냐에 따라 같은 만점을 받아도 표준점수에 차이가 생겼고, 특히 수학은 미적분을 선택하는 이과생에게 유리한 부분이 있어 '선택형 수능'에 대한 부작용이 많았습니다.

　그런데 이번 수능 개편으로 인해 2009년생 이후 출생 아이들부터는 문·이과 상관없이 동일한 '공통과목'으로 시험을 보게 되면서 수능에서만큼은 완전한 통합을 이루게 되었습니다. 2028 대입 개편은 대입제도의 중요한 가치인 공정과 안정을 중심으로 수능과 내신에서 개편이 이루어졌다고 하지만, 수도권 16개 대학의 정시 40%를 그대로 유지하고 내신에서의 상대평가 병기로 인해 고교학점제와 '엇박자'를 낸다는 논란은 피할 수 없게 되었습니다.

이번 2028 대입 개편의 핵심은 1) 공통형 수능, 2) 고교 내신 5등급 체제, 3) 수도권 16개 대학(건국대, 경희대, 고려대, 광운대, 동국대, 서강대, 서울시립대, 서울대, 서울여대, 성균관대, 숙명여대, 숭실대, 연세대, 중앙대, 한국외대, 한양대) 정시 비율 40% 유지, 4) 논/서술형 평가 강화 4가지로 요약할 수 있습니다. 먼저 수능 개편부터 자세히 설명하겠습니다.

현행 vs 2028 대입 개편 변화 주요 사항 비교표

구분		현행(~2027) -2008년생까지	2028 대입 개편 - 2009년생 이후부터
대입	수시·정시 비율	정시 40%(16개 대학)	정시 40%(16개 대학) 유지
내신	평가 방식	공통, 일반선택 9등급제 진로선택 절대평가	• 전 과목 5등급 상대평가 +절대평가 혼용 (사회과학 융합 선택 제외) • 논·서술형 평가 강화
수능	평가 방식	국어, 수학, 탐구 상대평가 영어, 제2외국어/한문 절대평가	변화 없음
	과목 체계	공통과목 + 선택과목	선택과목 폐지, 통합형 과목 체계

2028
수능 개편

2028학년도 수능 개편 확정안(요약)

영역	현행(~2027수능)	개편안(2028수능 ~)
국어	**공통 + 2과목 중 택 1** •공통 독서, 문학 •선택 화법과 작문, 언어와 매체	**공통** (화법과 언어, 독서와 작문, 문학)
수학	**공통 + 3과목 중 택 1** •공통 수학Ⅰ, 수학Ⅱ •선택 확률과 통계, 미적분, 기하	**공통** (대수, 미적분Ⅰ, 확률과 통계)
영어	공통(영어Ⅰ, 영어Ⅱ)	공통(영어Ⅰ, 영어Ⅱ)
한국사	공통(한국사)	공통(한국사)

		17과목 중 **최대 택 2**	• **사회: 공통** (통합사회) • **과학: 공통** (통합과학)
탐구	**사회** · **과학**	• 사회: 9과목 한국지리, 세계지리, 세계사, 동아시아사, 경제, 정치와법, 사회·문화, 생활과윤리, 윤리와사상 • 과학: 8과목 물리학 I, 화학 I, 생명과학 I, 지구과학 I, 물리학 II, 화학 II, 생명과학 II, 지구과학 II	
	직업	1과목: **5과목 중 택 1** 2과목: 공통+[1과목] • 공통 성공적인직업생활 • 선택 농업기초기술, 공업일반, 상업경제, 수산·해운산업기초, 인간발달	• **직업: 공통** (성공적인 직업생활)
제2외국어/ 한문		**9과목 중 택 1** • 제2외국어/한문: 9과목 독일어 I, 프랑스어 I, 스페인어 I, 중국 어 I, 일본어 I, 러시아어 I, 아랍어 I, 베트남어 I, 한문 I	**9과목 중 택 1** • 제2외국어/한문: 9과목 독일어, 프랑스어, 스페인어, 중 국어, 일본어, 러시아어, 아랍어, 베트남어, 한문

※ 음영 표기는 '절대평가' 적용 영역, (출처: 2028 대입개편 확정안(2023.12.27., 교육부)

국어(상대평가)

현행 수능에서는 문학, 독서는 공통과목이고 화법과 작문과 언어와 매체 중 한 과목을 선택해서 시험을 보고 있습니다. 그런데 2028 대입 개편에서 국어 수능 과목은 선택과목 없이 모든 학생이 '화법과 언어, 독서와 작문, 문학'을 공통으로 시험을 보고 현행처럼 9등급 상대평가를 합니다.

현행 선택과목인 화법과 작문이 포함되었고, 언어와 매체에서는 언어 부분이 공통범위가 되었습니다. 화법과 작문과 언어와 매체 중 학생들은 '문법'의 비중이 큰 언어와 매체를 더 어려워하는 경향이 있습니다. 그리고 선택형 수능의 결과를 보면 언어와 매체를 선택한 학생들의 표준점수가 화법과 작문을 선택한 학생들보다 대체적으로 높은 경향을 보였습니다. 그래서 상위권 학생 위주로 언어와 매체 선택이 이루어지는 편이었는데요, 2028 대입부터는 언어가 공통범위가 되었기에 내신이든 수능이든 국어에서 문법은 제대로 학습해야 할 영역이 되었습니다.

수학(상대평가)

2028 대입의 수학 수능 과목은 '대수, 미적분I, 확률과 통계'이고 현행처럼 9등급 상대평가를 합니다. 대수와 미적분I은 현재 2015 개정교육과정에서 고1에 배우는 수1, 수2에 해당합니다.

현행 선택형 수능에서 문과 학생들은 주로 '확률과 통계'를 선택하고, 이과 학생들은 '미적분'을 선택합니다. 현재의 이런 선택형 수능은 같은 원점수를 받아도 미적분의 표준점수가 확률과 통계보다 유리한 측면이 있어서 상위권 대학 중심으로 이과 학생들의 '문과 침공'이 활발히 이루어졌죠.

그러나 2028 대입부터는 문·이과 모두 같은 과목으로 시험을 보게 됨으로써 현행 선택과목에 대한 유·불리는 사라지겠지만 경쟁 구도는 더 치열해질 것으로 예상됩니다.

최대 쟁점 중 하나였던 '심화수학'은 도입하지 않기로 결정됐습니다. 2023년 10월 발표되었던 첫 번째 안에서는 미적분II와 기하를 절대평가로 평가하는 '심화수학'을 선택할 수 있게 검토하겠다는 내용이 있었습니다. 그러나 12월 확정 발표에서 교육부는 심화수학 신설로 사교육이 유발되고 수능이 모든 과목을 포괄할 수 없다는 것을 밝히며 심화수학을 제외하는 것으로 선을 그었죠.

2028 대입 개편에 따른 수능 수학 출제 범위

현행	2028학년도 수능
공통과학: 수학I, 수학II	대수, 미적분I, 확률과 통계
선택과목: 확률과 통계, 미적분, 기하 중 택1	※ 선택과목 없음, 심화수학 편성 제외 ※ 수능 출제 범위 제외 내용 – '미적분'에 포함된 수열의 극한, 미분법, 적분법 – '기하'에 포함된 이차곡선, 평면벡터, 공간도형과 공간좌표

자료: 국가교육위원회

수능에서 심화수학이 빠지면서 학생들은 더 이상 고등학교에서 미적분과 기하를 학습하지 않아도 되는지, 이공계 최상위권 변별은 어떻게 할 것인지 궁금증이 들 수밖에 없는 상황인데요, 이에 교육부가 답변한 내용은 다음과 같습니다.

Q1 수능에서 심화수학이 제외되면서 학생들은 더 이상 고등학교에서 미적분과 기하를 학습하지 않게 되나요?

A 일부에서 미적분과 기하를 전혀 배우지 않게 된다는 우려가 제기되고 있으나, 이는 오해입니다. 수능에 출제되는 '미적분 I'에도 미분계수, 도함수, 부정적분, 정적분 등 미적분의 내용이 포함되어 있으며, 모든 고등학생이 배우는 '공통수학'에서 도형의 방정식 등 기하 관련 기본 개념을 학습할 수 있습니다.

Q2 학교 내신에서 학습하는 심화수학의 내용은 대입에 어떻게 반영되는 것인가요?

A 대학에서는 학생 선발시 학생부를 통해 심화과목 이수 여부를 확인할 수 있으며, 이는 상위권 학생 변별에 반영될 수 있습니다. 이공계열 학과 공부를 위해 필요한 경우, 학생들은 학교에서 '미적분II'와 '기하' 과목을 선택해 충분히 배울 수 있습니다.

Q3 수능에서 심화수학이 제외된 이후, 대학에서 논술 등 대학별고사가 확대되는 것인가요?

A 현재 대학은 수능 심화수학 제외로 인하여 학생 선발에 큰 영향은 없을 것이라는 입장입니다. 수능이 개편된 이후에도 안정적인 대입전형 운영에 필요한 변별력을 확보할 수 있도록 수능을 출제할 방침이며, 이 경우 대학에서 대학별고사를 확대할 유인은 크지 않을 것입니다.

출처: 2028 대학입시제도 개편 Q&A (교육부, 2023.12.29.)

이처럼 교육부는 수능에서도 변별력을 확보할 수 있도록 문제를 출제하겠다는 입장을 내보이며 내신에서 학습하는 심화수학을 이수 했는지 여부를 대입에 반영할 수 있기 때문에 크게 문제가 되지 않는 다는 입장입니다.

이공계를 준비하는 학생이라면 미적분II와 기하를 이수하는 경우가 대부분이고, 대학들은 수능으로 변별이 어렵다면 교육부의 답변 처럼 대입에 반영할 가능성이 커 보입니다. 특히 정시에서 내신을 반영하는 대학이 지금보다 늘어날 수 있음을 예상해 볼 수 있는 설문조사가 4년제 대학 총장을 대상으로 진행되었기에 소개합니다.

교육부 출입기자단이 2024년 1월 진행된 한국대학교육협의회(대교협) 정기총회에 참석한 4년제 대학 총장들을 대상으로 설문조사를 하였는데, '2028 대입 정시에서 내신 요소(학생부 등)를 반영하거나 확대할 준비를 하고 있는가'란 질문에 총장 29.4%(30명)가 '현재 반영하고 있고, 앞으로 더 확대할 예정'이라고 밝혔습니다. 특히 '현재 반영하지 않지만 앞으로 반영을 준비하고 있다'라고 답한 총장이 24.5%(25명)이었기에 합하면 53.9%(55명)의 총장이 정시의 내신 반영 확대를 고려하고 있다고 응답한 것입니다.

'현재 반영하고 있고, 앞으로 확대할 계획은 없다'(27.5%,28명)라는 응답까지 고려하면 2028 대입 정시에서는 약 81% 대학이 내신을 반영할 가능성이 있는 셈이죠. ("대학 총장 54% "2028 대입 정시에 내신 반영 확대 계획", news1, 2024.2.6. 기사)

따라서 이공계를 희망하는 학생들이라면 미적분과 기하는 수능

과목이 아닐지라도 충실하게 공부하고 내신 등급과 세특에 신경 써야 하는 중요한 과목입니다. 다만 이전에 비해 '확률과 통계'의 중요도가 더 커졌음은 부정할 수 없는 사실입니다. 확률과 통계는 미적분에 비해 범위도 적고 난도가 낮은 편이라 수학을 잘하는 학생들에게 비교적 부담감이 덜한 과목이었지만, 변별을 위해 어렵게 내고자 한다면 얼마든지 어렵게 낼 수 있는 과목이기도 합니다. 따라서 이 점을 인지하시고 수학 공부 계획을 세우셨으면 합니다.

영어(절대평가), 한국사(절대평가)

영어와 한국사는 범위, 평가 방식의 변화 없이 현행과 같습니다. 영어는 절대평가로 시행되기에 수시에서 많은 학생들이 수능 최저를 맞추기 위한 전략과목으로 삼고 있으며 다른 과목에 비해 느끼는 부담이 다소 적은 편이기도 합니다.

하지만 2024학년도 수능에서 1등급 비율이 4.71%밖에 안 될 정도로 매우 어렵게 출제되었습니다. 절대평가여도 영어 1등급을 받기가 쉽지 않은 것이죠. 수능은 결국 변별을 해내야 하는 시험이기에 2028 대입의 영어도 전반적으로 난이도가 높아질 수 있다는 생각으로 준비해야겠습니다.

사회탐구·과학탐구(상대평가)

사실상 이번 2028 대입 개편에서 가장 큰 변화가 있는 과목이 탐구과목입니다. 현행은 과학 8과목, 사회 9과목 총 17과목 중 2과목을 고르는 형태였는데, 이제는 고등학교 1학년 때 배우는 통합사회와 통합과학을 문·이과 상관없이 같은 과목을 시험 보는 것으로 바뀌었습니다.

앞으로는 개인의 적성과 취향을 넘어서서 문과 학생들도 물리, 화학, 지구과학, 생물 4과목을 골고루 공부해야 하고, 이과 학생들도 역사, 윤리, 경제, 지리 등의 사회 공부를 해야 하는 것이죠.

통합사회와 통합과학은 고1에 배우는 과목이므로 중학교 때 배운 중학 과학과 중학 사회를 꼼꼼히 잘 이해했다면 내용 자체는 크게 어려운 수준은 아닐 것입니다. 따라서 앞으로는 초·중등 때 과학과 사회 공부도 국·영·수에 밀려 너무 등한시만 하지 않으면 좋겠습니다. 2주에 한 번이나 한 달에 한 번이라도 복습하고, 방학을 이용해 교과서를 다시 보면서 개념을 쭉 한 번 복습해 보는 것이죠.

자습서가 필요하다면 교과서와 같은 출판사의 자습서로 공부하면 됩니다. 그리고 앞으로는 내신에서 논·서술형 시험을 강화하겠다고 여러 번 강조하고 있기에 핵심어 위주로 기억하고 써 보는 연습도 필요합니다. 중요한 것은 복습하는 습관입니다.

그럼 '통합사회, 통합과학이 고1에 배우는 과목이라고 해서 과연 만만한 시험일 것인가?'에 대한 부분은 생각해 볼 여지가 있는 것 같습니다. 사실 문제의 난이도는 출제하기 나름이기 때문이죠. 그리고 교육부 보도자료 Q&A를 보면 통합사회 통합과학에 대해 '융합적 사고력'을 강조하고 있습니다.

Q 통합사회·통합과학은 새로워 보여요. 사교육 부담이 늘어날까요?

통합사회와 통합과학은 사회·과학 전반의 주요 내용을 다루는 과목으로, 문제 풀이 기술을 익히는 사교육보다 융합적 사고력을 키울 수 있는 공교육 중심의 수능 준비가 더욱 효과적입니다.

Q 통합사회·통합과학에서는 구체적으로 어떤 문제가 나오나요?

암기 위주의 평가가 아니라 미래 사회에 필요한 융합적 사고력을 평가하는 방향으로 출제하고자 하며, 안심하고 준비할 수 있도록 연구를 거쳐 내년 하반기 중 예시 문항을 신속히 공개하겠습니다.
이제까지 개별 사회·과학의 자세한 내용을 출제해 왔다면, 2028 수능은 통합적 내용으로 출제하게 됩니다. 물론 고등학교 교육과정의 수준과 범위 내에서 적정한 변별력을 갖춰 출제한다는 수능의 기본 원칙은 변함없이 지켜집니다.

(출처: 교육부, 2028 대학 입시 제도 개편 시안, 2023. 보도자료)

내용은 쉬워 보여도 논리적 사고력, 융합적 사고력을 평가하기 위해 문제를 낸다면 얼마든지 변별력 있게 문제를 낼 수도 있습니다. 어떤 수준의 문제가 나올 것인가에 대해서는 아직 예상일 뿐이고 교육부가 2024년 하반기 중 예시 문항을 신속히 공개한다고 했으니 문항을 보고 문제 수준을 예상해 보아야 할 것 같습니다.

그리고 상위권 대학들은 수능의 통합사회와 통합과학의 성적만 가지고 변별하기가 어렵다고 판단할 것이기 때문에 앞의 '수학'에서 서술하였듯이 정시에 수능 점수와 학생부를 함께 볼 가능성이 높습니다.

수능의 모든 과목이 통합된 2028 대입에서 통합사회와 통합과학은 대학의 유일한 계열 구분 근거가 됩니다. 모든 학생이 통합사회와 통합과학을 시험보아야 하지만 대학이 각각의 수준을 평가할 수 있게 시험 시간과 점수는 분리되어 치릅니다.

그럼 대학에서 이과계열의 학과는 통합과학의 반영 비율을 높게 하거나, 가산점을 부여할 가능성이 크고, 문과계열의 학과는 통합사회 반영 비율을 높게 하거나, 가산점을 부여할 가능성이 크다는 것도 염두에 두시기 바랍니다.

현행 수능 성적표와 2028 대입 개편 수능 성적표 비교

현행 – 2008년생까지의 성적표 예시

수험번호	성명		생년월일	성별	출신고교(반 또는 졸업연도)		
12345678	홍길동		00.00.00	남	한국고등학교(9)		
영역	한국사	국어	수학	영어	탐구		제2외국어/한문
선택과목		화법과작문	확률과 통계		생활과 윤리	지구과학 I	독일어 I
표준점수		131	135		59	66	
백분위		96	95		75	93	
등급	2	1	2	1	4	2	2

2028 대입 개편에 따른 예상 성적표 예시

수험번호	성명		생년월일	성별	출신고교(반 또는 졸업연도)		
12345678	홍길동		00.00.00	남	한국고등학교(9)		
영역	한국사	국어	수학	영어	탐구		제2외국어/한문
선택과목					통합사회	통합과학	독일어
표준점수		131	135		59	66	
백분위		96	95		75	93	
등급	2	1	2	1	4	2	2

현행과 비교하여 2028 대입 개편에 따른 수능 성적표에서 달라지는 점은 먼저 국어와 수학에서 선택과목이 사라진다는 것입니다. 이제 선택과목은 제2외국어/한문에서만 표기됩니다.

탐구에서도 선택과목이 사라지기에 통합사회와 통합과학이라는 영역명으로 공통적으로 표기됩니다. 평가 방식은 현행과 동일하게 국어와 수학은 9등급 상대평가, 영어와 제2외국어/한문은 절대평가로 등급을 산출합니다.

2028 대입 개편 수능 영역 및 과목, 평가 방식 정리

영역	응시방식	수능 과목	교육과정편제	평가방식
국어	공통	화법과 언어, 독서와 작문, 문학	일반선택과목	9등급 상대평가
수학	공통	대수, 미적분Ⅰ, 확률과 통계	일반선택과목	9등급 상대평가
영어	공통	영어Ⅰ. 영어Ⅱ	일반선택과목	절대평가
한국사	공통	한국사1, 한국사2	공통과목	절대평가
사회	공통	통합사회1, 통합사회2	공통과목	9등급 상대평가
과학	공통	통합과학1, 통합과학2	공통과목	9등급 상대평가
직업	공통	성공적인 직업생활	공통과목(전문교과)	절대평가
제2외/한문	선택	독일어, 프랑스어, 스페인어, 중국어, 일본어, 러시아어, 아랍어, 베트남어, 한문 중 택1	일반선택과목	절대평가

2028
내신 개편

2028 대입 개편 내신 부분의 핵심은 크게 두 가지입니다.

9등급제에서 '5등급제'로의 전환과 모든 과목의 상대평가(석차등급)와 절대평가(성취도)의 혼합 병기(※체육·예술·교양 교과(군), 과학탐구실험과목, 사회·과학 융합선택과목은 절대평가 성취도만 기재)입니다. 교육부가 2021년 발표했던 기존안은 '고1만 9등급 상대평가(절대평가 병기) + 고2·3 전면 5등급(A~E) 절대평가'였습니다.

그럼 왜 교육부는 2028 대입 개편에서 고1~3까지 일관된 5등급 체제의 상대평가와 절대평가를 혼용하는 것으로 바꾸었을까요? 교육부 보도자료 Q&A에 이 질문에 대한 답변이 있습니다.

"고교 내신평가 방식을 바꾸는 이유가 무엇인가요"

2021년에 예고한 고교학점제 내신평가 방식대로 '고1만 9등급 상대평가 + 고2·3 전면 5등급 절대평가'가 실제로 적용되면 너무나 큰 혼란이 발생할 것으로 예측되기 때문입니다.

예고한 바와 같이 학년별로 내신을 다르게 평가한다면 고1 내신 경쟁은 지나치게 과열되고, 고2·3 성적은 부풀려져서 변별을 잃는 문제가 이중으로 발생합니다.
그리고 학령인구 감소가 급격히 진행되고 있는 상황에서 현재의 9등급제는 1등급(4%)이 나오지 않는 소규모학교나 선택한 학생의 수가 적은 소인수 과목에서 매우 불리하기 때문에, 반드시 재검토가 필요합니다.

2028 대입 개편 시안과 같이 고1~3 일관된 5등급 체제를 도입하고 절대평가를 하면서 안전장치로 상대평가를 함께 대입에 활용하면, 공교육 파행을 막고 내신의 공정성을 높일 수 있습니다.

(출처: 교육부, 2028 대학 입시 제도 개편 시안, 2023. 보도자료)

따라서 2028 대입 개편으로 인해 2009년생 이후 출생 학생들부터는 고1부터 고3까지 일부 과목을 제외하고는 모든 과목에 석차등급, 성취도가 나온다는 것이 핵심입니다. 그리고 상대평가 체제가 기존 9등급제였던 것이 5등급제로 바뀐다는 것입니다.

현재 9등급제에서 1등급은 4% 이내에 들어야 했는데 5등급제로 바뀌면 상위 10%까지 1등급이 됩니다. 예를 들어 전교에 고3이

100명이 있다면 1등급은 4%이니 4명까지만 받을 수 있는데, 2028 대입 개편에서는 1등급이 10%이기에 10명이 1등급을 받을 수 있는 것이죠.

9등급제 vs 5등급제: 등급별 비율 및 누적 비율

구분		1등급	2등급	3등급	4등급	5등급	6등급	7등급	8등급	9등급
5등급제	구간비율	10%	24%	32%	24%	10%				
	누적비율	10%	34%	66%	90%	100%				
9등급제	구간비율	4%	7%	12%	17%	20%	17%	12%	7%	4%
	누적비율	4%	11%	23%	40%	60%	77%	89%	96%	100%

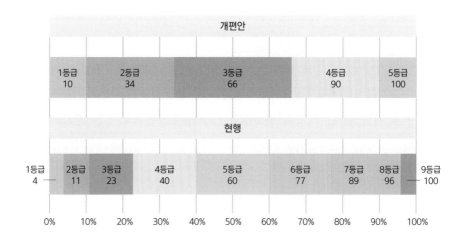

이러한 '5등급제'로의 전환은 교육부가 밝힌 바와 같이 내신 경쟁을 일정 부분 완화하는 효과는 있겠지만, 9등급제보다 내신 변별은 줄었다고 밖에 할 수 없는 상황입니다. 내신 5등급제가 되면서 2등급은 누적 34%까지 받는데, 그럼 9등급제에서는 4등급을 받았던 학생이 5등급제에서는 2등급을 받을 수 있다는 것입니다.

그렇게 되면 상위권 대학에서는 학생들을 내신 성적으로만 변별해내기가 어려워지니 교과 위주 전형 선발의 어려움 때문에 현재 경희대, 동국대, 성균관대, 부산대 등 일부 대학이 하는 것처럼 '교과 정성평가'를 병행하여 선발할 가능성이 커집니다.

또 상대적으로 수능에 대한 비중과 중요성이 커질 수밖에 없을 것이고, 대학별로 면접, 논술 등으로 학생들을 변별해 내려 할 것이라고 예상해 볼 수 있는 부분이죠. 그럼 학생들에게 어느 것 하나 소홀히 할 수 없다는 심리적 부담감은 더해질 수밖에 없을 것입니다.

그리고 5등급제에서 2등급을 벗어나는 등급이 찍혔다면 9등급제였을 때의 4등급 이상을 의미하므로 수시로 상위권 대학을 가기란 사실상 어려울 수 있다는 사실도 인지하고 있어야 합니다.

2025년 이후 과목별 성적 산출 및 대학 제공 정보

2028 대입 개편에 따른 학생부 교과 관련 제공 정보는 다음 표와 같습니다.

2025년 이후 과목별 성적 산출 및 대학 제공 방식(확정)

구 분	절대평가		상대평가	통계정보		
	원점수	성취도	석차등급	성취도별 분포비율	과목평균	수강자수
공통과목, 선택과목 (일반/진로/융합)	○	A·B·C·D·E	5등급	○	○	○
사회·과학 융합선택과목	○	A·B·C·D·E	–	○	○	○
체육·예술/과학탐구실험	–	A·B·C	–	–	–	–
교양	–	P	–	–	–	–
전문교과	○	A·B·C·D·E	5등급	○	○	○

(출처: 2028 대학입시제도 개편 확정안(2023.12.27., 교육부))

고1에 배우는 공통과목, 고2·3에 선택하는 일반선택, 진로선택, 융합선택 모두 5등급제로 산출된 등급과 성취도가 나옵니다. 다만 사회·과학 융합선택과목인 9과목(여행지리, 역사로 탐구하는 현대세계, 사회문제 탐구, 금융과 경제생활, 윤리문제 탐구, 기후변화와 지속가능한 세계, 과학의 역사와 문화, 기후변화와 환경생태, 융합과학 탐구)만 석차등급이 나오지 않고 성취도만 표기됩니다.

그리고 현행과 달라지는 한 가지 중요한 점이 대학에 '표준편차' 정보를 제공하지 않는다는 것입니다. '표준편차'는 평균으로부터 얼마나 떨어져 있는지를 나타내는 수치로, '해당 고교의 학생 간 수준의 차이'를 해석할 수 있는 지표입니다. 그래서 대학은 학생부종합전형에서 학생의 원점수, 과목 평균, 표준편차를 기반으로 해당 고교와 학생의 학업 역량을 추측해 볼 수 있었습니다.

하지만 2028 대입 개편으로 2009년생 이후 아이들의 성적표에는 표준편차가 나오지 않습니다. 이렇게 되면 완전히 불가능한 것은 아니겠지만, 기존처럼 해당 고교와 학생의 학업 역량을 바로 추정하기는 어려워질 것입니다. 표준편차가 제공되지 않으니 상대적으로 원점수, 과목 평균이 더 중요한 의미를 가질 것이라 예상됩니다.

그럼 현재의 9등급제 내신과 비교해서 5등급제 내신은 어떤 의미를 가질까요? 앞으로 고교 선택까지 이어지는 문제이기에 모두가 관심은 있지만 딱히 이렇다 저렇다 결론 내기 어려운 문제이기도 합니다. 전문가들의 다양한 의견들이 있지만 확실한 팩트부터 알아두어야 하기에 현행 9등급제와 바뀌는 5등급제 내신에서 가장 중요한 '상대평가 과목'의 차이점을 위주로 설명하겠습니다.

현행 9등급제 내신 vs 바뀌는 5등급제 내신

▶ 현행 – 2008년생까지

2015 개정 교육과정이 적용되는 2008년생까지는 고1에 배우는 공통과목, 고2~3에 선택하는 일반선택과목에서만 9등급제의 등급이 나옵니다. 하지만 진로선택과목에서는 등급이 나오지 않고 A~C의 성취도만 나옵니다.

2015 개정 교육과정의 과목 구성

교과 영역	교과 (군)	공통 과목	선택과목			
			일반선택		진로선택	
기초	국어	국어	화법과 작문, 독서, 언어와 매체, 문학		실용국어, 심화국어, 고전 읽기	
	수학	수학	수학Ⅰ, 수학Ⅱ, 미적분, 확률과 통계		기본 수학, 실용 수학, 인공 지능 수학, 기하, 경제 수학, 수학과제 탐구	
	영어	영어	영어Ⅰ, 영어Ⅱ, 영어회화, 영어 독해와 작문		기본영어, 실용 영어, 영어권 문화, 진로 영어, 영미 문학 읽기	
	한국사	한국사				
탐구	사회 (역사/도덕 포함)	통합 사회	한국지리, 세계지리, 세계사, 동아시아사, 경제, 정치와 법, 사회·문화, 생활과 윤리, 윤리와 사상		여행지리, 사회문제 탐구, 고전과 윤리	
	과학	통합 과학	물리학Ⅰ, 화학Ⅰ, 생명과학Ⅰ, 지구과학Ⅰ		물리학Ⅱ, 화학Ⅱ, 생명과학Ⅱ, 지구과학Ⅱ, 과학사, 생활과 과학, 융합과학	
		과학 탐구 실험				
체육· 예술	체육		체육, 운동과 건강		스포츠 생활, 체육 탐구	
	예술		음악, 미술, 연극		음악 연주, 음악 감상과 비평 미술 창작, 미술 감상과 비평	
생활· 교양	기술· 가정		기술·가정, 정보		농업 생명 과학, 공학 일반, 창의 경영, 해양 문화와 기술, 가정과학, 지식 재산 일반, 인공지능 기초	
	제2 외국어		독일어Ⅰ 프랑스어Ⅰ 스페인어Ⅰ 중국어Ⅰ	일본어Ⅰ 러시아어Ⅰ 아랍어Ⅰ 베트남어Ⅰ	독일어Ⅱ 프랑스어Ⅱ 스페인어Ⅱ 중국어Ⅱ	일본어Ⅱ 러시아어Ⅱ 아랍어Ⅱ 베트남어Ⅱ
	한문		한문Ⅰ		한문Ⅱ	
	교양		철학, 논리학, 심리학, 교육학, 종교학, 진로와 직업, 보건, 환경, 실용 경제, 논술			

이해를 돕기 위해 2015 개정 교육과정 편제표를 가지고 왔습니다. 앞의 표에서 붉은색 부분에 들어가는 공통과목, 일반선택 과목들은 9등급제 상대평가를 해서 등급이 나오고, 노란색 부분에 들어가는 진로선택과목들은 등급이 나오지 않고 성취도만 나옵니다.

그래서 2015 개정 교육과정과 현행 입시 체제 적용의 마지막 세대인 2008년생까지는 등급이 나오는 과목들은 주로 2학년 2학기까지 이수를 합니다.

대부분의 학교에서 학생들이 3학년에는 등급이 나오지 않는 진로선택과목들을 이수함으로써 내신 준비에 대한 부담이 덜어지기에 수능 공부나 면접 준비 등 다른 부분들에 좀 더 몰입할 수 있는 시간적인 여유와 마음의 여유가 있는 편입니다.

▶ 현행 2008년생까지 적용되는 내신 성적표 모습

현행 – 2008년생까지의 성적표 예시

등급 기재 과목: 공통과목, 일반선택과목(※체육·예술·교양 교과(군), 과학탐구실험과목 제외)

학기	교과	과목	단위수	원점수/과목평균 (표준편차)	성취도 (수강자 수)	석차등급	비고
1	국어	문학 (일반선택)	4	95/77.8(15.3)	A(74)	1	

등급 미기재 과목: 진로선택과목

학기	교과	과목	단위수	원점수/ 과목평균	성취도 (수강자 수)	성취도별 분포비율	비고
1	수학	기하 (진로선택)	3	94/68.7	A(56)	A(43.2) B(24.3) C(32.4)	

등급이 기재되는 과목의 경우 공통과목과 일반선택과목은 원점수, 과목 평균, 표준편차, 성취도(수강자 수), 9등급제의 석차 등급이 나오며 등급이 미기재되는 진로선택과목의 경우 원점수, 과목 평균, 성취도(수강자 수), 성취도별 분포 비율이 나옵니다.

2028 대입 개편 - 2009년 이후 출생부터

2022 개정 교육과정이 적용되는 2009년생부터는 고1에 배우는 공통과목, 고2~3에 선택하는 일반선택, 진로선택, 융합선택과목까지 5등급제의 등급과 A~E의 성취도가 함께 나옵니다.

그리고 융합선택과목의 사회·과학 9개 과목만 등급이 나오지 않고 성취도만 나옵니다.

2022 개정 교육과정의 보통 교과

교과 (군)	공통과목 (기초소양)	선택 과목		
		일반선택 (학문별 주요 내용)	진로선택 (심화과목)	융합 선택 (교과융합, 실생활응용)
국어	공통국어1 공통국어2	화법과 언어, 독서와 작문, 문학	주제 탐구 독서 문학과 영상, 직무 의사소통	독서 토론과 글쓰기, 매체 의사소통, 언어생활 탐구
수학	공통수학1 공통수학2	대수, 미적분Ⅰ, 확률과 통계	기하, 미적분Ⅱ, 경제 수학, 인공지능 수학, 직무 수학	수학과 문화, 실용 통계, 수학과제 탐구
	기본수학1 기본수학2			
영어	공통영어1 공통영어2	영어Ⅰ, 영어Ⅱ,	영미 문학 읽기, 영어 발표와 토론, 심화 영어, 심화 영어 독해와 작문, 직무 영어	실생활 영어 회화, 미디어 영어, 세계 문화와 영어
	기본영어1 기본영어2	영어 독해와 작문		
사회 (역사/도덕 포함)	한국사1 한국사2	세계시민과 지리, 세계사, 사회와 문화, 현대사회와 윤리	한국지리 탐구, 도시의 미래 탐구, 동아시아 역사 기행, 정치, 법과 사회, 경제, 윤리와 사상, 인문학과 윤리, 국제 관계의 이해	여행지리, 역사로 탐구하는 현대 세계, 사회문제 탐구, 금융과 경제 생활, 윤리문제 탐구, 기후 변화와 지속 가능한 세계
	통합사회1 통합사회2			
과학	통합과학1 통합과학2	물리학, 화학, 생명과학, 지구과학	역학과 에너지, 전자기와 양자, 물질과 에너지, 화학 반응의 세계, 세포와 물질대사, 생물의 유전, 지구시스템과학, 행성우주과학	과학의 역사와 문화, 기후변화와 환경생태, 융합과학 탐구
	과학탐구실험1 과학탐구실험2			
기술· 가정/ 정보		기술·가정	로봇과 공학세계, 생활과학 탐구	창의 공학 설계, 지식 재산 일반, 생애 설계와 자립, 아동발달과 부모
		정보	인공지능 기초, 데이터 과학	소프트웨어와 생활
제2 외국어 /한문		독일어, 프랑스어, 스페인어, 중국어, 일본어, 러시아어, 아랍어, 베트남어	독일어 회화, 프랑스어 회화, (…) 베트남어 회화 심화 독일어, 심화 프랑스어, (…) 심화 베트남어	독일어권 문화, (…) 베트남 문화 * 8개 언어 모두 각각의 회화/심 화/문화 과목 포함
		한문	한문 고전 읽기	언어생활과 한자

체육		체육1, 체육2	운동과 건강, 스포츠 문화, 스포츠 과학	스포츠 생활1, 스포츠 생활2
예술 (음악/미술)		음악, 미술, 연극	음악 연주와 창작, 음악 감상과 비평, 미술 창작, 미술 감상과 비평	음악과 미디어, 미술과 매체
교양		진로와 직업, 생태와 환경	인간과 철학, 논리와 사고, 인간과 심리, 교육의 이해, 삶과 종교, 보건	인간과 경제활동, 논술

※ ▨ 수능 출제 과목 / 상대평가 석차등급 미기재 과목 : ▨ 시안+ ▨ 확정안

앞의 2022 개정 교육과정 편제표를 보면서 2015 개정 교육과정과 비교하여 유심히 봐두어야 하는 점은 학생들이 **선택할 수 있는 과목의 수가 많이 늘어난다는 것입니다.**

2015 개정 교육과정과 2022 개정 교육과정 선택과목 갯수 비교

교과	2015 개정 교육과정			2022 개정 교육과정			
	일반	진로	계	일반	진로	융합	계
국어	4	3	7	3	3	3	9
수학	4	4	8	3	5	3	11
영어	4	4	8	3	5	3	11
사회	9	3	12	4	9	6	19
과학	4	7	11	4	8	3	15
계	25	21	46	17	30	18	65

*붉은색 부분은 절대평가하는 과목

2009년생 이후부터는 공통과목을 제외하고 주요 과목인 국어, 수학, 영어, 사회, 과학의 선택과목 수는 65과목으로, 현행 46과목보다 총 '19과목' 더 늘어납니다. 따라서 이 많은 선택지 중 어떤 과목을 선택해야 하는지에 대한 고민이 선행되어야 할 것이고, 그러기 위해서는 당연히 진로에 대한 고민이 우선되어야 할 것입니다.

또 현행보다 **상대평가를 하는 과목이 더 많아진다는** 사실도 반드시 염두에 두셔야 합니다. 예를 들어 현행 2008년생까지는 기하, 물리학2, 화학2, 생명과학2, 지구과학2 등의 과목이 진로선택과목이라 등급이 나오지 않지만, 2009년생 이후부터는 이 과목들도 상대평가를 하게 되어 5등급으로 산출된 등급이 나온다는 것이죠. 그래서 교육부도 내신 5등급제지만 상대평가 하는 과목이 많아지기에 대입 변별력은 충분하다고 판단한 것입니다. 다음 내용을 보세요.

Q 내신 5등급제는 변별력이 떨어지나요?

A 아닙니다. 2021년에 예고했던 고1 상대평가, 고2·3 전면 절대평가 방식에 비해 대입 변별력은 훨씬 강화됩니다. 학생 수가 감소하고 있고, 학생이 고교 3년간 배우게 되는 과목 수가 전체 50여 개임을 고려하면 대입 변별력은 충분합니다.

출처: 2028 대학개편시안 보도자료 Q&A (교육부, 2023.10.10.)

다시 한번 정리하면, 현행 입시를 치르는 2008년생까지는 고2까지 등급이 나오는 과목들을 최대한 이수하고 고3 때는 주로 진로선택과목을 들으면서 내신 부담을 덜어낼 수 있는데, 2009년생 이후 출생 아이들은 상대평가하는 과목이 많기에 **고3 때까지도 내신 등급 경쟁을 해야 한다는 것**입니다.

석차 등급이 5등급으로 기존보다 완화는 되었지만 적은 인원이 수강하는 과목은 1등급을 10%까지 준다 해도 여전히 1등급을 받기란 쉽지 않습니다. 그렇기에 본인이 원하는 과목을 자유롭게 선택할 수 있도록 하자는 고교학점제의 원래 취지가 제대로 실현될 수 있을 것인가에 대한 의문점이 드는 것이죠.

또 사회와 과학 융합선택과목인 9개 과목만 절대평가를 하므로 3학년 때 몰아서 들으면 되는 것이 아닌가 생각할 수 있겠지만, 이미 교육부도 이에 대해 예상하고 대비를 하고 있습니다. 이번 2028 대입 개편 보도자료에 "사회·과학 융합선택 중심으로만 이수하지 않도록 장학 지도를 실시하겠다"는 내용을 언급해 놓은 것을 보아도 9개 과목의 쏠림 현상을 제재할 것으로 보입니다.

내신이 5등급 체제가 된다고 해도 중요한 것은 '상대평가가 여전히 유지'된다는 것입니다. 따라서 학교 선택을 고민할 때도 우리 아이가 어떤 학교에 입학하더라도 고3 때까지 등급 경쟁을 해야 하는 과목이 현행보다 많아졌다는 것을 염두에 두어야 합니다.

상대평가하는 과목이 현행보다 많아지고 등급이 안 나오는 과목은 사회·과학의 융합선택과목 밖에 없으니 학교도 학생도 고민이 많아질 것입니다.

진로를 위해서라면 들어야 하는 과목이지만, 선택하는 인원이 적다면 5등급 상대평가여도 부담스러운 것은 사실이기 때문에 학생들은 진로와 적성을 우선순위에 두기보다 많은 학생들이 선택하는 과목으로 이수를 하려는 움직임을 보일 가능성이 큽니다.

한편으로 우려스러운 것은 학교에서 정상적인 교육과정이 이루어지지 않을 수도 있다는 것입니다. 학교는 수능의 탐구과목이 고1의 교육과정인 통합사회와 통합과학이기 때문에 고2, 고3때 다른 과목이름으로 통합사회와 통합과학을 반복해서 배울 가능성도 배제할 수는 없습니다. 하지만 이제는 높은 내신 등급이나 높은 수능 등급 하나로만 대학을 가는 건 어려워질 것이 예상되고 있습니다.

학생부교과전형이지만 교과성적만 보지 않고 학생이 어떤 과목을 이수했는지, 충실히 학교생활을 했는지를 함께 평가하려는 대학들이 매년 늘어나고 있고, 정시 전형이지만 수능 점수로만 선발하지 않고 학생부를 보는 방식으로 전형을 설계하는 학교가 서울대, 고려대에 이어 연세대까지 확정되었습니다. 그리고 대학 총장 설문조사에서 정시에서 내신을 반영할 가능성이 있다라는 응답이 약 81%였다는 것을 보아도 앞으로 대학이 어떻게 전형을 설계할지 예상할 수 있는 부분입니다.

고교학점제 보완 추진

21년 발표 사항	추진 상황 점검		(개선)고교학점제 보완 방안
미래형 대입 방향 논의 착수 (28학년도 대입 적용)	학교 교육 정보 대입자료 제공 미흡 학생·학부모 대입 불안	➡	학교 교육과정 편성 현황 및 과목 관련 정보 대학에 확대 제공 2028 대입 개편 방안 발표

(출처: 공교육 경쟁력 제고 방안(2023.6.22.))

2023년 6월에 교육부가 발표했던 '공교육 경쟁력 제고방안' 문서를 보면 고교학점제 보완 추진 관련해서 대입 연계 강화 부분에 '**학교생활기록부를 통해 학교의 교육과정 편성 현황(공동교육과정 포함) 및 과목별 학습내용·평가방법 등을 대학에 추가 제공**'이라는 내용이 명시되어 있습니다.

이는 학생 본인의 진로·적성 및 학교 여건에 따라 공동교육과정, 온라인학교 등을 통해 이수한 과목도 학생부에 충실히 기재해 주어야 하고, 2025년 고교학점제가 전면 시행되면서 학생이 이수한 과목 정보가 대입에 잘 반영될 수 있도록 대학에 제공되는 정보를 확대하겠다는 의미가 담겨 있습니다.

그럼 대학은 각 고등학교에서 공동교육과정을 포함해서 어떤 과목들을 개설했고 학생들은 어떤 과목들을 이수했는지 지금보다 더 자세한 정보를 얻게 됩니다. 그렇기에 정상적인 교육과정을 운영하지 않은 학교가 있거나 자신의 진로와는 관계없이 등급 받기 유리한 과목을 선택했거나 하는 바람직하지 않은 내용이 읽힌다면 어떤 전형이든 원하는 대학을 가기 어려울 수 있다는 것이죠.

서울대가 '소수 학생이 선택한 과목이나 난도가 높은 과목을 이수하여 수치상 결과가 나쁠 수 있지만, 학생의 도전 정신과 호기심을 긍정적으로 평가한다면 도전하지 않은 학생에 비하여 더 좋은 평가를 할 수도 있습니다'라고 이야기하며 계속해서 강조하는 '도전하는 학생'의 의미를 다시 한번 되새겨 보면 좋겠습니다.

2028 대입개편으로 인한 내신 성적표 모습

2028 대입 개편에 따른 예상 성적표 예시

등급 기재 과목: 공통과목, 일반선택과목, 진로선택과목, 융합선택과목
(※체육·예술·교양 교과(군), 과학탐구실험과목, 사회·과학 융합선택과목 제외)

학기	교과	과목	단위수	원점수/ 과목평균	성취도 (수강자수)	성취도별 분포비율	석차등급
1	국어	문학 (일반선택)	4	95/ 77.8	A(74)	A(3.9) B(30.9) C(12.7) D(30.9) E(18.2)	1

등급 미기재 과목: 사회·과학 융합선택과목

학기	교과	과목	단위수	원점수/ 과목평균	성취도 (수강자수)	성취도별 분포비율
1	사회	여행지리 (융합선택)	4	95/ 77.8	A(74)	A(3.9) B(30.9) C(12.7) D(30.9) E(18.2)

2028 대입개편에 적용되는 2009년생 이후 출생부터는 고1에 배우는 공통과목, 고2~3에 선택하는 일반선택, 진로선택, 융합선택 과목에서 모두 5등급 편제의 등급과 함께 A~E의 성취도가 나옵니다.

그리고 현행과 다른 점은 표준편차가 나오지 않는다는 점입니다. 또 사회·과학 융합선택과목은 등급이 나오지 않고 A~E의 성취도만 나옵니다.

논·서술형 확대

2028 대입 개편은 수능과 내신에서의 변화가 크다 보니 이에 대한 내용은 각종 언론이나 교육정보를 통해 많이 접할 수 있는 반면 '논·서술형 확대'에 대한 내용은 많이 언급되지 않는 것 같습니다.

교육부는 막판까지도 수능에 논·서술형 문항 도입을 고민했으나 '시기상조'라는 결론을 내려 결국 이번 시안에 담지 않았다고 하죠. 대신 '내신에서 객관식 평가를 줄이고 논·서술형의 비중을 높여나가 겠다'며 교사가 전문적인 평가 역량을 갖추도록 지원하고 과목별 성취수준을 표준화하는 등 내신 절대평가에 대한 신뢰도를 높이겠다 고 밝혔습니다.

이러한 내신 논·서술형 시험이 확대된다는 것은 교사 부담을 넘어 공정성 시비 논란에 휩싸일 우려가 많다는 뜻이기도 합니다. 그래서 채점 기준을 명확하게 세우는 것이 중요할 것입니다. 그때 기준은 '핵심 개념어'의 여부로 판단할 가능성이 크겠죠.

논·서술형 시험에서 좋은 성적을 받기 위해서는 내 생각을 적는 것보다 더 중요한 것이 교과의 '개념'을 정확히 이해하고 써 보는 것입니다. 초·중등 때부터 사회, 과학 교과서를 공부하면서 핵심어 위주로 정확히 정리하고 기억하고 써 보는 훈련을 꾸준히 해 보면 좋겠습니다.

5

수도권 16개 대학의 정시 비율 40% 유지

2023년 10월 10일에 발표한 2028 대입제도 개편 시안에서는 수시·정시 비율을 안정적으로 유지하고 현행 대입 전형 구조를 큰 변화 없이 유지해서 혼란을 최소화하겠다는 내용과 함께 정시 비율을 현재와 동일하게 유지하겠다는 내용이 담겨 있습니다.

2020년 대입공정성 강화방안이 발표되면서 2023학년도부터 수도권 16개 대학은 정시 40% 비율로 학생을 선발하고 있습니다. 수도권 16개 대학은 건국대, 경희대, 고려대, 광운대, 동국대, 서강대, 서울시립대, 서울대, 서울여대, 성균관대, 숙명여대, 숭실대, 연세대, 중앙대, 한국외대, 한양대로 학생들의 선호도가 높은 대학들입니다. 정시 비율 40% 이상으로 선발하고 있지만, 수시 이월 인원까지 포함하면 상당히 많은 인원을 정시로 선발합니다.

그런데 이 비율을 2028 대입에도 유지하겠다고 밝혔으니 수능 준비에 유리한 학군지 등의 학교는 여전히 유리하다고 볼 수 있겠습니다. 하지만 상위권 대학이 정시에서 수능 점수로만 선발하지 않고 학생부나 면접 등을 융합해서 선발할 가능성이 크기에 앞으로 대학이 어떻게 전형을 설계할 것인지 관심을 가지고 보아야 합니다.

2028학년도 서울대 대입 전형 개편 발표 내용에 주목

대입 전형에 있어서 선도 역할을 하는 서울대는 다른 대학들의 전형에도 영향을 주기에 꼭 관심을 가져야 하는 대학입니다. 2024년 1월 29일 서울대가 '2028학년 서울대 대입전형 개편을 위한 대입정책포럼'을 통해 대학 중 처음으로 2028년도 학생 선발 방식을 밝혔는데, 이 내용이 아직 확정은 아니지만 2028 입시의 방향을 설계하는데 참고할 만한 중요한 메시지를 담고 있습니다.

포럼에서 서울대는 최근 합격생들의 다양성이 감소하고 전공 충실도 감소로 중도 탈락이 증가하는 점을 과제로 꼽고 입시 방향을 제시했는데요, 그중 40%로 정해져 있는 정시 선발 비율을 교육 당국과 협의하여 축소할 계획이라는 계획을 밝혔습니다. 서울대는 이번 포럼에서 2028 입시부터는 수능 비중을 축소 시키고, 학생부와 면접 비중을 강화시키겠다는 내용을 핵심 사항으로 담았습니다.

따라서 앞으로 서울대를 비롯한 나머지 대학들이 정시 비율을 어떻게 조정할 것인지와 정시에 학생부나 면접 등의 요소를 포함시킬 것인지 등의 내용을 중심으로 지속적으로 관심을 갖고 계시길 바랍니다.

2028 대입 개편으로 절대적으로 유리한 학교가 있을까?

교육부는 2028 대입 개편 보도자료에 **'대학의 평가 자율성'**을 확대하겠다는 문구를 기재했습니다. 교육부가 공을 대학으로 넘긴 것이고 이제 대입의 열쇠는 '대학'에게 있다고 할 수 있습니다.

그럼 대학이 어떻게 전형을 설계할 것인지가 궁금하고 관건일 텐데, 대입 전형 4년 예고제에 따라 2028 대입을 치르는 2009년생의 대입은 2026년 4월에 발표하게 되어 있습니다. 따라서 대학별로 설계한 전형은 아직 시간을 두고 지켜봐야겠지만, 지금까지 대입 개편안에 대한 분석과 예측을 통해 **앞으로는 하나만 잘해서는 좋은 대학을 가기 어렵다는 결론**에는 이를 수 있습니다.

고교 내신 상대평가 구간이 9등급에서 5등급으로 완화되는 대신 상위권 대학은 내신 등급만으로 우수한 학생을 선발하기가 어려워졌기 때문에, 앞서 말씀드린 것처럼 교과전형이지만 서류를 반영할 가능성이 높아졌습니다. 그리고 정시에서도 서울대, 고려대, 앞으로 연세대까지도 수능 점수와 더불어 학생부를 함께 평가합니다.

이런 흐름으로 비추어봤을 때 앞으로는 내신등급, 학생부, 수능까지 그 어느 것 하나도 소홀히 할 수 없다는 것이죠. 또 내신의 변별력이 약화됨으로써 수능의 영향력이 커진 것도 분명합니다. 그래서 우리 아이가 어느 고등학교를 다니든 **수능 최저학력기준을 맞출 정도의 수능 공부도 병행**해야 함을 기억하시면 좋겠습니다.

수능도 '선택과목 없는 공통형'이 되었기에 앞으로는 국, 영, 수, 사, 과 중 어느 한 과목이 유난히 점수가 안 나온다면 어려움을 겪게 될 수 있습니다. 그래서 공부할 때 어느 한 과목에 지나치게 치우치기보다는 **주요 과목 전 교과를 두루두루 잘할 수 있도록 전략**을 잘 세워야 할 것입니다.

마지막으로 가장 궁금하고 다양한 의견이 충돌하는 고등학교 선택 문제에 관해서는 **어떤 학교든 절대적인 유리도 불리도 없다**고 보는 것이 적절한 것 같습니다. 많이들 특목고, 자사고가 무조건 유리해졌다라고 이야기하기도 합니다. 그래서 왠지 우리 아이를 특목고, 자사고에 보내지 않으면 큰일 날 것 같은 마음이 들기도 하죠.

물론 학업 역량이 우수한 학생들이 모여 있는 학교에서 이전에는 1등급을 4%까지밖에 받지 못했지만 이제 10%까지 받을 수 있으니 이전보다는 내신의 불리함이 일정 부분 '완화'된 것은 사실이지만, 무조건 유리하다고 보기에는 좀 조심스럽습니다.

앞에서도 설명드렸지만 2028 대입 개편안에 해당되는 2009년생 이후 출생 아이들은 어느 학교를 입학하든 고3까지 내신 등급 경쟁을 해야 합니다. 그렇기에 고3 때 수능 최저를 맞추기 위한 공부도 병행하기가 지금보다 쉽지 않을 수도 있기 때문이죠.

그리고 전국 고등학교 2,300여 개 중 일반고가 1,500개 이상으로 다수를 차지하는 상황에서 학군지 고등학교, 특목고, 자사고 등의 일부 특정 학교에게만 유리하도록 입시 정책과 대학 전형을 설계할 수도 없기에 어느 한쪽에 치우친 정보를 듣고 너무 불안해하지 않으면 좋겠습니다. 따라서 어느 고등학교에 보낼지 고민하실 때는 내 아이를 제대로 알고 파악해서 내 아이의 장점을 살릴 수 있는 대입 전형을 준비할 수 있는 학교가 '가장 좋은 고등학교'라는 것을 기준점에 두셨으면 합니다.

전 입학사정관이 전하는 입시 꿀팁

2013년경 서울의 한 대학 입학사정관이 되어 제가 제일 먼저 한 일은 그 대학의 모집 요강을 완전히 통달하는 것이었습니다. 전형 방법, 전형 요소뿐만 아니라 대학에 어떤 학과가 있고 학과마다 취업이나 진로는 어떻게 되는지, 장학금 체계는 어떤지, 기숙사는 어떻게 들어올 수 있는지 세부적인 내용까지 알아야 고등학교에 방문해서 입시 설명회를 진행할 수 있으니까요.

입시 설명회와 시·도교육청, 코엑스 박람회를 적극 활용하기!

입시 설명회는 5월 정도부터 시작해서 7~8월에 정점을 찍는데, 입학사정관이 고등학교를 방문할 때는 설명회만 하는 것이 아니라 그 학교의 전년도 입시 결과가 어땠는지, 우리 대학에 몇 명의 학생이 입학했는지 등 여러 자료를 사전에 준비하고 담당 교사와 간담회까지 마치고 옵니다. 학생들을 직접 만나니 학교의 분위기도 알 수 있고, 서류로만 만나는 내용을 실제로 볼 수 있다는 점도 뜻깊은 일이지요.

이렇게 사정관이 직접 고등학교에 방문하는 설명회도 있지만 시·도교육청에서 진행하는 박람회와 코엑스에서 열리는 박람회도 있습니다. 이러한 박람회는 워낙 큰 행사라 4년제 주요 대학들은 대부분 참가해서 상담을 진행하기 때문에 직접 대학에 찾아가지 않아도 입학사정관을 단독으로 만날 좋은 기회가 됩니다.

특히 지방에 있는 학생과 학부모님들은 수도권에 있는 대학에 방문하기 쉽지 않으므로 각 대학의 평가 전문가인 입학사정관의 입시 설명회와 상담이 그 어디보다 정확하고 공신력 있는 정보를 얻을 수 있는 절호의 기회입니다. 직접 방문이 여의찮다고 해도 대학마다 설명회 현장을 녹화해서 홈페이지에 게시하거나 실시간 중계를 하고 있으므로 정보를 얻고자 하는 마음만 있다면 충분히 활용할 수 있습니다.

홍보 시즌에는 설명회뿐 아니라 미리 학생들의 학교생활기록부와 자기소개서를 보고 심층 면접을 진행하는 '모의 전형'일도 하게 됩니다. 아이들 한 명 한 명의 서류를 열심히 읽고 질문들을 준비한 후 주로 정보 소외 지역에 방문해서 모의 전형을 진행합니다. 만약 내 아이가 다니는 학교에서 '모의 전형'을 진행한다는 안내를 받게 되면 꼭 참여시키길 권합니다. Practice makes perfect! '연습할수록 완벽해진다'라는 이 말처럼 입학사정관을 직접 대면하는 일이야말로 최대치의 실전 경험을 할 수 있는 것이기 때문입니다.

서류평가의 뒤집기 한판승이 가능한 면접 준비 방법!

K대학에 재직할 때 전형팀의 '면접'을 담당했습니다. 면접 담당자는 면접을 치를 건물을 미리 공문을 보내 그 시기에 다른 일정이 잡히지 않도록 하는 일에서부터, 면접장 동선 파악, 학과별 고사장 배치, 면접위원 교육, 면접 아르바이트생 교육, 면접위원 간식까지 모든 것을 총괄해서 차질 없이 준비해야 합니다.

면접 날은 아무리 준비를 철저하게 했더라도 돌발상황이 많이 생깁니다. 면접위원 한 분이 늦잠을 자다 면접 시간 직전이 돼서야 나타나서 식은땀을 흘리기도 하고, 면접장에 들어간 한 학생이 너무 긴장한 나머지 과호흡으로 숨을 못 쉬는 상황이 벌어져 119를 부를 뻔한 적도 있었습니다. 면접을 진행하고 면접위원을 하면서 느낀 것은 결국 면접은 얼마나 준비를 잘했느냐도 중요하지만 결국에는 '멘탈 싸움'이라는 것입니다. 면접관들은 학생들이 얼마나 긴장하고 들어오는지 잘 압니다. 자신만 긴장하는 것이 아니라 함께 면접을 보는 친구들 모두가 긴장하고 있다는 사실을 알고 내 옆의 친구도 나랑 수준이 다 비슷비슷하다고 생각하면서 끝까지 집중력을 온전히 발휘하면, 면접은 서류 점수를 뒤집을 수 있는 마지막 기회가 될 것입니다.

면접을 준비할 때 제시문 기반 면접을 준비하고 있다면 대학마다 매년 3월 말까지 홈페이지에 공개해야 하는 '선행학습 영향평가 보고서'를 통해 3년 치 정도는 기출 문제의 경향성을 파악해야 합니다.

또 대입정보포털 '어디가' 사이트에 접속해서 → 대입정보센터 → 전형 평가기준 및 전년도 결과 공개를 클릭하면, 대학들의 면접고사 평가 기준과 면접 예시 문항을 확인할 수 있습니다. 이 정보는 모든 대학이 직접 입력해서 작성한 자료이기 때문에 확실하고 공신력이 있습니다. 지원한 대학의 면접 평가 항목을 인쇄해서 대학별 평가 방법, 면접 문항들을 계속 익혀 본다면 대학들의 면접 특징과 다른 점을 분석할 수 있습니다.

이렇게 모든 전형을 마치고 합격자 발표가 나면 다시 2차 전쟁이 시작됩니다. 이제 선택권은 학생에게 넘어갔기에 1차로 붙은 대학에 예치금을 넣고 나서 원하는 대학에 추가 합격이 되면 등록 포기가 생기게 되고, 대학들은 계속해서 추가합격자들을 발표합니다.

충원에 충원을 더해 마지막까지 충원이 이어지고 정시 모집의 추가 합격자까지 등록을 마감하면 그해의 입시는 마무리됩니다. 한바탕 폭풍이 지나가고 달력을 보면 어느새 다음 해 2월이 되어 있습니다. 그리고 3월이 되면 입학처는 잠시 한숨을 돌리며 한 해 사업을 정리하고 회계도 결산하고, 작년 입시 결과를 정리하고, 올해의 대입 전형 계획 안내 자료도 수정을 거듭하며 마무리합니다. 3월 말까지는 선행학습 영향평가 보고서, 4월 말까지는 고2 대상 시행 계획, 5월 말까지는 고3 대상 모집 요강을 발표해야 해서 쉴 틈은 없습니다. 또다시 5월, 홍보 시즌이 시작되고 입시의 최전방에서 일하는 입학사정관의 시계는 또 숨 가쁘게 돌아갑니다.

CHAPTER 3

미리 가 보는
'고교학점제' 고등학교

Section 1

미리 짜 보는 내 아이 '시간표'

'교육과정 편성표' 읽는 방법

앞서 〈'교육과정'을 알아야 고교학점제가 보인다〉에서 고교학점제의 근간이 되는 2015 개정 교육과정에 대해 자세히 설명했습니다. 시간표를 미리 짜 보기 위해서는 가고 싶은 고등학교의 교육과정 편성표 읽는 법을 알아야 하는데, 그 전에 다시 2015 개정 교육과정의 편제표를 먼저 이해해야 합니다.

2015 개정 교육과정 편제는 교과와 창의적체험활동으로 편성되어 있습니다. 교과 중 보통교과의 하위로는 공통과목과 선택과목이 있고, 선택과목은 일반선택과 진로선택으로 나뉘고, 자신의 적성과 진로, 흥미와 관심도를 고려해 2~3학년 때 선택할 수 있는 과목이라고 했습니다. 그리고 〈고교학점제의 '과목 선택'의 모든 것〉에서는 과목 선택 시 유의 사항에 대해서도 설명해 드렸죠. 고등학교 3년간

고등학교 학점 배당 기준표

구분	교과 영역	교과(군)	공통과목(학점)	필수 이수 학점	자율 편성 학점
교과(군)	기초	국어	국어(8)	10	학생의 적성과 진로를 고려해 편성
		수학	수학(8)	10	
		영어	영어(8)	10	
		한국사	한국사(6)	6	
	탐구	사회(역사/도덕 포함)	통합사회(8)	10	
		과학	통합과학(8) 과학탐구실험(2)	12	
	체육·예술	체육		10	
		예술		10	
	생활·교양	기술·가정/제2외국 어/한문/교양		16	
		소계		94	80
창의적체험활동				18(306시간)	
총 이수 학점				192	

2023학년도 입학생 기준

진로선택과목은 3과목 이상 반드시 필수로 선택해야 한다는 것과 위계가 있는 과목은 일반적으로 Ⅰ을 먼저 이수하고 Ⅱ를 이수해야 한다는 등의 내용을 자세히 설명했습니다.

　자율고등학교를 포함한 일반 고등학교는 국어, 수학, 영어, 한국사의 '기초 교과 영역', 사회와 과학을 포함하는 '탐구 교과 영역', 그 외 '체육/예술 교과 영역', '생활/교양 교과 영역'의 4개 교과 영역이 있다고 했습니다. 여기서는 일반고 교육과정 편제표를 기준으로 설명하고자 합니다. 다음은 서울의 한 고등학교 2023학년도 입학생 기준 교육과정 편제표에서 '기초 교과 영역'만 발췌한 표입니다. 세로축의 구분은 학교 지정 과목과 2, 3학년에서 선택할 수 있는 과목을 말하고, 기초 교과군은 국어, 수학, 영어, 한국사로 이루어져 있습니다. 가로축은 과목 유형, 세부 교과목, 기준 학점, 운영 학점, 학년/학기, 비고, 이수 학점, 필수 이수 학점으로 구분되어 있습니다.

일반 고등학교 기초 교과 영역 교육과정 편제표

구분	교과영역	교과(군)	과목유형	세부교과목	기준학점	운영학점	1학년 1학기	1학년 2학기	2학년 1학기	2학년 2학기	3학년 1학기	3학년 2학기	비고	이수학점	필수이수학점
학교지정	기초	국어	공통	국어	8	8	4	4						16	10
			일반	문학	5	4			4						
			일반	독서	5	4				4					
		수학	공통	수학	8	8	4	4						16	10
			일반	수학 I	5	4			4						
			일반	수학 II	5	4				4					
		영어	공통	영어	8	8	4	4						16	10
			일반	영어 I	5	4			4						
			일반	영어 II	5	4				4					
		한국사	공통	한국사	6	6	3	3						6	6
⋮															
2학년선택	기초	국어	일반	언어와 매체	5	4			14 (택7)	14 (택7)				28	
		수학	일반	확률과 통계	5	4									
		수학	진로	기하	5	4									
		영어	진로	진로 영어	5	4									
			진로	영어권 문화	5	4									
⋮															

3학년 선택	기초	국어	일반	화법과 작문	5	6		24(택8)	24(택8)			48
			진로	심화국어	5	6						
			진로	고전 읽기	5	6						
		수학	일반	미적분	5	6						
			진로	수학과제 탐구	5	6						
			진로	경제수학	5	6						
			진로	고급수학 Ⅰ	5	6					전문 Ⅰ	
			진로	통합수학 Ⅰ	5	6						
		영어	진로	영미 문학 읽기	5	6						
			진로	심화영어 Ⅰ	5	6					전문 Ⅰ	

⋮

(출처: 서울 ○○고등학교 2023학년도 입학생 교육과정 편제표 일부)

▶ 기준 학점 VS 운영 학점

교육과정 편성표에서 가장 헷갈리는 것 중 하나입니다. 공통과목 〈국어〉의 기준 학점은 8인데 운영 학점은 7이라고 쓰여 있다고 가정해 봅시다. 이 숫자가 의미하는 것은 무엇일까요?

1학점은 50분을 기준으로 한 학기당 17회 이수하는 수업량이라고 했습니다. (2025년부터는 50분 수업을 16회 하는 것이 1학점 수업량이 됩니다.) 3학점 과목은 일주일에 50분 수업을 3번 하는 것이겠죠. 기준 학점은 교육부가 교육과정을 편성할 때 적정하다고 판단한 수업 시간을 의미합니다. 예를 들어 공통과목인 〈국어〉는 기준 학점이 8인데, 교육과정을 편성할 때 8단위(50분×17회×8번=6,800분)의 수업이 적절하다고 정한 것입니다. 그러나 모든 학교가 〈국어〉 과목을

8학점으로 운영하지는 않아도 됩니다. 〈2015 고등학교 교육과정 총론〉을 살펴보면 공통과목은 기준 단위에서 2학점 범위에서 감해서 편성, 운영할 수 있다고 명시되어 있기 때문입니다. 즉, 고1 때 배우는 국어, 수학, 영어, 통합사회, 통합과학은 기준 단위가 8학점이지만 6학점까지 운영해도 된다는 것이죠. 따라서 운영 학점은 각 학교가 정한 수업 시수라고 할 수 있습니다.

▶ 국어 교과

1학년에 배우는 공통과목인 국어는 1학년 1학기와 2학기에 각 4학점씩 편성되어 있습니다. 일반선택과목인 문학과 독서는 수능 공통과목입니다. 학교 지정 과목으로 2학년 1학기와 2학년 2학기에 4학점씩 편성되어 있는 것을 확인할 수 있습니다. 수능에서 선택과목인 언어와 매체와 화법과 작문은 2학년과 3학년 때 선택할 수 있도록 편성해 놓았습니다. 또 진로선택과목인 심화국어와 고전 읽기를 3학년 때 선택할 수 있도록 편성해 놓은 것도 확인할 수 있습니다.

▶ 수학 교과

1학년에 배우는 공통과목 수학은 1학년 1학기와 2학기에 각각 4학점씩 편성되어 있습니다. 일반선택과목인 수학I과 수학II는 수능 공통과목입니다. 학교 지정 과목으로 2학년 1학기와 2학년 2학기에 4학점씩 편성되어 있습니다. 수능에서 선택과목인 확률과 통계, 기하는 2학년 때 선택할 수 있고, 미적분은 3학년 때 선택할 수 있게 편성했습니다. 진로선택과목인 수학과제 탐구, 경제수학, 고급수학I, 통합수학I은 3학년 때 선택할 수 있도록 편성해 놓았습니다.

▶ 영어 교과

1학년에 배우는 공통과목 영어는 1학년 1학기와 2학기에 각각 4학점씩 편성되어 있습니다. 일반선택과목이자 수능 과목인 영어I은 2학년 1학기에 4학점, 영어II는 2학년 2학기에 4학점 편성되어 있습니다. 진로선택과목인 진로영어와 영어권 문화는 2학년 때, 영미 문학 읽기와 심화영어I은 3학년 때 선택할 수 있게 편성해 놓았습니다.

▶ 한국사

공통과목인 한국사는 1학년 1학기와 2학기에 각각 3단위씩 편성되어 있습니다.

이처럼 개별 학교의 교육과정 운영에 관해 자율권을 주면서 학생에게도 교과목 선택권을 보장하고 있어서 여러 학교를 검색해 비교해 보면 학교마다 조금씩 교육과정이 다른 것을 알 수 있습니다. 이제 일반계 고등학교라도 교육과정이 같지 않아서 가고자 하는 학교의 교육과정을 꼼꼼히 확인해 봐야 합니다.

〈'교육과정'을 알아야 고교학점제가 보인다〉에서도 설명했듯이 한 학교에서 수많은 선택과목을 모두 개설하는 것은 불가능해서 학교 간 공동교육과정과 학교 밖 교육을 운영하고 있습니다. 따라서 자신의 거주 지역에서 어떤 공동교육과정이 운영되고 있는지, 어떤 수업을 들을 수 있는지 확인해 보는 것도 필요합니다. 오프라인으로 듣기 어려운 과목은 온라인으로도 수강할 수 있으므로 학교에 원하는 과목이 개설되지 않더라도 걱정할 필요는 없습니다.

내 아이가 가고 싶은 학교 '교육과정' 찾는 방법

다음 과정을 통해 '교육과정'을 찾을 수 있습니다.

Step 1. 학교알리미(www.schoolinfo.go.kr)에 접속합니다.

Step 2. 메인페이지 중간의 학교별 공시정보를 클릭한 후 원하는 학교를 선택 후 검색 버튼을 클릭합니다.

Step 3. 관심 있는 학교 정보의 새 창이 뜨면 아래로 스크롤을 내려 공시정보의 [교육활동]-[학교교육과정 편성·운영 및 평가에 관한 사항] 파일을 클릭합니다. 이 파일에는 입학 연도 기준으로 작성된 교육과정 편성표가 공개되어 있어 해당 학년이 3년간 배우게 되는 과목이 무엇인지 확인할 수 있습니다.

학교알리미에서 다운로드한 [교육과정 편성 운영 평가] 파일에서 원하는 고등학교에 개설되어 있는 과목을 알 수 있습니다. 만약, 학교알리미에서 교육과정을 찾을 수 없다면 해당 고등학교 홈페이지에서 검색하면 됩니다.

내 아이와 가고 싶은 학교 '시간표' 짜 보기

진학할 학교와 진로가 어느 정도 결정됐다는 가정을 전제로 시간표를 짜 보겠습니다. 예시로 드는 학생은 일반 인문계 고등학교에 진학할 예정이고, 심리학과 진학을 목표로 잡았다고 가정하겠습니다.

사람in 출판사 홈페이지에서 '학년별 시간표 Worksheet'를 다운받아 시간표를 직접 구성할 수 있습니다.

진학하고자 하는 고등학교의 교육과정 편제표

구분	교과영역	교과(군)	과목유형	세부교과목	기준학점	운영학점	1학년 1학기	1학년 2학기	2학년 1학기	2학년 2학기	3학년 1학기	3학년 2학기	비고	이수학점	필수이수학점
학교지정	기초	국어	공통	국어	8	8	4	4						16	10
			일반	문학	5	4			4						
			일반	독서	5	4				4					
		수학	공통	수학	8	8	4	4						16	10
			일반	수학 I	5	4			4						
			일반	수학 II	5	4				4					
		영어	공통	영어	8	8	4	4						16	10
			일반	영어 I	5	4			4						
			일반	영어 II	5	4				4					
		한국사	공통	한국사	6	6	3	3						6	6
	탐구	사회	공통	통합사회	8	6	3	3						6	10
		과학	공통	통합과학	8	6	3	3						8	12
			공통	과학탐구실험	2	2	1	1							
	체육·예술	체육	일반	체육	5	4	2	2						10	10
			일반	운동과 건강	5	4			2	2					
			진로	스포츠 생활	5	2					1	1			
		예술	일반	음악	5	4	2	2						10	10
			일반	미술	5	6			3	3					
	생활·교양	기술·가정	일반	정보	5	4	2	2						8	16
		교양	일반	진로와 직업	5	2	1	1							
			일반	논술	5	2					1	1			
2학년 선택	기초	국어	일반	심화 국어	5	4							학기제	24	
		수학	진로	기하	5	4									
		영어	진로	영어권 문화	5	4									
	탐구	사회	일반	한국지리	5	4			12 (택3)	12 (택3)					
			일반	윤리와 사상	5	4									
			일반	세계사	5	4									
			일반	경제	5	4									
			일반	정치와 법	5	4									
			진로	사회문제 탐구	5	4									

구분	교과영역	교과(군)	과목유형	세부교과목	기준학점	운영학점	1학년 1학기	1학년 2학기	2학년 1학기	2학년 2학기	3학년 1학기	3학년 2학기	비고	이수학점	필수이수단위
2학년 선택	탐구	과학	일반	물리학 I	5	4							학기제	24	
			일반	화학 I	5	4									
			일반	생명과학 I	5	4			12 (택3)	12 (택3)					
			일반	지구과학 I	5	4									
	체육·예술	예술	진로	음악 연주	5	4									
			진로	미술 창작	5	4									
	생활·교양	제2외국어	일반	일본어 I	5	4									
			일반	중국어 I	5	4									
3학년 선택	기초	국어	일반	화법과 작문	5	6							학년제	54	
			일반	언어와 매체	5	6									
		수학	일반	확률과 통계	5	6									
			일반	미적분	5	6									
		영어	일반	영어 독해와 작문	5	6									
	탐구	사회	일반	동아시아사	5	6									
			일반	세계지리	5	6									
			일반	사회·문화	5	6					27 (택9)	27 (택9)			
			일반	생활과 윤리	5	6									
			일반	여행지리	5	6									
		과학	진로	물리학 II	5	6									
			진로	화학 II	5	6									
			진로	생명과학 II	5	6									
			진로	지구과학 II	5	6									
			진로	생활과 과학	5	6									
	생활·교양	제2외국어	진로	일본어 II	5	6									
			진로	중국어 II	5	6									
		한문	일반	한문 I	5	6									
		교양	일반	실용경제	5	6									
			일반	심리학	5	6									
교과 이수 학점 소계							29	29	29	29	29	29		174	94
창의적체험활동					18	18	3	3	3	3	3	3		18	18
학기별 총 이수 학점							32	32	32	32	32	32		192	
학년별 총 이수 학점							64		64		64			192	

(출처: 2023학년도 입학생을 위한 고등학교 교육과정 편성·운영 안내서, 서울시교육청교육정보연구원)

1학년 때 들어야 하는 과목

223 페이지 교육과정 편제표에서 초록색 음영 부분이 1학년에서 들어야 할 과목입니다. 1학년은 공통과목을 모두 들어야 하므로 따로 선택할 과목이 없습니다. 학기별로 국어, 수학, 영어, 한국사, 통합사회, 통합과학, 과학탐구실험 등의 세부 교과목과 학점을 차례로 적으면 다음과 같습니다.

교과 영역	교과(군)	1학년 1학기			1학년 2학기		
		과목 유형	세부 교과목	학점	과목 유형	세부 교과목	학점
기초	국어	공통	국어	4	공통	국어	4
	수학	공통	수학	4	공통	수학	4
	영어	공통	영어	4	공통	영어	4
	한국사	공통	한국사	3	공통	한국사	3
탐구	사회	공통	통합사회	3	공통	통합사회	3
	과학	공통	통합과학	3	공통	통합과학	3
		공통	과학탐구실험	1	공통	과학탐구실험	1
체육· 예술	체육	일반	체육	2	일반	체육	2
	예술	일반	음악	2	일반	음악	3
생활· 교양	기술·가정	일반	정보	2	일반	정보	2
	교양	일반	진로와 직업	1	일반	진로와 직업	1
교과 총합계				29	교과 총합계		29
창의적체험활동				3	창의적체험활동		3
이수 학점 총합계				32	이수 학점 총합계		32

1학년 시간표를 학점에 맞게 과목들을 임의대로 배치합니다. 모든 과목들이 다 들어갔는지 점검합니다. 교과 29학점과 창체 3학점을 합해 총 32시간의 시간표가 만들어지면 됩니다.

1학년 시간표(예시)

교시	월	화	수	목	금
1	국어	국어	통합과학	수학	통합사회
2	체육	진로와 직업	한국사	영어	국어
3	한국사	수학	수학	통합사회	통합과학
4	수학	영어	영어	과학탐구실험	한국사
5	영어	통합사회	국어	음악	체육
6	창체	통합과학	창체	정보	창체
7		음악		정보	

2학년 때 들어야 하는 과목

2학년부터는 진로와 관련해 필요한 과목들을 선택하게 됩니다. 예시의 학생은 '심리학과'로 진로를 정했다고 가정했기에 심리학과에서 권장하는 선택과목을 먼저 살펴봅니다. 권장과목은 말 그대로 권장일 뿐 필수는 아니기에 선택과목을 정하는 데 참고합니다.

학과	유사학과	2015 개정 교육과정 고등학교 권장 선택과목		
			일반선택과목	진로선택과목
심리학과	상담심리전공 심리상담치료학과 심리상담학과 상담산업심리학과	국어	독서, 문학, 화법과 작문, 언어와 매체	국어: 심화국어 수학: 수학과제 탐구 사회: 사회문제 탐구
		수학	수학Ⅰ, 수학Ⅱ, 확률과 통계	
		영어	영어Ⅰ, 영어Ⅱ, 영어 회화, 영어 독해와 작문	
		사회	사회·문화, 생활과 윤리, 윤리와 사상	
		과학	생명과학Ⅰ	
		생활·교양	철학, 심리학, 교육학	

223-224페이지의 교육과정 편성표에서 파란색 음영 부분이 2학년에서 듣는 과목이고, 2학년 선택이라 되어 있는 과목 중 3과목을 선택해야 합니다. 2학년 1학기와 2학기에 선택한 과목을 적어 봅니다. 이 학생은 윤리와 사상, 세계사, 생명과학I을 선택했다고 가정하겠습니다.

교과 영역	교과(군)	2학년 1학기			2학년 2학기		
		과목 유형	세부 교과목	학점	과목 유형	세부 교과목	학점
기초	국어	일반	문학	4	일반	독서	4
	수학	일반	수학 I	4	일반	수학 II	4
	영어	일반	영어 I	4	일반	영어 II	4
탐구	사회	일반	윤리와 사상	4	일반	윤리와 사상	4
		일반	세계사	4	일반	세계사	4
	과학	일반	생명과학 I	4	일반	생명과학 I	4
체육· 예술	체육	일반	운동과 건강	2	일반	운동과 건강	2
	예술	일반	미술	3	일반	미술	3
교과 총합계				29	교과 총합계		29
창의적체험활동				3	창의적체험활동		3
이수 학점 총합계				32	이수 학점 총합계		32

시간표에 임의대로 채워 넣으면 다음과 같은 2학년 시간표가 완성됩니다. 모든 과목이 다 들어갔는지 점검합니다. 교과 29학점과 창체 3학점을 합해 총 32시간의 시간표가 만들어집니다.

2학년 시간표(예시)

교시	월	화	수	목	금
1	문학(독서)	문학(독서)	수학 I (수학 II)	세계사	윤리와 사상
2	운동과 건강	영어 I (영어 II)	생명과학 I	문학(독서)	문학(독서)
3	세계사	수학 I (수학 II)	수학 I (수학 II)	윤리와 사상	세계사
4	수학 I (수학 II)	윤리와 사상	영어 I (영어 II)	생명과학 I	생명과학 I
5	영어 I (영어 II)	세계사	창체	미술	운동과 건강
6	윤리와 사상	생명과학 I	창체	미술	영어 I (영어 II)
7	창체			미술	

3학년 때 들어야 하는 과목

206페이지의 교육과정 편성표에서 붉은색 음영 부분이 3학년에서 듣는 과목이고, 3학년 선택이라 되어 있는 과목 중 9과목을 선택해야 합니다. 3학년부터는 학교 지정 과목이 거의 없고, 대부분의 과목을 선택해야 합니다. 과목 선택 시 주의할 점은 진로선택과목을 3년간 3과목 이상 수강해야 하는데 예시의 학생은 2학년 때까지 진로과목을 1개도 이수하지 않았으므로 진로선택과목에서 3과목을 필수적으로 선택해야 합니다.

3학년 지정 과목 중 스포츠 생활이 진로선택과목이므로 2과목을 필수로 선택하면 됩니다. 이 학생은 선택 과목 9개로 1. 화법과 작문, 2. 언어와 매체, 3. 확률과 통계, 4. 영어 독해와 작문, 5. 사회·문화, 6. 생활과 윤리, 7. (진로)여행지리, 8. (진로)생활과 과학 9. 심리학을 선택하는 것으로 가정하겠습니다.

교과 영역	교과(군)	3학년 1학기			3학년 2학기		
		과목 유형	세부 교과목	학점	과목 유형	세부 교과목	학점
기초	국어	일반	화법과 작문	3	일반	화법과 작문	3
		일반	언어와 매체	3	일반	언어와 매체	3
	수학	일반	확률과 통계	3	일반	확률과 통계	3
	영어	일반	영어 독해와 작문	3	일반	영어 독해와 작문	3
탐구	사회	일반	사회·문화	3	일반	사회·문화	3
		일반	생활과 윤리	3	일반	생활과 윤리	3
		진로	여행지리	3	진로	여행지리	3
	과학	진로	생활과 과학	3	진로	생활과 과학	3
생활· 교양	교양	일반	심리학	3	일반	심리학	3
		일반	논술	1	일반	논술	1
체육· 예술	체육	진로	스포츠 생활	1	진로	스포츠 생활	1
교과 총합계				29	교과 총합계		29
창의적체험활동				3	창의적체험활동		3
이수 학점 총합계				32	이수 단위 총합계		32

시간표에 임의대로 채워 넣으면 다음과 같은 3학년 시간표가 완성됩니다. 모든 과목이 다 들어갔는지 점검합니다. 교과 29학점과 창체 3학점을 합해 총 32시간의 시간표가 만들어집니다.

3학년 시간표(예시)

교시	월	화	수	목	금
1	언어와 매체	영어 독해와 작문	확률과 통계	영어 독해와 작문	사회·문화
2	영어 독해와 작문	생활과 과학	언어와 매체	생활과 과학	화법과 작문
3	생활과 윤리	언어와 매체	심리학	확률과 통계	심리학
4	화법과 작문	여행지리	사회·문화	화법과 작문	생활과 윤리
5	사회·문화	논술	심리학	생활과 윤리	생활과 과학
6	창체	확률과 통계	여행지리	여행지리	스포츠 생활
7			창체		창체

시간표 체크하기

예시를 참조하여 자신의 시간표를 다 완료했으면 다음의 체크리스트를 보며 각 사항들이 잘 반영되어 있는지 체크합니다.

순번	항목	네	아니오
1	국어, 수학, 영어, 사회, 과학 교과는 공통과목 외에 1개 과목 이상을 선택했나요?	☐	☐
2	체육 교과는 1, 2, 3학년에서 각각 1개 과목 이상을 선택했나요?	☐	☐
3	1학년에서 체육·예술, 생활·교양 교과 영역에서 각각 1개 과목 이상을 선택했나요? (체육 교과 외)	☐	☐
4	2, 3학년에서 생활·교양 교과 영역에서 1개 과목 이상을 선택했나요?	☐	☐
5	위계가 있는 과목의 경우 위계에 맞게 선택했나요?	☐	☐
6	3년간 총 3개 이상의 진로선택과목을 선택했나요?	☐	☐
7	대학수학능력시험을 보는 경우 시험 과목을 선택했나요?	☐	☐
8	3년간 교과 총 이수 단위가 174학점 이상이 되나요?	☐	☐
9	자신의 진로와 적성에 따라 과목을 선택했나요?	☐	☐

Section 2

미리 작성하는 내 아이 '학업 계획서'

학업 계획서를 작성하는 이유

〈미리 가 보는 '고교학점제' 고등학교〉 장에서는 우리 아이에 대한 이해가 충분히 이루어진 후 시간표와 학업 계획서를 직접 작성해 보면 도움이 될 거라고 생각합니다. 그래서 PART 2의 〈진로 선택 코칭〉을 먼저 읽고 아이의 진로 성향을 파악할 수 있는 다양한 진단검사도 해 본 후 이 장으로 오시길 권합니다.

2015 개정 교육과정, 2022 개정 교육과정에서 중요하게 강조되는 키워드는 '진로'입니다. 진로를 먼저 정해야만 어떤 수업을 들어야 내 꿈에 한 발 더 다가갈 수 있을지, 고등학교에 입학해서 어떤 활동들을 해 볼 수 있을지도 고민할 수 있게 됩니다.

이러한 진로를 결정하기 위해서는 충분한 자기 이해가 이루어져야 하고, 원하는 진로가 결정되면 자연스럽게 진로와 연관된 희망학과, 직업들에 대한 진로 정보 탐색으로 이루어질 수 있습니다. 아이와 대화를 통해 진로 준비 정도, 진로 결정 여부도 확인하고, 희망 진로가 생기면 고교학점제 학교에서 진로 및 진학 설계를 실제로 구상할 수 있는 준비가 될 것입니다.

〈미리 짜 보는 내 아이 '시간표'〉를 통해서 단순히 몇 학년 때 무슨 과목을 들을 것인지 선택했다면, 여기서는 선택한 과목의 이수에 대한 상세하고 구체적인 학업 계획서를 작성하도록 할 것입니다.

이렇게 진로를 바탕으로 한 학업 계획서를 어설프게나마 작성해 본 아이들은 고등학교 3년 과정의 큰 그림을 그리고 시작할 수 있어서 학습 동기도 높아지고, 학습 태도도 적극적일 가능성이 커집니다. 이런 학생은 주요 대학에서 주 전형으로 활용하는 학생부종합전형에서 선발하고자 하는 학생이 될 가능성도 클 수밖에 없죠.

학업 계획서 작성 활동은 고등학교에 입학한 후 교과 담당 선생님들께서 수업 시간 중 수행평가로 활용하기도 합니다. 미리 진로에 대해 고민하고 학업 계획서까지 작성한 경험이 있다면 입학 후 처음 작성하는 학생들보다 훨씬 수월하게 작성할 수 있음은 물론 좋은 평가까지 받을 수 있지 않을까요? 이런 이유로 학업 계획서 작성을 아이와 함께 꼭 해 보시면 좋겠습니다.

내 아이와 함께 작성하는
학업 계획서

학업 계획서를 작성하기 전 진로와 적성, 흥미를 이해하고 진로 희망을 먼저 구체화하는 작업이 선행되어야 합니다. 이 과정이 어느 정도 구체화됐다면 학업 계획서를 작성할 준비가 된 것입니다.

학업 계획서 구성 요소 예시

• 진로 희망	• 진로 희망 관련 전공
• 학업 성취도(내신, 모의고사 등)	• 비교과 학습 내용
• 과목별 선택과목 신청 사유	(창의적체험활동, 독서, 방과후학교 등)
• 과목별 학업 계획	• 비교과 학업 계획
• 졸업 후 진로 계획	(창의적체험활동, 독서, 방과후학교 등)
	• 과목 이수 체크리스트

(출처: 고 1학년용 고교학점제 기반 진로지도 운영도움서, KEDI)

학업 계획서는 앞 페이지의 표에 있는 학업 계획서 구성 요소 예시에 있는 항목들이 들어가게 작성하면 됩니다.

교육부와 한국직업능력개발원이 2020년에 개발한 〈고 1학년용 고교학점제 기반 진로지도 운영도움서〉를 보면 학업 계획서를 작성할 때 다음과 같은 유의 사항이 나옵니다.

"학업 계획서 작성 활동은 진로 희망에 따라 3년간 수강할 과목과 더불어 전반적인 고등학교 생활에 대한 계획을 세우는 활동입니다. 그러므로 단순히 선택한 과목에 대한 계획뿐만 아니라 과목별 선택 사유, 비교과 학업 계획, 졸업 후 진로 계획 등 자신의 진로 희망과 교내활동, 졸업 후 활동을 모두 연계해 구체적으로 작성해야 합니다.

3년간의 과목 선택 계획을 미리 세워 두어 학년 진급 과정에서 진로 희망과 관련 있는 과목을 이수하지 못하는 상황에 대비해야 합니다.

특히 탐구영역의 I, II 과목, 수학 교과군의 일부 과목의 경우 과목 위계를 고려해 선택할 수 있어야 합니다."

(출처: 고 1학년용 고교학점제 기반 진로지도 운영도움서, KEDI)

학업 계획서 양식은 학교마다 다양한 유형으로 활용되고 있습니다. 또 학업 계획서를 작성하기 전에는 과목별 체크리스트를 통해 학교에서 필수로 지정한 과목은 무엇이고, 2학년과 3학년 때 무슨 과목을 선택할 수 있는지 파악하면서 미리 체크하는 과정이 필요합니다. 체크한 선택과목을 학업 계획서 각 학년의 교과 영역에 기록하면 됩니다.

학교에서 제공하는 과목 이수 체크리스트 양식은 다음과 같습니다. 필수로 지정한 과목은 제외하고, 2학년과 3학년에서 각 학기 때 선택해야 할 과목들이 무엇인지 보고 진로 희망에 맞춰 선택해 봅니다. 다음 예시는 '인공지능공학자'를 희망하고 인공지능공학 및 컴퓨터공학으로 진학을 원하는 학생으로 작성한 사례입니다. 예시의 학생처럼 인공지능공학자로 진로를 정했다면 진학하고자 하는 학과가 있는 대학의 학과 홈페이지를 방문해서 학과 안내, 학과 정보, 교과목 체계 등을 확인해 봅니다. 대학에서 어떤 과목들을 배우는지 미리 탐색해 봄으로써 본인이 생각했던 전공이 맞는지 확인해 보는 작업이 꼭 필요합니다.

인공지능학과 교과목 체계

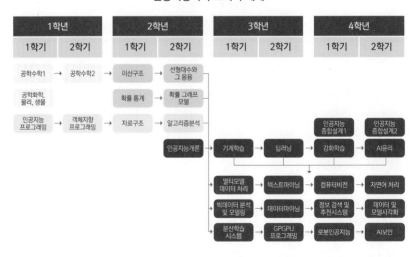

(출처 : 연세대학교 인공지능학과 교육과정)

과목 이수 체크리스트 양식(예시: 인공지능공학자/인공지능공학 및 컴퓨터공학 진학 희망)

교과영역	과목유형	과목	운영학점	1학년 1학기	1학년 2학기	교과영역	과목유형	과목	운영학점	1학년 1학기	1학년 2학기
기초	공통	국어	7	필수	필수	탐구	공통	통합사회	6	필수	필수
	공통	수학	8	필수	필수		공통	통합과학	6	필수	필수
	공통	영어	7	필수	필수		공통	과학탐구 실험	2	필수	필수
	공통	한국사	6	필수	필수						
체육·예술	일반	체육	4	필수	필수	생활·교양	일반	정보	4	필수	필수
	일반	음악	3	필수	✕		일반	기술·가정	2	필수	필수
	일반	미술	3	✕	필수						

교과영역	과목유형	과목	운영학점	2학년 1학기	2학년 2학기	3학년 1학기	3학년 2학기	교과영역	과목유형	과목	운영학점	2학년 1학기	2학년 2학기	3학년 1학기	3학년 2학기
기초	일반	독서	4	필수	✕	✕	✕		일반	운동과 건강	2	필수	필수		
	일반	문학	4	✕	필수	✕	✕	체육·예술	진로	스포츠 생활	4	✕	✕	필수	필수
	일반	수학 I	4	필수	✕	✕	✕		진로	음악 감상과 비평	2	필수	필수	✕	✕
	일반	수학 II	4	✕	필수	✕	✕								
	일반	영어 I	7	✕	필수	✕	✕		진로	미술 감상과 비평	2	필수	필수	✕	✕
	일반	영어 II	6	✕	✕	필수	필수								
	일반	영어 독해와 작문	3	✕	필수	✕	✕	생활교양	일반	논술	2	필수	필수	✕	✕

교과영역	과목유형	과목	운영학점	2학년	교과영역	과목유형	과목	운영학점	3학년
기초	일반	언어와 매체	4	☐	기초	일반	화법과 작문	6	☑
	일반	확률과 통계	4	☑		진로	심화국어	6	☐
	진로	기하	4	☑		진로	고전 읽기	6	☐
	진로	진로 영어	4	☐		일반	미적분	6	☑
	진로	영어권 문화	4	☐		진로	수학과제 탐구	6	☑
탐구	일반	한국지리	4	☐		진로	경제수학	6	☐
	일반	경제	4	☐ (택7)		진로	고급수학 I	6	☐ (택8)
	일반	정치와 법	4	☐		진로	통합수학 I	6	☐
	일반	사회·문화	4	☐		진로	영미 문학 읽기	6	☐
	일반	사회문제 탐구	4	☐		진로	심화영어	6	☐
	일반	물리학 I	4	☑	탐구	일반	세계지리		☐
						일반	세계사		☐

탐구	일반	화학Ⅰ	4	☑	택7
	일반	생명과학Ⅰ	4	☑	
	일반	지구과학Ⅰ	4	☐	
	일반	생활과 과학	4	☐	
생활교양	진로	인공지능 기초	4	☑	
	진로	컴퓨터 그래픽	4	☐	
	진로	빅데이터 분석	4	☑	
	일반	일본어Ⅰ	4	☐	
	일반	중국어Ⅰ	4	☐	

탐구	일반	동아시아사	6	☐	택8
	일반	생활과 윤리	6	☑	
	일반	윤리와 사상	6	☐	
	진로	여행지리	6	☐	
	진로	고전과 윤리	6	☐	
	진로	국제 정치	6	☐	
	진로	물리학Ⅱ	6	☑	
	진로	화학Ⅱ	6	☑	
	진로	생명과학Ⅱ	6	☐	
	진로	지구과학Ⅱ	6	☐	
	진로	융합과학	6	☐	
	진로	물리학 실험	6	☑	
	진로	생명과학 실험	6	☐	
생활교양	진로	가정과학	6	☐	
	진로	프로그래밍	6	☑	
	진로	식품안전과 건강	6	☐	
	진로	일본어Ⅱ	6	☐	
	진로	중국어Ⅱ	6	☐	
	일반	한문Ⅰ	6	☐	
	일반	심리학	6	☐	
	일반	교육학	6	☐	
	일반	보건	6	☐	

OO고등학교 입학생 3개년 학업 계획서 작성 (예시)

▶ **1. 인적 사항**

이름	OOO

▶ **2. 나의 희망 직업 및 계열, 학과를 적어 보자.**

나의 희망 직업	대학 진학 계열	학과
인공지능공학자	정보통신계열	인공지능학과, 컴퓨터공학과

▶ **3. 나의 희망 학과와 공부를 하려면 어떤 준비를 해야 하는지 알아보자.**

– 희망하는 학과가 개설된 대학의 학과 홈페이지에서 학과 소개를 찾아보세요.

항목	내가 알아본 내용
학과 소개	인공지능은 거의 모든 분야에 접목되어 기존 성능을 극대화하고 편리하게 사용할 수 있도록 발전하고 있다. 4차 산업혁명으로 인해 인공지능은 로봇에서부터 미디어에 이르기까지 폭넓게 이용되고 있다. 인공지능의 목표는 '사람처럼 생각하고 행동하는 기계/컴퓨터'를 만드는 것이다.
진출 직업	인공지능 전문가, 빅데이터 전문가, 컴퓨터 프로그래머 등

▶ **4. 희망 학과에서 배우는 과목을 확인하여 고등학교에서 어떤 과목을 배우면 좋을지 알아보자.**

- 대학에서 제공하는 전공 안내서, 대학 학과 홈페이지, 선택과목 안내서 등에서 해당 학과에 대한 자료를 찾아보세요.

항목		내가 알아본 내용
학과에서 배우는 과목	교양 필수	확률 및 통계, 선형대수, 알고리즘 분석, 전자회로 이론, 논리회로, AI프로그래밍 등
	전공 필수 및 전공 선택	인공지능론, 기계학습론, 패턴인식이론, 심층신경망, 진화알고리즘, 데이터베이스 이론 및 활용, 강화학습, 로봇지능개론, 고급AI로봇컴퓨팅, 디지털 집적회로 설계론, 임베디드 시스템론, 고급컴퓨터구조, 빅데이터 분석, 바이오 인공지능, 게임AI 등
고등학교 관련 과목	일반선택	미적분, 확률과 통계, 물리학I, 화학I, 기술·가정, 정보, 논술 등
	진로선택	기하, 인공지능 수학, 수학과제 탐구. 물리학II, 화학II, 과학과제탐구, 융합과학탐구, 고급물리학, 고급화학, 물리학 실험, 화학 실험, 정보과학, 프로그래밍, 공학일반, 창의경영, 지식재산일반, 인공지능 기초 등

▶ **5. 고등학교에서 공부하는 과정 중에 어떤 책을 읽으면 좋을지 찾아보자.**

항목	내가 알아본 내용
읽으면 좋을 책 또는 내가 읽고 싶은 책	[AI는 양심이 없다](김명주), [AI는 인문학을 먹고 산다](한지우), [인공지능 교과서](이모토 타카시), [로봇다빈치 꿈을 설계하다](데니스 홍), [이기적 유전자](리처드 도킨스), [로봇 인간을 꿈꾸다](이종호), [상상 오디세이](최재천) 등

▶ 6. 학교가 지정한 과목과 내가 선택한 과목을 아래 표에 정리해 보자.

구분	우리 학교 지정 과목
2학년	독서, 문학, 수학 I, 수학 II, 영어 I, 영어 독해와 작문, 운동과 건강, 음악 감상과 비평, 미술 감상과 비평, 논술
3학년	영어 II, 스포츠 생활

교과 영역	교과 (군)	2~3학년 선택 과목	
		일반선택	진로선택
기초	국어	문학, 독서, 화법과 작문	–
	수학	수학 I, 수학 II, 확률과 통계, 미적분	기하, 수학과제 탐구
	영어	영어 I, 영어 II, 영어 독해와 작문	–
탐구	사회	생활과 윤리	–
	과학	물리학 I, 화학 I, 생명과학 I	물리학 II, 화학 II, 물리학 실험
체육· 예술	체육	운동과 건강	스포츠 생활
	음악	음악 감상과 비평	–
	미술	미술 감상과 비평	–
생활·교양		논술	인공지능 기초, 빅데이터 분석, 프로그래밍

▶ 7. 나의 적성 및 진로와 관련 있는 과목이 어떻게 관련되는지 정리해 보자.

일반선택	진로선택
확률과 통계, 미적분, 물리학 I, 화학 I, 생명과학I	기하, 수학과제탐구, 물리학II, 화학II, 물리학 실험, 인공지능 기초, 빅데이터 분석, 프로그래밍

나의 진로 희망: 정보통신계열 인공지능학과
인공지능학과에 적합한 학생은 컴퓨터를 좋아하고 수학, 물리학, 과학 관련 학업 능력을 갖춘 학생이고, 공학의 기본 원리와 로봇, 기계공학, 전자공학 분야에 폭넓은 흥미가 있어야 한다. 따라서 수학 교과군은 확률과 통계, 미적분, 기하까지 선택하고 수학과제탐구까지 선택했다. 과학 교과군에서는 물리학I, 화학I, 생명과학I을 선택하고 물리학과 화학은 II까지 선택하였고 물리학 실험도 선택했다. 생활 교양에서는 인공지능 기초와 빅데이터 분석, 프로그래밍 등 관심 있는 분야를 선택했다. 또 사회 교과군에서는 인공지능 분야가 윤리적 쟁점도 있는 만큼 생활과 윤리를 선택하였다.

▶ 8. 3년간 창의적체험활동 학업 계획

구분	1학년	2학년	3학년
자율활동	학습 멘토링, 컴퓨터 관리 부장	학급 반장	학급 반장
동아리활동	컴퓨터 동아리, 수학 동아리, 코딩 동아리, 빅데이터 분석 동아리 중 하나 가입해 활동하기		
진로활동	인공지능학과가 있는 대학 탐방	관심 있는 주제로 과제 탐구	관심 주제 심화하기

(출처: 진로쌤과 함께 만드는 나의 학업 설계, 서울시교육청 진로직업교육과)

사람in 출판사 홈페이지에서 '과목 선택 체크리스트'와 '학업 계획서 Worksheet'를 다운받아 활용할 수 있습니다.

미리 작성하는 내 아이 '공강 시간' 활용 계획

고교학점제 학교에서 필연적인 '공강 시간'

공강 시간이 생기는 이유

학생들이 정해진 시간표대로 수업을 들었을 때는 학급별로 시간표가 같았지만, 고교학점제 학교에서는 학생 개인별로 시간표가 제각기 다릅니다. 선택과목이 많아지는 2학년부터는 개인별 시간표에 따라 해당 수업이 있는 교실로 이동하면서 수업받게 됩니다. 그리고 이 과정에서 '공강 시간'이 발생하는 학생들도 일부 생깁니다.

학교에서는 공강 시간을 최소화하는 방향으로 시간표를 작성하기 위해 많은 선생님이 고민합니다. 그리고 시간표상 어쩔 수 없이 공강 시간이 생기는 학생들을 위해 다음과 같은 다양한 점들을 고려해 대비하고 있습니다.

① 공강 대상 학생 및 학부모 안내 계획

② 공강 시간표 작성

③ 집합 장소 배정

④ 공강 학생 관리 교사 배치

⑤ 공강 시간 운영 방안(프로젝트, 자기주도학습, 자율동아리 활동 등) 마련

(출처: 실전! 고교학점제 따라잡기)

공강 시간은 고등학생에게는 생소하게 느껴지고 학부모님은 걱정스러운 문제로 여기시겠지만, 학생에게 선택의 폭을 넓히고 그 선택을 존중하는 고교학점제 학교에서 일부 학생에게는 생길 수 있는 요소입니다.

고교학점제가 전면 시행되면 요일별로 공강 시간이 1시간 이상 나올 수 있다는 예측도 있습니다. 2학년 때부터 공강 시간이 생긴다고 가정하고 2년간의 공강 시간을 합친다면 결코 작은 시간이 아니기에 이 시간을 어떻게 활용하느냐에 따라 고교생활이 달라질 수도 있습니다. 이 점을 미리 인지하고 있다면 이 시간 또한 효율적으로 쓸 수 있으므로, 걱정보다는 대비를 하는 쪽이 바람직합니다.

고등학교의 공강 시간 활용 사례

《고교학점제, 교육과정을 다시 디자인한다》에서는 다음과 같은 갈매고등학교의 공강 시간 사례가 나옵니다. 갈매고는 2019년 고교학점제를 처음 본격적으로 운영할 때는 한 학생당 공강이 3시간씩 발생했지만, 2020년에는 학생 대다수가 선택하는 과목은 필수로 넣거나 묶어서 택1로 넘었더니 시간표가 다소 정리되어 학생당 공강 시간이 1시간 정도로 크게 줄었습니다. 그리고 학생들이 공강 시간을 잘 활용할 수 있도록 각 층에 용도에 따라 공강 시간에 머물 만한 공간을 구축했습니다.

우선 학생들이 자신의 시간표를 확인하고 공강 시간을 확인하면 표에 제시된 프로그램 중 희망하는 프로그램을 신청합니다.

프로그램	장소
휴식	2층 OO실
자기주도학습	3층 OO실
독서활동	3층 도서관
개인별 프로젝트 활동	4층 학습실

프로그램은 휴식, 자기주도학습, 독서, 개인별 프로젝트 학습으로 구분됩니다. 프로그램에 따라 학생들은 공강 시간에 해당 장소로 이동해서 시간을 보냅니다. 학교는 2층 휴식 공간을 홈베이스로 활용

해서 소파와 테이블을 마련하고, 3층 자기주도학습 공간은 학생들이 개인 공부를 할 수 있도록 칸막이로 구분된 책상을 배치하는 등 용도에 맞게 시설을 구축했습니다.

충북 청원고등학교도 교육과정 지원팀을 조직해 공강 시간을 활용한 자기주도학습을 지원하고 있습니다. 학생들은 수업이 없는 시간에 학교가 지정한 장소에서 자기주도학습과 교내활동에 참여합니다. (충북 고교학점제 운영 현장을 가다 - 청원고등학교, 충북일고, 2021.8.11.)

논산고등학교는 고교학점제 대비 공강 교실이 갖춰야 할 구성 아이디어 공모전을 실시했습니다. 수상작의 아이디어를 공강 교실 구성에 활용하는 등 학생들의 의견도 적극 반영하는 모습을 보였습니다.

우리나라 고등학교 교육에서 공강 시간 운영은 아직까지는 교사, 학생, 학부모 모두에게 낯선 경험임은 틀림없습니다. 따라서 학교 차원에서도 충분히 안내해야 할 것이고, 학생들이 머무를 공간의 재배치, 재구조도 잘 이루어져야 할 것입니다.

미리 계획하는
나만의 '공강 시간'

    시간은 누구에나 똑같이 주어지는 자원이고, 시간을 얼마나 잘 활용하는지에 따라 개인의 삶을 성공으로 이끌기도 하고 후회로 가득하게 만들기도 합니다. 이제는 고등학교도 정해진 시간표대로 생활하는 것이 아니어서 스스로 정한 시간표에 주어진 시간을 어떻게 하면 더 효율적으로 쓸 수 있을지 고민해야 합니다.

    시간 관리를 위해서는 목표가 있어야 하고, 그에 따른 일의 우선순위를 설정해야 합니다. 우선순위를 정할 때 가장 많이 사용하는 기법은 '시간 관리 매트릭스'입니다. 일의 중요성과 긴급성에 따라 4영역으로 구분되고 영역마다 해당되는 활동들이 있습니다.

시간 관리 매트릭스

	급한 일	급하지 않은 일
중요한 일	1영역: – 대부분의 일은 2영역이었지만 미루다가 1영역으로 오게 되는 일이 많음 • 기간이 얼마 안 남은 시험 • 마감이 임박한 수행평가 과제 • 질병, 사고, 수술 등 생사가 걸린 일	2영역: – 당장 급하지는 않아서 2영역의 일을 먼저 하면 여유가 생김 • 기간이 여유 있는 시험 계획 • 일주일 후 낼 수행평가 과제 • 예습과 복습 • 운동, 독서 • 가족과 함께 보내는 시간
중요하지 않은 일	3영역: – 부탁할 때 거절하기 어려워함 • 중요하지 않은 전화 통화 • 중요하지 않은 문자, 카톡 • 거절하기 어려워 만나는 약속	4영역: – 제거해야 하는 일들 • 지나친 TV, 유튜브 시청 • 게임 • 불필요한 인터넷 검색

시간을 주도적으로 관리하기 위해서는 1영역의 일을 줄여 나가고 2영역의 범위를 늘리는 것이 좋습니다. 2영역의 중요도가 높으면서 긴급하지 않은 일은 긴급하지 않다는 이유로 차일피일 미루다가 결국 1영역의 일이 되어 버리는 경우가 많습니다. 따라서 시간에 끌려다니지 않으려면 2영역의 일들을 미루지 말고 그날그날 해야 할 분량들은 마치는 습관을 들이는 것이 중요합니다.

그럼 공강 시간에는 어떠한 일들을 하면 좋을까요? 하루를 마치면서 오늘 하루를 어떻게 보냈는지 되짚어 볼 때 온종일 정신없이 바빴던 것 같은데 뭘 했는지 딱히 기억나지 않을 때가 있습니다. 그런데 많은 일을 하지는 않은 것 같지만 그동안 마음에 걸렸던 중요한 일 한 가지를 해냈을 때 더 큰 보람을 느낀 적도 있지 않으신가요?

구글벤쳐스의 시간 관리법을 소개한 《메이크 타임》의 저자 제이크 냅과 존 제라츠키는 '오늘 무엇이 가장 빛나기를 바라는가?'라는 질문으로 시작해 매일의 하이라이트를 선택하라고 조언합니다.

오늘 해야 할 일 중 가장 중요하고 먼저 해야 할 일들을 공강 시간에 해 보면 어떨까요? 공강 시간을 활용해 아직 기간이 남은 수행평가 과제를 할 수도 있고, 전날 일일 학습계획에서 지키지 못한 일을 할 수도 있을 것입니다. 그럼 혼자 공부하는 시간에 다른 공부를 할 시간이 확보되겠죠. 또 독서의 중요성은 알지만 따로 시간 내서 책을 읽기가 부담스럽다면, 공강 시간을 활용해 도서관에 가서 일주일에 한 시간 정도는 책에 푹 빠져 보는 것은 어떨까요?

공강 시간은 '자투리 시간'입니다. 자투리 시간이란 일과 사이에 잠깐 남는 시간으로, 우리 생활 속에는 생각보다 많은 틈새 시간들이 있습니다. 등하교 시간, 쉬는 시간, 공강 시간 등이 이에 해당됩니다. 이러한 자투리 시간만 잘 활용해도 꽤 많은 일들을 할 수 있습니다. 자투리 시간에 무조건 영어 단어를 외운다는 목표가 있는 학생은 굳이 영어 단어를 외울 시간을 따로 내지 않아도 이 시간을 이용해 많은 단어를 암기할 수 있을 것입니다.

다음은 A 학생의 개인 시간표입니다. 이 학생의 경우 월요일 6교시와 목요일 4교시에 공강 시간이 있습니다. 공강 시간 활용 계획을 거창하게 세울 필요까지는 없겠지만, 일일 학습 계획에 공강 시간 활용 계획을 한 칸 추가해 주는 정도면 더욱 의미 있게 쓸 수 있을 것입니다.

교시	월	화	수	목	금
1	문학	문학	수학 I	세계사	윤리와 사상
2	운동과 건강	영어 I	생명과학 I	문학	문학
3	생명과학 I	수학 I	수학 I	윤리와 사상	세계사
점심					
4	수학 I	윤리와 사상	영어 I	공강	생명과학 I
5	영어 I	세계사	창체	중국어 I	운동과 건강
6	공강	중국어 I	창체	과학사	영어 I
7	창체	중국어 I		과학사	창체
8	방과후학교	방과후학교		방과후학교	방과후학교

공강 시간 계획란에 나만의 계획을 적어 봅니다. 그리고 마지막 '체크'란에는 계획한 것을 지켰는지 여부도 확인해서 지키지 못했다면 야간 자율학습이나 개인 공부 시간에 이어서 하면 되겠죠.

요일	공강 시간	이동 교실	교재	학습 내용	체크
월요일	6교시	3층 자율학습실	올림포스 수학 I	p.23~27	△(2p 더 풀어야 함)
목요일	4교시	4층 도서관	《총, 균, 쇠》 읽기	지난번 읽었던 부분부터	○

월요일 계획을 세운다고 가정하고 월요일 일일 계획에 공강 시간 계획을 포함하면 다음과 같은 일일 계획표를 작성할 수 있습니다.

	우선순위	교재 내용	범위	확인		AM
개인 시간	2	방과후학교 – 정치			7	
	3	현악부 연습			8	
	1	과학수행평가			9	문학
					10	운동과 건강
					11	생명과학 I
						12 PM
집중 시간	1	자이스토리 고2 국어 문학	p.13~17		1	수학 I
	2	EBS 수능특강 영어	p.10~12		2	영어 I
	3	숨마 사회문화	p.26~30		3	공강 시간
					4	창체
					5	방과후학교–정치
					6	저녁
					7	자이스토리 문학
자투리 시간 (공강 시간)	1	(공강) 올림포스 수학 I	p.23~27		8	EBS 수능특강영어
	2	영어 단어 50개 외우기			9	숨마 사회문화
					10	
					11	잠
						12 AM
					1	잠
					2	잠

사람in 출판사 홈페이지에서 '공강 시간 계획표 Worksheet'를 다운받아
활용할 수 있습니다

진로 선택 코칭

CHAPTER 1

내 아이 '진로 선택 코칭'
시작하기

Section 1

'진로 선택 코칭'을 먼저 해야 하는 이유

부모라면 꼭 알아야 할 '코칭'의 개념

'코칭(Coaching)'이란 용어가 생겨난 유래를 아시나요? 1971년 하버드 대학의 테니스부 주장이었던 티모시 갤웨이(Timothy Gallwey)가 사람들에게 테니스를 가르치면서 그들 안에 잠재된 능력에 의식을 집중시키는 방법을 사용하면 기술적인 방법을 가르칠 때보다 사람들이 테니스를 쉽고 재미있게 배운다는 것을 발견했고, 이것이 '코칭'의 시작이었습니다.

코칭이란 코치와 코칭을 받는 사람이 파트너를 이루어 스스로 목표를 설정하고, 이를 효과적으로 달성하며 성장할 수 있도록 지원하는 과정이라고 할 수 있습니다. 코칭과 유사한 분야들로는 상담, 컨설팅, 멘토링이 있지만, 이 분야들과는 다음과 같은 차이점이 있습니다.

상담, 컨설팅, 멘토링, 코칭의 차이점

전문 영역		상담	컨설팅	멘토링	코칭
관계	전문가	상담자	컨설턴트	멘토	코치
	대상자	내담자	고객	멘티	피코치자
목적 및 방법		심리적으로 힘든 사람에게 문제 해결	해당 분야 전문가가 주도해 현재의 문제점 관찰, 조직의 문제점 진단 및 해결 방안 제시	인생의 선배로서 기술과 정보와 시각을 나누어 줌	개인의 잠재력을 발견하도록 돕고 스스로 문제 해결력을 기를 수 있도록 변화 에너지 제공

우리 부모들은 아이에게 상담자도, 컨설턴트도, 멘토도 아닌 스스로 문제 해결력을 기를 수 있도록 조력자 역할을 하는 '코치'가 되어야 합니다. 그렇다면 부모의 역할은 어떻게 변화하면 좋을까요?

아이와 가장 오랜 시간 함께하며 아이를 가장 잘 알고 이해하는 사람은 부모입니다. 아이가 커갈수록 부모의 역할 또한 자동차에서 로봇으로 변신하는 장난감처럼 변해야만 합니다. 아이가 아주 어렸을 때는 하나부터 열까지 부모가 챙겨 주고 일일이 개입하는 '보호자'로 살았다면, 아이가 독립성과 주체성을 갖기 시작하면서부터는 아이의 잠재력을 믿고 스스로 문제를 해결할 수 있도록 옆에서 도와주는 '코치'의 역할로 변모해야 하는 것이죠.

이 같은 '코치'의 역할을 하기에 앞서서 진단해야 할 사항은 바로 내 아이와의 '관계'입니다. 지금 내 아이와 소통이 안 되는 것 같고, 대화할 때마다 서로 상처 주기를 반복한다면 관계 설정을 다시금 해야 하는 시점입니다. 제아무리 능력 있는 전문가 코치 선생님을 섭외한다 해도 아이와 부모의 관계가 매끄럽지 않다면 원하는 만큼의 성과를 못 얻을 가능성이 큽니다.

아이가 어릴 때는 최근접 거리에서 아이를 지켜보고 기저귀를 갈아 줘야 하는지, 배가 고픈 것인지 계속해서 살펴봐야 합니다. 아장아장 걷기 시작하면 넘어지지 않을까 노심초사하며 손을 내밀 거리에 늘 있어 주게 되죠. 그리고 아이에게는 부모란 세상밖에 없어서 엄마 아빠를 계속 불러대는 통에 부모의 시간은 없습니다. 그렇게 24시간 붙어 있는 초밀착관계를 유지하다 아이가 어린이집, 유치원에 가고 조금씩 거리가 생깁니다. 초등학교에 입학하면 또래 친구들도 생기고 배워야 할 것도 많아집니다. 그러다 사춘기가 찾아오는 중학생 시기가 곧 오죠. 이럴 때 부모가 계속 '보호자'의 역할을 고수한다면 아이와 좋은 관계를 유지하기는 힘들 겁니다.

반면에 아이가 커갈수록 지켜보는 거리는 멀어지되 부모에게 언제라도 조언을 구할 수 있는 위치에 있는 관계로 변했다면 아이는 스스로 해결책을 찾아 나가며 부모와도 원만한 관계를 유지하고 있을 것입니다. 그래서 아이와 가장 안 좋은 관계가 될 가능성이 이 거리를 반대로 하는 경우입니다. 아이가 어려서 계속 놀아달라고 할 때는 귀찮아서 멀리 있다가 아이가 크면서 부모를 찾지 않게 되니 그제야 '공부해라', '이야기 좀 하자'라고 간섭하며 거리를 좁히려는 부모가 바로 그 경우죠.

사춘기가 된 아이에게 부모는 '보호자'도, '지도자'도 아닌 내 아이의 '조력자'로 변신할 때입니다. 우리 아이의 미래 가능성을 믿고 친구처럼 수평적인 관계를 유지하며 아이의 삶에 최소한으로 개입하는 것이 바로 지금 부모 '코치'가 할 일입니다.

자유학기제, 자유학년제, 고교학점제 그리고 '진로 선택 코칭'

자유학기제와 자유학년제의 도입 계기

중·고등학교 학생 학부모님이라면 '자유학기제', '자유학년제'에 대해서 잘 아실 것입니다. '자유학기제'는 박근혜 정부의 공약으로 2013년도부터 중학교에서 실시되었고, 2016년 모든 중학교에 도입됐습니다. 중학교 과정 3년 중에서 한 학기 동안 학생들이 지필고사를 보지 않고, 스스로 꿈과 끼를 찾을 수 있도록 동아리, 예술, 체육 등 다양한 활동을 체험할 수 있는 제도입니다.

이후 문재인 정부에 들어와서 1학기만 시행하면 진로 탐색을 제대로 할 수 없다는 취지로 2018년부터는 이 기간을 1년으로 늘려 희망하는 중학교의 1학년을 대상으로 '자유학년제'가 도입되었습니다.

학생들이 중학교 과정 중 1년 동안 지필고사가 면제되므로 시험 부담감을 줄이고 진로 탐색을 통해 학생들의 꿈을 키우자는 의도로, 진로 체험이나 각종 현장체험 활동 등으로 교육받는 제도입니다.

자유학기제 기간에 이루어지는 학교생활은 크게 교과 수업과 자유학기활동으로 나눌 수 있는데, 이 중 자유학기활동은 주제선택활동, 동아리활동, 진로탐색활동, 예술체육활동 등으로 구성됩니다. 교과 수업과 자유학기활동은 별개로 이루어지는 것이 아니라 학생들이 꿈과 끼를 찾을 수 있도록 밀접하게 연계해 운영됩니다.

자유학기제 기간의 학교생활(예시)

	월	화	수	목	금
오전	교과 수업(국어, 영어, 수학, 사회, 과학, 기술·가정, 체육, 도덕)				
오후	자유학기활동(진로탐색활동, 주제선택활동, 예술·체육활동, 동아리활동)				
	월	화	수	목	금
	(예) 진로탐색활동	(예) 교과 연계 주제선택활동	(예) 스포츠 연계 주제선택활동	(예) 음악 연계 주제선택활동	(예) 동아리활동

진로탐색활동	주제선택활동	예술·체육활동	동아리활동
진로 검사, 초청 강연, 직업 탐방, 일터 체험 등 적성과 소질을 탐색해 스스로 미래를 설계	헌법, 경제·금융, 고전 토론, 체험 수학 등 학생의 흥미와 관심사에 맞는 프로그램으로 학습 동기를 유발	연극, 뮤지컬, 오케스트라, 디자인, 축구 등 다양하고 내실 있는 예술·체육 교육으로 학생의 소질과 잠재력을 찾아줌	문예 토론, 과학 실험, 천체 관측 등 학생들의 공통된 관심사를 기반으로 운영되며, 이를 통해 학생의 특기와 적성을 개발

비슷한 듯 다른 자유학기제와 자유학년제의 차이점

자유학년제는 자유학기제의 확대형으로 중학교 과정 1년 동안 더 많은 참여형 수업과 다양한 체험활동으로 꿈과 끼를 찾을 수 있도록 합니다. 자유학년제에 참가한 1학년 학생은 고등학교 입학 전형에 1학년 교과 내신이 반영되지 않습니다.

자유학기제 vs 자유학년제 비교

자유학기제	자유학년제
1-1학기, 1-2학기, 2-1학기 중 1개 학기만 자유학기로 설정	1-1학기, 1-2학기 1학년만 자유학년제 실시
1개 학기에 4개 영역 진행 (진로탐색, 주제선택, 예술·체육, 동아리)	영역에 제한 없이 2개 학기에 걸쳐 4개 영역 (진로탐색, 주제선택, 예술·체육, 동아리) 진행
1개 학기에 170시간 이상	2개 학기에 총 221시간 이상

(출처: 교육부)

취지는 좋지만, '자유학기제'에서 '자유학년제'까지 제도가 이어져 오면서 너무 이른 나이의 진로 체험활동이 실효성이 있는가에 의문이 끊임없이 제기됐고, 학부모들 사이에서도 시험을 치르지 않아 학력이 저하된다는 우려가 있어서, 이 같은 내용이 반영된 2022 개정 교육과정에 따라 2025년부터 중학교 1학년 '자유학년제'는 다시 '자유학기제'로 축소됩니다.

자유학기제 편성, 운영 개선 방안

구분	현행	개선안	
		자유학기	진로연계학기
시기	• 1학년 자율적으로 자유학기(학년)제 운영	• 1학년 중 적용 학기 자율적 선택	• 3학년 2학기
운영	• 주제선택, 진로탐색, 예술·체육, 동아리활동(4개 영역 필수) • 자유학기 170시간 • 자유학년 221시간	• 주제선택활동 및 진로탐색활동(2개) (학생참여중심 수업 및 과정중심평가 등 수업 혁신 강화) • 102시간 운영	• 교과별 진로 단원 신설 + 창의적체험활동 진로활동 • 학교 자율시간을 활용해 진로 관련 선택과목 운영 가능

(출처: 교육부 - 2022 개정 교육과정 총론 주요 사항)

대신 학교급이 전환되는 시기에 맞춰 '진로연계교육'을 강화하기 위해 초등학교 6학년 2학기, 중학교 3학년 2학기, 고등학교 3학년 2학기를 '진로연계학기'로 운영하고 상급학교에서 새롭게 경험하게 될 자유학기제, 고교학점제에 대한 이해를 돕습니다. 따라서 중학교 3학년의 경우 2학기에 맞이하는 '진로연계학기'를 본인의 진로를 구체화하고 고등학교 선택과목을 미리 설계해 보는 기회로 삼아야 합니다.

고교학점제는 앞에서 자세히 설명한 것처럼 2025년에 고등학교 1학년이 되는 2009년생부터 전면 시행되는 제도로, 학생들이 자신의 진로와 적성에 따라 과목을 선택하고, 누적 학점이 일정 기준(192학점)에 도달하면 졸업을 인정받는 제도입니다.

지금까지 설명한 자유학기제, 자유학년제, 고교학점제에서 공통으로 들어 있고, '강조'하는 교육의 핵심은 무엇일까요?

답은 바로 '**진로**'를 찾으라는 것입니다. 그래서 초등학교부터 중학교, 고등학교까지 공교육은 계속해서 우리 아이들이 꿈을 찾을 기회를 주고 싶은 것입니다. 이렇게 '진로'를 강조하는 우리 교육에서 '진로'의 의미를 한번 짚고 넘어가 볼 필요가 있을 것 같습니다.

'진로'를 뜻하는 영어 career의 어원은 '수레가 길을 따라 굴러간다'라는 의미의 라틴어 'carro'에서 유래했습니다. 영어 사전에서는 진로가 '경력'의 의미 외에도 '한 인생의 전 과정'으로 정의돼 있고, '인생의 길', '인생의 경로'로 해석할 수 있습니다. 한문으로는 '進路, 앞으로 나아갈 길'이라는 뜻이 있죠. 따라서 진로를 뜻하는 단어의 의미를 종합적으로 살펴보면 인간이 살아가는 방향으로 설명할 수 있습니다.

이렇게 인생의 중차대한 일인 진로를 찾아가는 여정은 당연히 오랜 시간 동안 이루어져야 할 것임엔 분명합니다. 우리 부모 세대는 사실 제대로 된 진로 탐색 과정 없이 고등학교에 들어가 성적에 맞춰 대학에 가고 진로가 정해진 경우가 대부분이었습니다. 그리고 이런 우리 세대의 부모들은 대학 졸업장이 취업의 보증수표가 되었고 성공의 출발점이었습니다. 그래서 내 자식들만은 남부럽지 않게 키우고자 하는 열망이 그대로 교육에 나타나 대학 진학률은 80%까지 높아지고 사교육 시장은 비정상적으로 확장되었죠.

이제는 상황이 많이 달라졌습니다. 대학은 학문을 탐구하는 곳이 아니라 취업을 준비하는 곳으로 전락했다는 것이 공공연한 사실이고, 'N잡러'라는 말이 유행할 정도로 한 사람이 여러 개의 직업을 가지고 일하는 것이 점점 보편화되고 있습니다.

부모님이라면 누구나 우리 아이가 '자기주도학습 습관'을 가지기를 바랍니다. 이것은 아이가 뚜렷한 목표와 공부 습관을 가지고 스스로 공부하는 것입니다. 이때 목표를 만들어 주는 것이 바로 '진로 선택'입니다. 본격적인 학습 코칭에 들어가기 앞서서 '진로 선택 코칭'이 선행되어 아이들이 어느 정도 진로를 '선택'할 수 있어야 교과목을 선택해서 수업을 듣는 고등학교에 들어가서도 우왕좌왕하지 않을 수 있습니다.

진로를 선택한다는 것은 꿈을 한 가지로 결정하라는 것이 아닙니다. 아이들의 꿈은 초등학교 때부터 학년이 올라갈수록 무수히 변합니다. 그 꿈을 부모님과 함께 가꿔 나가는 것이 진로 선택 코칭이고, 아이들 스스로가 하고 싶은 일, 잘할 수 있는 일, 가치 있는 일을 할 수 있도록 돕는 것이 진로 선택 코칭의 목표입니다.

따라서 학교 성적만을 올리기 위해 무리해서 학원을 보내고 과외를 시키기보다, 변화하는 세상에 부모가 먼저 안목을 가지고 아이의 진로 멘토이자 코치가 되어 줘야 하는 것이 무엇보다 중요합니다.

3

좋은 대학 = 좋은 직장 = 성공,
불변의 법칙?

학부모님을 만나 상담을 하면 아이가 지금 몇 학년이든 바라는 것은 같습니다. 우리 아이가 남들이 다 알아주는 명문대학에 들어가 좋은 직장에 취직하는 것이죠. 그보다 더 바라는 것은 의사, 판사, 변호사, 검사, 교사 등 이른바 '사'자 직업을 가지는 것입니다. 그런데 현시점에서 알아야 할 사실은 지금 아이에게 바라는 희망 직업이 미래 사회에서는 인공지능으로 대체될 수도 있고 사라질 수도 있다는 것입니다. 일례로 인공지능으로 대체할 수 있는 직업으로 다음과 같은 직업들을 꼽습니다.

소프트웨어 개발자, 운전기사, 농부, 인쇄소 직원, 캐셔, 여행사 직원, 생산직 종사자, 열차 기관사, 식당 종업원, 창구 직원, 전투 군인, 콜센터 요원,

회계사, 세무사, 변호사, 소액재판 판사, 건설 현장 노동자, 번역가, 동시통역사, 기자 등

이 직업을 보면서 어떤 것을 느끼셨나요? 소위 그동안 우리가 전문직이라 일컬었던 여러 직업이 들어가 있습니다. 인공지능은 그동안 절대 대체될 수 없다고 믿었던 영역까지 확장되고 있습니다. 물론 대체될 수 없는 인간의 영역은 분명 존재합니다. 기업의 중요한 의사결정을 해야 하는 임원이나 창의적인 정신으로 새로운 제품과 서비스를 기획하는 기획자, 상대방을 설득해야 하는 영업자, 콘텐츠를 기획하는 PD 등의 직업이 그러합니다.

그럼에도 부모님들은 불안합니다. 여전히 좋은 대학이 성공을 보장하는 것 같고, 좋은 대학을 나와야만 잘 사는 것처럼 보이기 때문입니다. 좋은 대학을 나와도 성공하지 못하거나 좋은 대학을 나오지 않아도 성공하는 사람이 많다는 사실을 알고 있어도 말이죠.

부모님 세대에는 학연으로 이루어진 선후배 체계가 공고해서 대학교 간판만 적당히 잘 따면 취직이 수월하게 되는 경우도 많았습니다. 이제 세상이 달라졌죠. 블라인드 평가, 블라인드 채용을 하는 시대입니다. 대학에 갈 때 가장 중요한 평가 요소인 '학교생활기록부'도 지원자의 출신 학교, 가족관계 등이 지워진 블라인드 평가를 받습니다. 공공기관에서는 대부분 블라인드 채용을 하고요. 평가과정에서 편견이 개입되어 불합리한 차별을 야기할 수 있는 학력, 외모, 출신지 등

을 걷어내고 지원자의 실력으로만 평가하는 것입니다.

2021년 9월 발표된 '공정채용정책 현장실태 조사 및 정책이슈 분석(재단법인 교육의 봄과 고민정 더불어민주당 의원)'의 연구 결과를 보면, SKY(서울대, 연세대, 고려대) 출신 비율은 블라인드 제도 도입 전인 2016년에는 8%였다가 2019년에는 5.2%로 감소했고, 반면 비수도권 대학 출신 비율은 같은 기간 43.7%에서 53.1%로 증가했고, 여성 채용 비율도 5% 더 증가했다고 합니다. 채용 절차 신뢰도도 높았습니다. 인사 담당자들을 대상으로 블라인드 채용이 얼마나 공정한지 물었더니 98.1%가 공정하다고 했고, 신입 직원은 92.6%가 공정하다고 답한 것으로 나타납니다.

저는 블라인드 평가가 있기 전에 입학사정관을 시작했고, 그 후 블라인드 평가가 생겨 변화된 학생부까지 경험했습니다. 블라인드 평가 전에는 학생의 사진, 가족관계, 출신 고등학교 등 모든 정보가 학생부에 그대로 담겨 있었고, 자소서에 부모의 직업을 간접적으로 표현하는 일도 많았습니다. 이런 조건들이 주어진 상태로 평가하게 되니 아무런 편견 없이 모든 학생을 동일선상에 놓고 비교하기란 쉽지 않은 일이었습니다.

그 후 블라인드 평가가 도입되고 학생부에는 학생의 사진, 출신 학교 등이 지워지게 되었습니다. 그런데 학생부를 자세히 들여다보면 곳곳에 쓰여 있는 동아리명이라든가 교내 대회에 '학교 이름'을 교묘히 넣는 학교들이 있었습니다. 결국 이렇게 숨어 있던 학교명까지 모두 블라인드 처리가 되었고 학생부에서는 학생을 판단할 만한 어떤 내용도 없어서 지원한 학생들의 역량만을 놓고 '정성적'으로 평가할 수 있었습니다. 따라서 이제는 대학 입시와 채용까지 출신 학교의 간판이나 성별, 가족관계, 나이는 배제되고 지원자의 역량 중심 평가만으로 대입부터 채용 문까지 뚫어야 하는 시대가 되었습니다.

MZ세대라고 들어보셨을 것입니다. MZ세대(1981~2010년생)는 밀레니얼(Millennial) 세대와 Z세대(Generation Z)를 합쳐 부르는 말입니다. 우리나라 인구의 3분의 1 가까이를 차지하는 MZ세대는 어느덧 경제, 사회 주역으로 떠올랐고 경제 활동 인구에서도 MZ세대가 차지하는 비중은 45% 이상입니다.

이러한 MZ세대는 모바일, SNS, 동영상 환경에 익숙하고 집단보다는 개인의 행복을 우선시하고, 브랜드보다는 제품 스토리와 취향을 중시하는 세대라고 표현하기도 합니다. MZ세대는 직업의 가치관도 기성세대와는 아주 다릅니다. 평생 직업이라는 개념이 희미해져서 회사만 잘 다니면 된다기보다 추가적인 자산을 얻을 방안을 고민하고, N잡에 도전해 여러 개의 파이프라인을 통해 수입을 얻으려고 합니다. 지금 다니는 회사를 평생 다닐 생각은 없어서 이른 시일 안에 경제적 자립을 이뤄 조기 은퇴를 꿈꾸는 '파이어족'도 많습니다.

MZ세대가 경제, 사회에서 주축이 되어 가는 동안 한쪽에서는 2010년 이후 태어난 알파 세대가 자라고 있습니다. 밀레니얼을 X와 Z의 가운데에 있는 'Y세대'라 부르기도 하는데 X → Y → Z 다음에는 다시 A(alpha)로 돌아간다는 의미입니다. 알파 세대는 태어나자마자 블록체인, 메타버스(가상 세계), 드론 등 최첨단 기술을 경험한 최초 세대로 꼽힙니다. 인공지능(AI) 스피커와 친구처럼 대화하면서 원하는 동요를 듣거나 오늘의 날씨를 물어보기도 하고, 코딩 교육을 통해 직접 조립형 블록을 만드는 놀이를 경험하는 세대입니다.

다양성과 개성이 존중받는 MZ세대, 그리고 태어나면서 기술의 진보를 경험하는 알파 세대가 장악하는 세상에서는 지금까지의 주입식 교육, 줄 세우기 평가 방식은 더더욱 힘을 잃어갈 것입니다. 본인이 좋아하고 잘하는 분야에서 1등을 하는 것이 더 중요한 세상이 될 것입니다. 그런 의미에서 개인이 다양한 과목들을 선택하고 그 안에서 절대평가인 성취평가제로 평가받는 고교학점제는 미래 사회가 요구하는 교육의 방향과 들어맞는 제도임에는 분명합니다.

달라진 세상에서 살아갈 우리 아이들에게 어떤 이야기들을 해 주고 싶으신가요? 변화된 세상 속에서 아이들이 어떤 진로를 선택해서 나아가야 할지 고민도 많이 되실 겁니다.

그렇다면 지금 당장 할 수 있는 일을 해 보면 어떨까요? 먼저, 부모님이 4차 산업 관련 '신직업'에 대해서 최대한 많이 알아야 합니다. 그물이 촘촘하면 고기를 많이 잡을 수 있듯이 현재 머릿속에 떠오르는 몇 가지 직업들로는 아이들에게 다양한 정보를 줄 수는 없을 것입니다. 또 아이가 꽂혀 있는 것, 좋아하는 것이 있다면 그 일을 더 잘할 수 있고 발전할 수 있게 지원해 주는 것도 중요할 것입니다. 다음 장에서부터는 아이와 '진로 선택'을 하기 위한 여정을 자세히 담았습니다. 진로 선택 코칭을 통해 아이의 미래를 함께 그려 보는 빛나는 시간이 되길 기원합니다.

내신 7등급 아이, 진로를 찾고 눈빛이 달라지다

고등학교에 근무했을 때 LMS (Learning Management System)이라는 과목을 담당했습니다. '학습 관리 시스템'이라고 하여 이른바 아이들에게 '학습 코칭'을 해주는 일이었죠. 창의적체험활동 시간이나 방과후수업으로 30명 정도의 아이들을 대상으로 가르치기도 하고, 각 반 담임 선생님의 추천을 받은 몇몇 아이들을 소수정예로 학습 코칭을 했습니다.

소수정예로 추천받은 아이 중에 모든 과목 성적이 평균 7등급 정도였던 고1 학생 K군이 있었습니다. 첫 회기부터 학습 동기라고는 전혀 없는 무기력한 얼굴로 선생님의 등쌀에 떠밀려 상담실로 온 것을 단번에 알 수 있었습니다. 당연히 꿈도 없었고 그저 공부가 싫고 노는 것을 좋아하는 평범한 1학년 학생이었죠. 특히 K군은 수포자나 다름없었습니다. 수학은 8등급이었는데, 중학교 때부터 수학 공부는 아예 하지 않았다고 합니다. 원래부터 수학을 좋아하지 않았지만, 중학교 때 수학이 어려워지기 시작하면서 포기했다고 담담하게 말했습니다.

K군은 수학뿐 아니라 전 과목 성적이 저조했습니다. 다른 교과목도 흥미가 전혀 없었고, 공부는 따분하기만 한 것이고 종일 수업을 들으며 앉아 있어야 하는 학교는 감옥이나 다름없다고 생각하고 있었습니다.

K군은 학습된 무기력이 고등학교까지 이어져 온 상태로, 학습 코칭을 하기에 가장 어려운 경우였습니다. 취업과 연계해 진학할 수 있는 특성화고등학교나 마이스터고등학교에 가지 못했던 것은 부모님이 무조건 인문계 고등학교에 가야 한다고 밀어붙였기 때문이라고 했습니다. 본인에게는 선택의 여지가 없었다는 거죠. 그런데 보통 아무리 모든 과목에 흥미가 없어 보이는 학생일지라도 체육 시간에는 훨훨 날아다닌다든지, 미술 시간에는 옆에서 누가 말을 시켜도 작품에 집중하는 집중력을 보인다든지, 본인이 좋아하는 동아리활동에선 주도적인 활

동을 한다든지 하는 다른 모습을 보여주는 시간이 분명 있습니다.

K군도 다행히 좋아하는 활동이 하나 있었습니다. 바로 일주일에 한 번씩 근교에 있는 공부방 센터에 가서 저소득층 아이들의 공부방 선생님이 되어 주는 봉사활동이었습니다. 이 활동만큼은 빠지지 않고 열심히 참여한다고 했습니다. 이유를 물어보니 자기도 어렸을 때 맞벌이하는 부모님 때문에 어린이집, 유치원, 공부방에서 늘 늦은 시간까지 있어야 했고, 그럴 때마다 자원봉사하는 형과 누나들과 함께했던 즐거운 기억이 있었다고 합니다.

좋아하는 일이 있다는 것은 꿈으로 이어갈 가능성이 크기에 그동안은 공부의 '목적'과 '왜' 해야 하는지 이유가 존재하지 않아 공부하고 싶지 않았다는 K군에게 공부의 이유를 찾게 해 주고 싶었습니다. 그래서 낮은 성적으로 인해 자신감도 많이 떨어져 있고 해도 안 될 거라는 생각에 사로잡힌 K군에게 작은 목표부터 세워 보게 했죠. 성적이 낮을수록 갑자기 성적을 몇 등급 이상 올려야 한다는 등의 과한 목표를 주면 아이는 시작도 전에 꺾이고 맙니다. 그래서 하루하루 할 수 있는 분량만큼의 아주 작은 목표들을 스스로 계획하게 했고, 그것을 지워나가는 성취감을 느끼게 해 줬습니다.

또 아무리 어린아이들이라도 누군가를 가르치기 위해서는 어느 수준 이상의 공부가 되어 있어야 하며, 이 일을 꾸준히 하고 싶다면 당연히 그만큼의 학습 능력도 있어야 한다는 점을 계속 인식시켜 줬습니다.

K군도 가르치는 아이들이 아직은 초등 저학년생들이라 자기가 아는 선에서 가르칠 수 있지만, 초등학교 고학년만 되어도 질문에 답을 바로바로 해 주기가 어려워지고 이제 이 아이들이 중학교에 입학하면 더 이상 가르칠 수 없을 것 같아 불안하고 두렵다는 얘기도 했습니다.

기초가 부족한 K군은 중학교 수학부터 시작해야 했기 때문에 오히려 잘됐다는 생각이 들었고, 그럼 다음 주에 중학교 1학년 1학기 1단원 수학을 아이들에게 가르친다고 생각하고 수업 준비를 하듯이 공부를 해 보라고 했죠. K군의 눈빛이 이때부터 조금씩 달라지는 것을 알 수 있었습니다.

기본적인 방정식도 풀 줄 몰라 헤매던 K군이 중학생 아이들을 가르친다는 생각으로 공부하자 그 기초가 조금씩 쌓였습니다. 중학교 과정은 지금 진도가 나가는 고등학교 과정과는 별개로 홀로 시간을 투자해 공부해야 하는 부분이 있어서 지킬 수 있을 만큼의 학습 계획을 잘 짜는 것이 중요했습니다. 그리고 저는 K군이 스스로 답을 찾아가게끔 질문을 하고 계획을 짜는 방법을 알려 주는 조언자, 조력자의 역할만 했을 뿐입니다.

그렇게 학습 코칭 10회기가 이루어지는 동안 무기력했던 얼굴에서 점점 활기 띤 얼굴로 바뀌어 갔습니다. 1학년 1학기 중간고사와 기말고사에서 평균 7등급을 받았던 K군은 1학년 2학기 중간고사와 기말고사에서 평균 5.5등급을 받을 정도로 가파른 성장세를 보였습니다. 수학은 8등급에서 6등급 정도로 2등급이 올랐고, 이에 따라 K군은 '나도 할 수 있구나'라는 생각을 하게 되었고, 이는 학습 동기부여의 신호탄이 되었습니다.

고등학교 2학년이 되자 K군이 가르치는 아이 중 몇몇은 중학생이 되었고, 그동안 갈고 닦은 중학교 수학 실력으로 즐겁게 수업을 하고 돌아왔습니다. 이제 K군은 누가 시키지 않아도 중학교 과정을 빠르게 습득하고 고등학교 진도도 친구들보다는 느리지만 자기만의 속도로 공부하는 과정을 꾸준히 이어 나갔습니다.

그렇게 토끼와 거북이 경주에서 거북이처럼 느리지만 천천히 나아가는 K군을 저는 계속 응원했고 틈틈이 계획한 것을 봐 줬고 진로 고민을 들어 줬습니다. K군은 고등학교 2학년 때 1학기와 2학기를 통틀어 4등급 대의 성적을 받았습니다. 1학년 때 대부분의 과목이 7, 8등급이었는데 2학년 때 어떤 과목은 3등급도 나왔으니 얼마나 노력했는지 알 수가 있었죠.

이렇게 눈으로 보이는 숫자의 효과였을까요. 더더욱 공부에 가속도가 붙었습니다. 고등학교 3학년에 올라가서도 페이스를 잃지 않고 자신만의 속도대로 공부를 해나갔습니다. 또 공부방 센터 활동도 꾸준히 했으며 그 외에 도움이 되는 활동들이 있다면 진심으로 임했고, 자신만의 수업 일지도 작성해 보고 아이들을 가르치는 경력도 많아지다 보니 자신만의 수업 팁도 많이 생긴다고 뿌듯한 듯 웃었습니다.

그해 K군은 수시 학생부종합전형으로 수도권에 있는 4년제 종합대학의 교육학과에 진학하게 됩니다. 1학년 때 처음 만났을 때의 모습과 성적을 생각한다면 괄목할 만한 결과였습니다.

학생부종합전형은 정성평가를 하는 전형으로 '성적 추이'도 중요하게 평가하는 요소입니다. 1학년 때 성적이 다소 낮더라도 2학년, 3학년에 가서 성적 그래프가 상승 곡선을 그리면 그만큼 학생이 노력했고 발전한 결과인 것을 알기에 '학업 역량'이나 '발전 가능성' 부분에서 좋은 평가를 받게 됩니다. 아마 K군은 진심을 다한 활동과 성적의 상승 곡선이 학종에서 빛을 발한 경우가 아닌가 생각합니다.

아이에게 아무런 방향 설정 없이 그저 공부만 잘하면 된다고 강요하는 것은 입시까지의 기나긴 레이스를 끝까지 견뎌낼 힘을 주지 못합니다. K군뿐만 아니라 자신만의 '진로'를 찾고 나자 눈빛과 학습 태도가 달라진 학생들을 많이 봐 왔습니다.

이것이 학습 코칭보다 '진로 선택 코칭'을 먼저 해야 하는 이유입니다.

'진로 선택 코칭' 전 알아야 할 것

중2병,
사춘기 내 아이 이해하기

"자식이라고는 달랑 하나 있는데 과연 내 배로 낳은 아이가 맞는지 의심스러워요. 중학교 2학년이 되면서 아예 다른 아이가 되어 버린 것 같아요. 집에 오면 바로 문을 잠그고, 밤새도록 친구들이랑 카톡하느라 잠도 안 자고 대화도 안 되고 정말 돌아버릴 것 같아요"

중학교 2학년 자녀를 둔 어머니의 한숨 섞인 푸념입니다. 만으로 14세 정도 되는 아이들은 '사춘기' 특유의 증상이 가장 두드러지게 나타납니다. 호환마마보다 더 무섭다는 '중2병'이란 말은 1999년 일본의 라디오 프로그램 진행자 이주인 히카루가 방송 중에 "나는 아직 중2병에 걸려 있다"라고 한 말에서 유래되었고 이젠 우리나라에서도 일반화될 정도로 널리 퍼져 있죠.

'사춘기' 시기 우리 아이들은 어디로 튈지 모르는 럭비공 같습니다. 롤러코스터를 타듯 기분이 들떠 있다가도 금방 짜증을 내기도 하며, 열정이 솟구치다가 한순간에 식어 버리며 무기력해지기도 합니다. 부모의 말에 순종하는 듯해 보이나 금세 반항하고, 이런 오락가락하는 기분의 변화에 아이 자신도 매우 혼란스러워하는 시기입니다. 그래서 부모님은 이 시기가 빨리 지나가기만을 바라고 견뎌내고자 하지만 말처럼 쉽지는 않습니다.

아이가 태어나면 마치 마법에 씌운 것처럼 아이의 모든 행동, 몸짓 하나하나가 사랑스럽고 예쁘기만 하죠. 그러다 아이가 어느덧 성장해서 눈에 거슬리는 행동을 하기 시작하는 청소년기에 들어선다면, 이제 부모는 마법의 주문이 풀리는 시기이자 심리적 이별을 준비해야 하는 시기라는 것을 받아들여야 합니다. 아이들과 부딪히고 상처받으며 시행착오를 겪어낼 마음의 준비도 필요하죠.

앞으로 아이와 진로와 학습에 대해 이야기를 나누고 코칭 기법을 적용하기에 앞서서 이 시기 아이들의 신체적, 정신적 특징을 알아보고 이때 부모는 어떻게 대응하면 좋을지 얘기해 보고자 합니다.

몸의 변화로 인한 건강한 거리두기

아이들은 빠르면 초등학교 고학년부터 갑작스러운 몸의 변화를 느끼고, 특히 중학생이 되면 성호르몬의 분비가 왕성해져 '2차 성징'

이 나타나게 됩니다. 여학생은 가슴에 몽우리가 생기고 월경을 하게 되면서 사춘기가 시작되고, 남학생은 목이 굵어지면서 변성기가 오고 몽정을 하는 경험을 통해 성에 대한 관심과 욕구도 증가하지요. 지극히 자연스럽고 정상적인 현상입니다.

사춘기를 지배하는 호르몬은 '테스토스테론'인데 남녀 청소년 모두에게서 분비되지만, 특히 남자아이의 2차 성징에 큰 영향을 끼칩니다. 여자아이는 '에스트로겐'이라는 호르몬이 2차 성징에 중요한 역할을 담당합니다.

아이에게 2차 성징이 나타나면 아무리 친밀한 가족이지만 그동안의 관계와는 다르게 경계가 필요합니다. 신체적으로 급격한 변화를 겪고 있는 아이들에게 예전처럼 예쁘다고 엉덩이를 두드린다거나 몸을 쓰다듬는 행동들을 스스럼없이 계속한다면 아이들은 혼란을 겪을지도 모릅니다. 그래서 이 시기의 아이들은 유아성을 잃게 되면서 그동안 마냥 아기처럼 응석 부리며 의존했던 부모와의 관계가 달라짐을 느끼고, 부모도 품 안에서 마음껏 예뻐할 수 없게 됩니다. 아이도 부모도 '상실감'에서 오는 섭섭함이 존재합니다. 이때 아이와 좋은 관계를 유지하기 위해서는 아이에게 적당한 거리두기를 해야 합니다. 이 거리두기는 아이를 존중한다는 의미이기도 하죠.

아이 방에 들어갈 때 '노크'를 하는 것이 바로 존중의 첫걸음입니다. 만약 아이가 야동이나 자극적인 사진을 보는 것을 발견했다면 그 자리에서 즉각적으로 대응하기보다는, 놀란 마음을 진정시키고 무엇을 가르쳐야 할지를 고민하는 게 먼저입니다. 이제 막 성에 대해 눈

뜨기 시작한 아이에게는 성에 대한 명확한 기준과 가치관 정립이 필요합니다. 무엇보다 불법 영상의 심각성과 위험성을 알려 줄 수도 있고, 성에 관해서 자연스럽게 이야기도 나눌 수 있겠죠. 그런데 이때 주의할 점은 아이를 나무라거나 너무 아기 취급을 해서는 안 된다는 것입니다. 아이의 인격을 존중해 주세요. 또 부모님의 불안한 마음 때문에 무조건 금지하면 아이들은 더 하고 싶다는 마음이 듭니다. 그래서 금지가 과잉을 만들고는 하죠. 하지만 아이를 이해하고 신뢰하고 있음을 보여주면 아이들은 스스로 조절하려고 애씁니다. 아이의 통제력을 믿겠다고 해 주세요.

'개인적 우화'와 '상상 속의 청중'

사춘기 아이들에게 세상은 '나'를 중심으로 돌아갑니다. 자신이 너무 중요하고 특별한 존재란 생각에 사로잡혀 영웅적 서사의 주인공처럼 자신도 불멸의 존재로 착각해 어떤 상황에서도 죽지 않는다는 무모한 생각을 하기도 합니다. 그리고 자신의 감정과 생각은 너무나 독특한 것이어서 다른 사람들이 이해할 수 없는 것으로 생각하는데, 이것을 '개인적 우화(Personal Fable)'라고 합니다.

또 다른 사람의 관심과 주의가 자신에게 집중되어 있다고 믿는데 이는 '상상 속의 청중(Imaginary Audience)'이라 하며, 비록 지금 당장 자기 의견이 받아들여지지 않는다 해도 어디엔가 자신에게 갈채를 보낼 청중이 있다고 상상하는 심리적 착각입니다. 그래서 지나치게 외모에 신경을 쓰기도 하고, 길을 걸을 때도 다른 사람들이 자기를 보고 있다고 생각해 의식하기도 합니다. 또 다른 사람을 의식해 남이 알지 못하는 실수에 고민하고 사소한 비판에도 민감하게 반응하기도 하죠.

다행인 것은 이런 자아중심성은 자라면서 자신이 무대의 주인공이 아니라는 사실을 인식하고 타인의 입장에서 생각하는 능력이 생기면서 점차 사라집니다. 그러나 현재 이 시기를 지나고 있는 아이들에게는 지금 이 순간에도 세상이 자기를 중심으로 돌아가고 있는데, 이 모습을 부모님이 이해하지 못하고 부정해 버리면 아이들도 반항하게 되는 것이죠. 따라서 이 시기 아이들 특유의 허세와 치기 어린 행동을 비난하기보다는 아이의 특성을 이해하여 인내심을 가지고 아이와 소통한다면, 아이는 지나친 자기중심성과 개인적 우화에서 자연스럽게 빠져나올 수 있을 것입니다.

사춘기 아이들이 부모님에게 바라는 것은 거창한 게 아닙니다. 때로는 표현이 다소 거칠고 과격할지라도 아직은 '관심'과 '사랑'에 목마른 어린아이들일 뿐입니다. 자신의 감정이 무시당하지 않고, 의미 있는 존재로 인정받으며 스스로 삶을 통제하고자 하는 것이죠.

부모님은 이 시기 아이들에 대한 막연한 두려움이나 불안을 걷어내고 아이를 있는 그대로 받아들일 준비를 해야 합니다. 부모님이 늘 자신을 믿고 기다려 주는 사람이라는 것만 아이가 알아도, 우리 아이는 이 성장통을 잘 겪어 나갈 것이고 부모 역시 한 뼘 더 성장해 있을 것입니다.

아직 공사 중인
사춘기 내 아이의 뇌

"쌤! 저 잠깐만 양호실 좀 다녀올게요!"

고등학교 1학년 수업 시간, 칠판에 필기하고 있는데 한 아이가 갑자기 벌떡 일어나 저의 뒤통수에 대고 말하더니 교실 밖으로 뛰쳐나갑니다. 늘 거울을 옆에 끼고 화장 안 해도 예쁜 나이라 말해 줘도 언제나 곱게 화장이 되어 있는 아이. 목소리만 들어도 누군지 알 수 있었습니다. 수업 시간에 눈썹 칼로 눈썹을 다듬다가 약간 상처가 난 모양입니다. 일순간 수업 분위기는 엉망이 되고 말죠.

이 시기의 아이들에겐 유독 '참을성'과 '인내'라고는 없어 보입니다. 집에서는 부모 말도 곧잘 듣던 아이들이 갑자기 충동적이고 반항적이고 감정 조절도 안 되는 것처럼 보입니다.

이 모두가 어른으로 자라나는 과정에서 자연스럽게 일어나는 현상입니다. 근본적인 이유를 정확히 파악하지 못한 채 그저 밖으로 드러나는 행동만을 꾸짖고 야단치는 것은 부모와 아이에게 모두 도움이 되지 않습니다. 얼핏 말썽으로 취급되는 사춘기 아이들의 행동 밑바닥의 근본적인 이유를 '뇌'에서 찾을 수 있을 것 같습니다.

몸만 어른, 여전히 공사 중인 전두엽

사춘기 아이들과 대화하면 대화가 통하는 것 같지 않고 부모의 말이나 감정을 오해하는 경우도 많습니다. 그 이유는 아직 이성적인 판단을 하는 전두엽 발달이 완성되지 않았기 때문인데, 사춘기 아이들은 원초적인 감정을 다루는 변연계 중 편도체를 주로 사용해서 대화합니다. 그래서 이성적인 판단보다는 감정을 바탕으로 정보를 해석하는 경향이 있으므로 상대방의 말을 오해하게 되는 것이죠.

앞서 사춘기가 되면 성호르몬이 갑자기 많이 분비되면서 2차 성징이 나타나기 시작한다고 했습니다. 이렇게 호르몬에 따라 몸은 점차 어른으로 변하는데, 그에 반해 생각하고 판단하는 뇌인 '전두엽'은 아직 미완공된 상태입니다.

전두엽은 자기를 인식하고, 행동을 계획하고, 각종 정보를 통합해 감정, 충동, 욕구를 조절하는 곳입니다. 생각하고 판단하는 뇌인 전두엽은 뇌에서 가장 중요하다고도 할 수 있는데, 이곳이 가장 천천히 발달합니다. 그렇기에 이 시기의 아이들은 우선순위를 정하거나, 예측해서 무언가를 계획하는 것 같은 일을 어려워할 수 있다는 것을 인정하고 이해해야 합니다.

뇌의 전두엽과 변연계

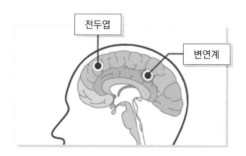

감정을 다스리는 변연계의 우위

픽사에서 만든 애니메이션 〈인사이드 아웃〉이라는 영화를 보셨나요? 주인공 라일리의 감정 캐릭터가 감정 본부에서 떨어져 나가게 되면서 이들이 감정 본부로 다시 돌아가기 위해 여행하는 스토리입니다. 이 영화에는 버럭이, 까칠이, 소심이 같은 여러 가지 감정 캐릭터들이 나오는데요, 이들이 사는 곳이 뇌의 변연계입니다.

변연계는 즉각적이고 강렬한 감정을 처리하는 뇌 부위로 포유류와 영장류 이상부터 가지고 있기에 포유류의 뇌입니다. 이러한 감정

Chapter 1 내 아이 '진로 선택 코칭' 시작하기

적 반응을 담당하는 변연계는 청소년기에 완공 단계에 이르러 있습니다. 변연계 중에서도 편도체라는 곳은 즉각적이고 강렬한 감정, 예를 들면 분노, 공포, 공격성, 흥분 등을 처리하는 뇌의 영역입니다.

서울대 소아청소년정신과 김붕년 교수의 《10대 놀라운 뇌 불안한 뇌 아픈 뇌》(코리아닷컴)에서는 이러한 편도체가 테스토스테론의 자극을 받으면 서열, 위계에 대한 예민성이 크게 나타나고 힘의 강함과 약함을 매우 중요하게 생각하는 경향성이 생긴다고 합니다.

어른이 되어 가면서 감정을 담당하는 변연계보다 뇌의 사령탑인 전두엽의 지배를 받게 되지만, 아직 전두엽이 발달 중인 사춘기 시기에는 의사결정과 행동이 변연계의 지배를 더 받게 되는 것이죠. 그래서 사춘기 아이들이 충동을 잘 억제하지 못하고, 감정을 억누르지 못하며, 쉽게 흥분하고 좌절하는 것으로 보이는 것입니다.

사춘기 우리 아이들의 뇌는 지각 변동을 일으키며 열심히 발달하는 중입니다. 어른으로 홀로 서려는 정상적인 발달의 한 과정임을 알고, 아이가 처음 말을 배우고 걸음마를 배우던 그때의 마음으로 응원해 주세요. 누구보다 혼란스러울 우리 아이에게 따뜻한 부모의 응원만큼 힘이 되는 것은 없습니다.

내 아이와의 대화 기술, 비폭력 대화법

> "공부해! 공부는 언제 하니?"
>
> "이것밖에 못 하니?"
>
> "살찐 것 좀 봐."
>
> "대체 커서 뭐가 될래?"
>
> "옆집 OO는 공부를 그렇게 잘한다는데, 너는 왜 그 모양이니?

위의 말들은 한 설문조사에서 아이들이 부모에게서 가장 듣기 싫은 말로 꼽았던 것들입니다. 아이들은 주로 부모가 하는 말로 자신이 소중한 사람인지, 사랑받을 만한 사람인지를 알게 됩니다. 그런데 부모가 홧김에 아이의 감정을 공격하며 내뱉은 말들은 아이에게 심리적으로 깊은 상처를 남깁니다. 또 어떤 말들은 아이가 자신을 있는 그대로 받아들이고 사랑하는 마음인 '자존감'을 무너뜨리기도 합니다.

어렸을 때는 상처받는 말을 들어도 말대꾸조차 하지 않던 아이가 사춘기에 들어서면 거칠게 반항하고 말대꾸하기도 합니다. 집에서는 늘 휴대폰을 끼고 살고 대화 좀 하고 싶어도 방문을 닫고 피해 버리고 맙니다.

아이가 커갈수록 기쁨과 보람이 커질 것이라 기대했지만, 이상하게 더 힘겨워지는 것 같습니다. '어른'과 '아이'의 아슬아슬한 경계에서 방황하는 사춘기 시기의 아이를 보면 과연 내 아이가 맞는지 낯설게 느껴지기도 합니다.

뇌가 아직 미완성이며 리모델링 중인 사춘기 아이들은 더 이상 부모의 보살핌을 원하지도 않고, 많은 부분에서 거칠게 대항하며 공격적으로 행동합니다. 예측할 수 없기에 가정에서도 통제 불가능할 때가 많습니다. 따라서 이 시기의 아이들과 대화가 잘 통한다는 것은 쉬운 일이 아닙니다. 대화를 하면 할수록 아이와 갈등만 커지고 어느 순간 아이가 불편하게 느껴지면서 부모는 좌절하고 맙니다.

사춘기 자녀와 대화할 때 필요한 '기술'

사춘기 아이들은 앞서 설명했듯이 성호르몬이 갑자기 많이 분비되면서 몸만 어른처럼 커졌지 그에 반해 생각하고 판단하는 뇌인 '전두엽'은 아직 미완공된 상태여서 정신적으로는 아직 어린아이입니다.

이 시기 아이들은 같은 상황을 부모와 다르게 생각하고 받아들이는 경우도 많습니다. 부모는 사랑을 준다고 해도 아이는 사랑으로 느끼지 못할 수 있죠. 따라서 사춘기 아이와 대화할 때 가장 좋은 것은 아이가 원할 때 원하는 방법으로, 원하는 만큼 사랑과 지원을 해 주는 것입니다. 이때 '비폭력 대화(NVC: Nonviolent Communication)'가 그 해법이 될 수 있습니다.

1960년대 마셜 로젠버그 박사(Marshall Rosenberg)가 고안한 방법으로, 2006년쯤 한국에도 전파된 비폭력 대화법은 견디기 어려운 상황에서도 인간성을 유지할 수 있는 능력을 키우고, 다른 사람들과 유대관계를 맺고 우리 자신을 더 깊이 이해하는 데 도움이 되는 구체적인 대화법입니다.

부모 교육 강사 이윤정은 《아이는 사춘기 엄마는 성장기》(한겨레에듀)란 책에서 사춘기 자녀와 함께 '비폭력 대화'를 나누며 불화의 고리를 풀어갈 것을 제시합니다. 비폭력 대화는 부모와 자녀의 관계에서 상대적으로 힘을 가진 부모의 욕구만 중요한 게 아니고, 아이의 욕구도 함께 중요하다는 것을 알려 주는 대화법입니다.

대화의 시작은 '내 감정을 아는 것부터'

상대방이 의도를 가지고 대화한다는 느낌을 받으면 우리는 어떻게 반응할까요? '뭐야, 이 사람 나를 자기 마음대로 조종하려는 거야?'라는 생각에 대화를 더 이상 이어가고 싶지 않습니다. 아이들도 마찬가지예요. 부모가 자기 뜻대로 아이를 움직이게 하기 위한 '의도'를 가지고 대화한다면, 아이들도 그 의도를 바로 알아채고 더 이상 대화를 하려 하지 않습니다.

비폭력 대화는 부모인 내 자신이 왜 화가 나는지, 왜 힘든 건지, 구체적으로 무엇을 원하는지 자신의 감정을 이해하는 데서부터 시작합니다. 부모인 내가 깨어 있어야 상대를 내 뜻대로 조종하려 들지 않고 원하는 것을 충족시키는 방법을 찾을 수 있게 된다고 생각하기 때문입니다.

또 비폭력 대화는 다른 사람의 행동이 나의 감정을 자극할 수는 있어도, 결코 그것이 감정이나 갈등의 원인이 될 수는 없고 결국 그 원인은 자신 속에 있다고 봅니다. 예를 들어 아이가 마트에서 젤리를 사달라고 소리 지르고 드러눕기까지 한다면 짜증, 분노, 좌절, 슬픔 등의 감정이 올라옵니다. 곧바로 '나와 내 아이에 대해 다른 사람들이 어떻게 생각할까?'로 생각이 이어지고, '나를 애 하나 제대로 다루지 못하는 형편없는 부모로 생각하겠지!'라는 생각에 수치심도 생기고 분노의 감정도 생기겠죠.

비폭력 대화에서는 우리 마음속에서 특정 감정을 일으키는 것은 다른 사람의 행동에 있는 것이 아니라 다른 사람과 관련된 나의 욕구가 충족되지 못한 데 있다고 봅니다. 그렇다면 결국 내가 정말로 충족되길 원하는 욕구는 무엇이었을까요? 바로 사랑, 유대감, 이해, 공감, 신뢰, 따뜻함, 상호존중일 것입니다.

마트에서 아이가 소리를 지를 때 부정적인 감정이 생겼던 것은 다른 사람들에게 아이를 잘 가르치는 좋은 부모라고 칭찬받기를 바라는 부모의 욕구, 교육법에 대한 자부심, 사회에 보탬이 되고자 하는 욕구 등이 충족되지 못했기 때문이라고 보는 것이죠.

따라서 아이와 대화하기 전에 내 안에서 분노의 감정을 유발하는 아이의 표면적인 행동과 말투에 초점을 맞추기보다는 먼저 내 욕구가 충족되지 않아서 나오는 감정임을 인식하는 것이 중요합니다.

비폭력 대화 모델 〈관찰-느낌-욕구-부탁〉

비폭력 대화에서는 마음으로 주고받는 인간관계를 위해 4가지 단계를 거치는 모델을 제시합니다. 대화란 솔직하게 말하고 공감하며 듣는 일을 무수히 반복하는 과정입니다. 이러한 대화에 '비폭력 대화'의 4가지 단계를 활용하면 아이뿐 아니라 부부간에도 서로 감정을 다치지 않고 원만한 대화를 끌어 낼 수 있습니다.

▶ 관찰

우리에게 익숙한 대화는 평가, 해석, 비교, 판단으로 가득합니다. 이렇게 시작된 대화는 결국 비난으로 이어지기 쉽습니다. 따라서 비폭력 대화의 첫 번째 단계는 평가와 관찰을 분리하는 것입니다. 즉,

내가 보거나 들은 것을 평가하거나 판단하지 않고 마치 사진 찍듯이 말하고, 녹음하듯이 있는 그대로만 표현하는 것이죠.

평가 vs 관찰

평가	관찰
방이 무슨 돼지우리니?	바닥에 먹던 과자가 그대로 놓여 있네.
넌 왜 이렇게 버릇이 없어?	네가 엄마 친구를 만났는데 인사를 안 하더라.
왜 이렇게 칠칠하지 못하니?	물병을 쏟았구나.
우리 아들은 수학을 잘한다.	우리 아들은 중학교 3년 동안 수학을 90점 이상 받았다.

위의 예시처럼 평가나 판단이 들어가면 듣는 사람에게 반발을 일으킵니다. 또 '우리 아들은 수학을 잘한다'처럼 긍정적인 평가를 받아도 아이들은 계속해서 수학은 90점 이상을 받아야 할 것 같은 부담감을 느끼게 되죠. 따라서 평가가 아닌 관찰로만 아이에게 전달해도 많은 경우 불필요한 갈등이나 오해가 생기지 않습니다. 물론 처음부터 쉽게 되지는 않겠지만, 꼭 한번 시도해 볼 만한 가치가 있기에 오늘부터 아이와 대화할 때 연습해 보시길 바랍니다.

▶ **느낌**

비폭력 대화의 두 번째 단계는 관찰한 것의 느낌을 표현하는 것입니다. 관찰하고 나면 내가 어떻게 느끼는 것인지 명확하게 아는 것이 중요합니다. 느낌을 안다는 것은 내 마음의 상태를 안다는 것이고 그럼 내가 현재 무엇을 원하는지도 알 수 있습니다.

특히 사춘기 자녀와 대화하다 보면 순간순간 예상하지 못한 반응과 태도에 마음이 상하는 경우가 자주 있습니다. 이럴 때 나의 느낌을 집중해서 표현할 수 있다면 아이를 비난하거나 비판하지 않을 수 있습니다.

예를 들어 게임을 너무 많이 하는 아이와 실랑이를 벌이고 있었는데 갑자기 아이가 방문을 쾅 닫고 나가 버립니다. 그럼 황당하고 무시당한 기분이 든 엄마는 아이를 쫓아가서 아이의 태도 문제로 2차전을 벌이는 일이 생깁니다. 이럴 때 비폭력 대화 단계인 관찰과 느낌의 표현으로 "엄마가 한창 이야기하고 있는데 네가 방문을 쾅 닫고 나가니까(관찰) 엄마가 아주 당황스럽고 슬프네(느낌)"라고 느낌을 이야기한다면, 아이도 자기가 한 행동이 잘못된 것임을 인지하고 있어서 엄마의 감정을 그대로 받아들일 수 있게 됩니다.

이때 주의할 점이 있습니다. 우리는 보통 생각을 나타내는 것을 느낌이라고 부르는 실수를 종종 합니다. "무시당한 기분이야", "온종일 게임만 하는 모습을 보면 한심해", "오해받는 느낌이야" 등의 표현들은 느낌이 아니고 생각이어서 상대방은 자신을 공격하고 합리화시키려는 의도로 받아들일 수 있습니다. 따라서 느낌을 표현하려면 생각과 구별할 수 있어야 합니다.

생각 vs 느낌

생각	느낌
나는 네가 엄마를 무시하는 것 같은 느낌이 들어.	나는 네가 엄마를 무시하는 것 같아서 슬펐어.
온종일 게임만 하는 모습을 보면 한심해.	온종일 게임만 하는 모습을 보니 걱정돼.
엄마한테 오해받고 있는 기분이에요.	엄마한테 오해받고 있다는 생각이 들면 울고 싶어요.

▶ 욕구

비폭력 대화의 세 번째 단계는 느낌과 연결된 욕구를 알아차리는 것입니다. 육아 관련 방송 프로그램을 보면 부모님이 생각하기에 문제가 있다고 생각하는 다양한 아이들이 등장합니다. 겉으로 드러나는 행동, 표면적인 양상 등을 보면 모두가 심각한 문제아로 보입니다. 하지만 문제의 원인을 들여다보면 결국 부모에게 사랑받고자 하는 욕구, 공감받고자 하는 욕구, 다른 아이들과 놀고 싶은 욕구 등 인간의 보편적이고 기본적인 욕구가 채워지지 않아 발현된 현상임을 알게 되죠. 어떠한 행동을 한다는 것은 다른 말로는 어떠한 욕구를 충족시키기 위한 것이라고도 할 수 있습니다.

어릴 때는 말을 잘 들었던 아이가 사춘기가 되자 반항을 시작하고 게임에만 몰두하면서 사사건건 엄마의 심기를 건드립니다. 그럴 때마다 화가 나고 속상한 엄마는 그 원인이 달라진 아이의 행동과 버릇없는 말투라고 생각하기 쉽습니다. 하지만 그 느낌의 원인에는 아이가 어렸을 때처럼 다시 다정한 관계로 돌아가고 싶은 엄마의 욕구가 숨어 있습니다. 아이 또한 엄마에게 반항할 때는 마음이 좋진 않겠지만, 자유롭고 싶은 욕구를 위해 자신을 자꾸 통제하려는 엄마와 맞서는 건 어쩔 수 없다고 생각할 것입니다.

나의 욕구가 무엇인지 파악하고 표현하는 것도 중요하지만 아이에게도 욕구가 있다는 것을 있는 그대로 존중하고 서로 만족할 수 있는 방법을 찾는 것이 중요합니다. 여기서 말하는 욕구는 모든 사람에게 적용되는 보편적 가치입니다. 예를 들면 다음의 표와 같습니다.

비폭력 대화에서 인간의 7가지 기본적 욕구

자율성	•자신의 꿈·목표·가치관을 선택할 수 있는 자유 •꿈·목표·가치관을 충족시킬 계획과 방법을 선택할 수 있는 자유
기리는 의식	•생명의 탄생이나 꿈의 실현을 축하하는 것들(돌, 생일, 발표회, 연주회) •사랑하는 사람이나 꿈의 상실을 애도하는 것(장례식)
상호의존	•감사, 공감, 공동체, 배려, 사랑 •삶을 풍요롭게 하는 데 기여 •수용, 신뢰, 안도, 온정, 이해, 정서적인 안정 •정직, 존중, 지원, 친밀함
자기 긍정	•자기 존재에 대한 믿음 - 개별성 존중 •창조 •의미, 뜻 •자기 신뢰, 자기 존중
놀이	•웃음, 재미
영적 교섭	•아름다움, 영감 •질서, 조화, 평화
신체적 양육	•공기, 물, 음식, 움직임 •운동, 휴식 •삶을 위협하는 균, 곤충, 육식동물로부터 보호받는 것 •성적 표현, 주거, 접촉(신체적)

이렇게 욕구는 모든 사람에게 적용되는 보편적 가치여서 수단이

나 방법과 혼동하기 쉽습니다. 사랑하는 아이가 그토록 공부를 잘해서 좋은 대학에 가길 바라는 것은 어떤 욕구가 충족되길 바라는 걸까요? 아마도 공부를 잘한다면 아이가 자신의 꿈, 목표, 가치관을 선택할 수 있는 자율성에 대한 욕구가 충족되고, 나아가 좋은 직업도 가지고 편안하게 잘 살면 부모에겐 정서적인 안정에 대한 욕구가 채워지는 거겠죠.

그렇다면 사춘기가 되자 게임만 종일 하는 것 같고 반항심만 늘어난 아이에겐 어떠한 욕구가 있는 걸까요? 아이는 게임을 즐기며 자유, 재미를 느끼고 공부에서 잠시 벗어나 휴식이란 욕구가 채워지길 바라는 것일 겁니다. 엄마의 욕구는 아이와의 관계가 다시 친밀해지길 원하는 것일 거고요. 따라서 반항하는 아이의 모습에만 초점을 맞추지 말고 그 안에 숨어 있는 아이의 욕구와 엄마의 욕구를 알아차리고 대화를 시작하면 분명 아이와 엄마가 원하는 절충안을 찾을 수 있을 것입니다.

▶ 부탁

비폭력 대화의 네 번째 단계는 '부탁'입니다. 비폭력 대화에서 부탁의 의미는 내 삶을 더 풍요롭게 하기 위해서 다른 사람이 해 주길 바라는 '내가 원하는 것'을 구체적으로 표현하는 일을 뜻합니다.

워킹맘인 지현 씨는 오늘도 고단한 하루를 마치고 집으로 돌아옵니다. 그런데 현관문을 열고 들어서자마자 바로 심란해집니다. 소파에는 아이들이 벗어 놓은 옷가지들이 널브러져 있고, 식탁에는 저녁에 라면을 끓여 먹고 치우지 않은 반찬 그릇과 젓가락도 그대로입니다. 도대체 이 집에서 정리는 오롯이 엄마의 역할이기만 한 것인가? 엄마인 나도 나가서 일하느라 힘들고 지치는데 이런 날은 자기들이 알아서 좀 치워 놓으면 얼마나 좋을까 싶어 서러운 마음과 분노의 감정이 한꺼번에 올라옵니다.

"진짜 너무한다 너무해. 아니 내가 밖에 나가서 놀다 와? 나도 힘들게 일하고 들어오는 건데 집에 좀 일찍 들어온 사람들이 집 안 정리는 대충이라도 해 놓으면 안 되는 거야? 결국 내가 다 혼자 해야 하는 일인 거야?! 너희들도 이제 이만큼 컸는데 옷을 이렇게밖에 벗어 놓지 못해? 라면 끓여 먹은 건 좋아. 그런데 지금 식탁 꼴이 이게 뭐야? 어? 이 집에는 애가 셋이야 셋!!!" 결국 가족들을 향해 소리를 질러 버리고 맙니다.

우리는 서로 가족이란 이유로, 알고 지낸 지 오래된 친구란 이유로 말하지 않아도 알고, 부탁하지 않아도 상대방이 알아서 해 줄 것이라고 생각하는 경우가 많습니다. 하지만 상대방은 내가 아니기에 내 생각을 읽을 수도, 내가 무엇을 바라는지도 전혀 알 수 없습니다.

지현 씨는 집에 들어왔을 때 완벽히 깔끔한 집까지는 아니어도 식구들이 각자 어느 정도 자기 몫만큼은 정리를 해 주길 바랐을 것입니다. 즉, 지현 씨의 내면에는 식구들의 배려와 협조의 욕구가 충족되길 바랐던 것이죠. 따라서 아이들에겐 "얘들아, 너희들이 벗어 놓은 양말이나 옷가지들은 세탁실에 가져다 놓아 줄래?"라고, 남편에겐 "여보, 밥 먹고 난 다음 식탁에 있는 그릇들도 남김없이 설거지해 줄

래요?"라고 구체적으로 부탁했다면 집에 돌아와 분노로 얼룩진 상황은 모면했을 것입니다.

이처럼 '부탁'은 먼저 내가 충족되길 바라는 욕구를 인식한 다음 욕구를 충족하기 위해서 상대방에게 구체적인 행동을 요청하는 것입니다. 하지만 이 부탁은 '강요'와는 구분이 되어야 합니다. 비폭력 대화에서는 나의 부탁이 받아들여지지 않았을 때 화가 나고 상대방도 죄책감이 들게 한다면 강요이고, 상대에게도 다른 중요한 욕구가 있음을 인정하고 공감한다면 그것은 부탁이라고 구분합니다.

부탁할 때는 '긍정적인 언어'로 부탁하는 것이 효과적입니다. 다시 말해, 내가 원하지 않는 것을 말하기보다 원하는 것을 말하는 것입니다. 예를 들어 "머리카락 좀 자르지 않을 수 없니?"라고 하기보다는 "엄마는 네 앞머리가 너무 길어지니까 앞이 잘 안 보이고 공부할 때도 방해될 것 같아. 이번 주말에 머리 자르고 오면 어때?"라고 말하는 편이 듣는 입장에서도 행동할 마음이 더 들게끔 하죠.

지금까지 살펴본 비폭력 대화를 사춘기 한복판에 있는 아이와 대화할 때 적용하기란 쉽지 않을 것입니다. 하지만 현재 자녀와 대화를 나눌 때마다 서로 폭력적인 말로 상처를 주고받는다면 비폭력 대화를 더 공부하고 적용해 보라고 권하고 싶습니다.

경기도 평생학습포털(GSEEK) '부모배움' 메뉴 이용 방법

경기도 평생학습포털(GSEEK) 사이트(www.gseek.kr)는 외국어, 자기개발, 생활취미 등 8개 분야 17,000여 개의 온라인 강좌를 누구나 무료로 이용할 수 있는 평생학습포털 서비스입니다.

그중에서 부모배움이라는 메뉴를 통해 청소년기 자녀에 대해 이해할 수 있는 강의도 들을 수 있고, 부모 자녀의 관계를 진단할 수 있어서 소개하고자 합니다.

부모를 위한 강의

경기도 평생학습포털(GSEEK) 사이트에 회원가입을 하고 로그인한 후 '부모배움'을 클릭합니다. '청소년기'를 클릭하면 청소년기 자녀를 둔 학부모님께 도움이 될 만한 강의들이 많이 있습니다.

오은영 박사의 '사춘기 자녀 마음 이해하기' 강의도 들어볼 수 있습니다. 총 7차시(2시간) 수업으로 이루어져 있고, 수업을 듣고 난 후엔 사춘기 아이들의 말과 행동에 담긴 진짜 의미를 이해할 수 있고, 대화 방법도 배울 수 있습니다. 이 밖에도 좋은 강의들이 많으니 꼭 한번 들어 보시길 바랍니다.

부모 자녀 관계 진단 검사 방법

다음은 부모 자녀 관계 진단 검사 방법입니다. 경기도 평생학습포털(GSEEK) 홈페이지의 '부모배움 → 부모-자녀관계진단'을 클릭합니다. '영/유아기 진단하기'와 '아동/청소년기 진단하기' 2가지 진단이 있습니다. '아동/청소년기 진단하기'를 클릭하고 문항을 읽고 '전혀 아니다 – 가끔 그렇다 – 자주 그렇다 – 매우 그렇다'에서 해당 항목에 체크합니다.

검사를 마치면 '부모-자녀 관계 진단 결과'를 바로 볼 수 있습니다. 이 진단 검사의 목적은 현재 자녀와 부모의 심리 상태, 행동 특성을 점검해서 보다 나은 관계를 형성하기 위해 하는 것으로, 진단 결과 부족하다고 판단되는 부분들에 대해서 학습 및 변화를 위한 노력을 실천하시면 됩니다.

Section 3

내 아이 '진로 성향' 파악하기

아이를 관찰하면 진로가 보인다

부모라면 누구나 내 아이가 성공하길 바라고 안정된 삶을 살길 원합니다. 그러나 당장 당면한 학교 시험과 성적, 입시에 매몰되어 아이가 어떤 일을 좋아하고 어떤 꿈을 갖고 있는지는 잘 모르고 뒤로 제쳐두는 경우가 많습니다. 따라서 자녀 진로 문제에 관한 최우선의 고민은 아이의 적성보다는 '성적 향상'이 늘 중심이 되어 버립니다.

아이들도 마찬가지입니다. 온종일 학교에서 수업 듣고 숨 돌릴 새도 없이 학원을 오가며 바쁘게 살기 때문에 꿈이 무엇인지 생각할 겨를도 없이 하루가 흘러갑니다. 물론 성적은 현실적인 진로 선택을 할 때 결정적인 역할을 하므로 등한시할 수는 없습니다. 그러나 진로가 성적 중심이 되어 버리면, 아이 자신이 뭘 좋아하는지, 적성은 무엇인지 스스로 자기 이해를 할 기회가 없어질 수도 있습니다. 그렇기에 진로는 반드시 성적이 아닌 아이의 '흥미'와 '적성'을 중심으로 풀어 나가야 합니다.

이어령 교수의 《젊음의 탄생》(마로니에북스)이란 책에 아이들 100명을 일렬로 세워 놓고 한 방향으로 뛰라고 하면 1등부터 100등까지 나오지만, 360도 어느 방향으로든 뛰어도 좋다고 하면 모두가 1등이 된다고 하는 이야기가 나옵니다. 모든 아이가 하나의 출발선상에서 같은 길을 따라 달릴 필요는 없습니다. 아이마다 가지고 있는 능력, 타고난 재능, 적성이 모두 다르기 때문입니다. 이것이 진로 교육의 핵심입니다.

"아이를 잘 관찰하면 우리 아이가 뭘 잘하고 좋아하는지 보이고 그래서 적성이 뭔지도 알게 될 것이란 말에 열심히 아이를 관찰했습니다. 그런데 아무리 관찰해도 우리 아이는 잘하는 것은커녕 흥미를 보이는 것도 없는 것 같아요."

"공부도 어중간하게 하니 성적이 뛰어난 것도 아니고, 그렇다고 미술에 소질이 있는 것도 아니고, 노래를 잘하는 것도 아니고, 체육은 제일 싫어하는 과목이고요. 코딩, 미술학원, 과학 실험, 검도 등 이것저것 다 시켜 봤는데 어디에도 흥미를 붙이지 않습니다. 이런 아이는 어떻게 진로를 찾아줘야 할까요?"

중학교 학부모님들께 흔히 듣는 고민 상담 내용입니다. 다른 아이들은 뭔가 하나씩은 특별히 잘하는 것 같은데 우리 아이는 어떤 것에도 딱히 관심을 보이지 않는 것 같고, 특출나게 잘하는 것도 없다고 느껴지기 때문일 것입니다.

부모님이 생각하시는 어떠한 한 가지를 '특별히 잘하는' 아이들은 생각보다 드뭅니다. 따라서 잘하는 것의 기준과 기대치를 조금 낮추면 분명 아이가 수월하게 해내는 것, 쉽게 해내는 일, 관심을 두고 있는 분야가 보일 겁니다. 그게 어떤 것인지 관찰하고 찾아봐 주세요.

누구나 할 수 있는 것도 괜찮습니다. 사소한 것이라도 좋습니다. 적성은 개발될 수 있기에 아이가 지금 쉽게 해내는 그 일이 지금은 작고 사소해 보일지라도 그곳에서부터 능력이 시작되니까요.

아이가 어린 시절부터 지금까지 노는 모습만 잘 관찰해도 아이의 적성이 보입니다. 잠시 과거로 돌아가서, 아이가 어렸을 때 무엇을 제일 많이 가지고 놀고 어떤 놀이를 가장 좋아했나요? 자라 오면서 좋아하는 것이 계속 같은가요, 아니면 달라졌나요? 어렸을 때부터 온종일 그림을 그려도 지치지 않는 아이, 레고 블록을 만들 때만큼은 최고의 집중도를 보이는 아이, 종이접기를 좋아해서 방에 온통 종이 접기 작품들로 넘쳐나는 아이, 밖에 나가 곤충을 관찰하는 것을 즐기는 아이 등 제각각 좋아하는 것이 달랐을 겁니다.

분명 내 아이가 좋아하는 것이 무엇인지 관심사가 뭐였는지 생각날 것입니다. 아마 어떤 부모님은 그 나이 때 아이들은 다 비슷한 거 아닌가 하며 대수롭지 않게 지나가셨을지도 모릅니다. 하지만 아이가 어떤 한 분야에 자발적인 몰입을 한다는 것은 아이가 자신의 재능을 알아달라고 부모에게 신호를 보내는 것과 같습니다. 따라서 이 신호를 절대 놓치지 말고 그 재능을 한 분야에서 펼칠 수 있게 진로의 방향을 설정해 줘야 합니다.

내 아이에 대한 '기록'의 중요성

아이가 어렸을 때 육아일기를 기록한 적 있으신가요? 누워만 있던 아기가 어느 순간 뒤집기를 해서 기어 다니고, 목을 가누지도 못하던 아기가 목과 허리에 힘이 생기며 스스로 앉아 있을 수 있게 되고, 걷기 연습을 시작하면서 아장아장 첫발을 떼던 그 모습은 잊을 수가 없을 겁니다. 이 모든 과정이 아이가 스스로 이룬 성취여서 부모님의 감동은 이루 말할 수 없었습니다. 지금까지 그 아이는 성장하면서 또 다양한 성취를 해 왔을 겁니다.

시험에서 100점을 받고 대회에 나가서 큰 상을 받는 것만이 성취는 아닙니다. 아이가 아기였을 때 뒤집기 성공 하나만으로도 온 가족의 축하를 받고 두발자전거 타기에 성공한 일처럼 일상에서 작은 성공을 한 경험들도 모두 아이의 성취입니다. 이 성취를 꾸준히 기록해 놓으면 이것은 곧 아이의 능력이 됩니다.

아이가 학교생활을 이야기할 때 기억할 만한 대화 내용이 있다거나 아이 스스로 노력해서 작은 성취를 한 일이 있다거나, 아주 사소한 대화에서도 '어떻게 아이가 이런 생각을 할 수 있지?'라는 생각이 들면 잊기 전에 기록을 해 놓는 것입니다. 기록하기 위해 메모장, 펜

찾다가 그 생각이 사라질 수도 있으니 바로 꺼내 기록하기 좋은 것은 휴대폰 메모장입니다. 이렇게 하나둘 쌓인 아이의 기록은 언젠가 자신감이 떨어져 힘들어할지 모르는 아이에게 "네가 이런 일도 해낸 적이 있었잖아. 그러니 지금 잠깐 겪는 시련일 뿐이야. 넌 금방 툭툭 털어내고 다시 해낼 수 있을 거야"라는 한마디를 해 준다면, 이 메모 기록은 아이의 자신감을 다시 불러일으킬 '내 아이의 자신감 보물창고'가 되지 않을까요?

이 기록들을 (언제 필요해 꺼내 쓸지 모르지만) 아이의 자신감 저축보험을 미리 들어 놓는 거다라고 생각하면 아이와 대화할 때도 예전보다는 귀를 더 쫑긋하며 집중할 수 있을 겁니다. 그래서 아이는 부모님이 자기 얘기를 귀담아 경청해 줘서 대화가 잘되고 소통이 잘된다고 생각하게 되니, 사춘기 아이와 부모의 대화가 저절로 이루어지는 것은 덤으로 얻어지는 효과일 것입니다.

지금까지 꾸준히 아이를 '관찰'했다면 아래 표를 참고해서 아이가 좋아하면서 잘하는 일, 좋아하지만 못하는 일, 싫어하면서 못하는 일, 싫어하지만 잘하는 일을 작성해 보세요.

내 아이 '관찰'로 작성하는 '진로' 찾기 매트릭스 (예시)

	못하는 일	잘하는 일
좋아하는 일	춤추기	★ 글쓰기
싫어하는 일	그림 그리기	발표하기

내 아이 '관찰'로 작성하는 '진로' 찾기 매트릭스

	못하는 일	잘하는 일
좋아하는 일		
싫어하는 일		

　이 중 아이가 잘하면서 좋아하는 일을 쓰는 ★칸에 뭔가 작성되어 있다면, 바로 그것이 아이의 적성이고 앞으로 나아가야 할 진로의 방향이 될 것입니다. 이때 주의할 점은 부모님이 자녀의 진로를 지도할 때 '부모는 아이의 진로를 선택해 주는 사람'이 아니라 '아이 스스로 현명한 선택을 할 수 있도록 힘을 길러 주고 도와주는 사람'이라는 점을 꼭 염두에 둬야 한다는 것입니다. 따라서 부모는 아이가 최소한의 시행착오를 거치고 올바른 선택을 할 수 있도록 돕는 조력자, 길잡이, 코치가 되어야 한다는 사실을 꼭 기억하시길 바랍니다.

홀랜드 진로흥미검사와 6가지 진로 유형

홀랜드 진로흥미검사는 미국의 심리학자이자 존스 홉킨스 대학 교수인 존 루이스 홀랜드(John Lewis Holland)가 연구하고 개발한 것으로 청소년 직업흥미검사로 주로 활용됩니다.

홀랜드는 자신의 성격과 맞는 직업을 선택하게 되면, 직업에 쉽게 적응하고 즐겁게 일할 수 있기 때문에 이상적이라고 봤습니다. 따라서 개인의 성격 유형이 진로 선택에 큰 영향을 끼친다고 생각했으며, 개인의 직업적 흥미는 곧 그 사람이 가진 성격 표현의 일부분이라고 설명했습니다.

홀랜드가 제시한 성격 유형은 현실형(R), 탐구형(I), 예술형(A), 사회형(S), 진취형(E), 사무형(C)의 6가지로 구분되고, 검사를 통해 점수가 높게 나온 진로 흥미 유형에 따라 일치하는 유형의 전공학과와 추천 직업군이 선정되는 방식입니다. 이 6가지 흥미 유형은 각 개인이 어떤 특정 직업 분야에 호의적인 태도나 관심을 나타내는지 객관적으로 살펴볼 수 있어서 자신이 어떤 활동에 가치를 두는지, 어떤 분야에 적합한지, 어떤 사람들과 일하는 것을 좋아하는지 등을 알아보는 데 중요한 정보를 줍니다.

홀랜드 흥미 유형 6가지 척도

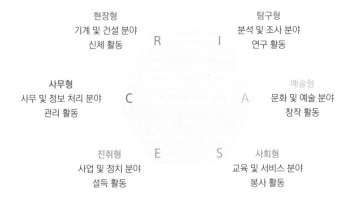

현장형
기계 및 건설 분야
신체 활동
R

탐구형
분석 및 조사 분야
연구 활동
I

사무형
사무 및 정보 처리 분야
관리 활동
C

예술형
문화 및 예술 분야
창작 활동
A

진취형
사업 및 정치 분야
설득 활동
E

사회형
교육 및 서비스 분야
봉사 활동
S

　직업적 성격 관계를 나타내는 육각형 모양으로, 각 유형들 간의 심리적인 유사성을 살펴볼 수 있고, 육각형 상에서 가까이 있을수록 유사한 흥미 유형이고 멀리 있을수록 상이한 흥미 유형입니다. 그리고 한 사람은 하나의 흥미 유형만 가지는 것이 아니므로 점수가 높게 나온 흥미 코드를 조합해 관찰해야 합니다.

> 사람in 출판사 홈페이지에서 '홀랜드 진로탐색검사 간이 검사지'를 다운받아
> 유형을 검사한 후에 '홀랜드 진로탐색검사 6가지 흥미 유형'을 확인할 수 있습니다.

MBTI로 보는
내 아이 성격 유형

"선생님은 MBTI가 뭐예요? 전 ENFP예요." 코칭하는 중학생 아이와 처음으로 대면하는 날, 서로 간단한 인사를 하고 이야기를 시작하려는데 아이는 스스럼없이 제 MBTI 유형을 물어보고 본인의 MBTI 유형도 알려 줍니다. 요즘 MZ세대가 처음 만나는 사람과 대화의 물꼬를 트는 방법으로 MBTI를 많이 사용하고 있다고 합니다. 자신을 MBTI 유형으로 설명하고 다른 사람을 이해할 때도 MBTI 유형을 활용하는 것이죠.

MBTI란 캐서린 쿡 브릭스(Katharine C. Briggs)와 그의 딸 이자벨 브릭스 마이어스(Isabel B. Myers)가 정신분석학자 카를 융의 심리 유형론을 토대로 만든 성격 유형 검사 도구입니다. 'M'과 'B'는 각각 'Myer'와 'Briggs'의 이니셜이며, 'TI'는 'Type Indicator(유형 지표)'

를 뜻합니다. 마이어스는 성격 유형이란 오른손잡이나 왼손잡이처럼 타고난 선천적인 경향으로, 환경의 영향은 받지만 타고난 경향은 바뀌지 않는다고 보았습니다.

따라서 MBTI는 '심리적 선호'를 측정하는 검사로 성격 유형을 16가지로 나눠서 설명합니다. 정신적 에너지의 방향성이 외향(E)인지 내향(I)인지, 정보를 수집할 때 주로 감각(S)으로 하는지 직관(N)으로 하는지, 의사결정을 할 때는 사고(T)를 우선시하는지 감정(F)을 우선시하는지, 생활양식은 판단형(J)인지 인식형(P)인지를 따져 16가지 성격 유형 중 하나의 성격으로 개인을 설명하는 검사입니다. 이렇게 흔히 MBTI라고 말하는 알파벳 4글자가 부여됩니다.

MBTI 4가지 선호 지표

외향(E) Extraversion	에너지 방향 · 주의 초점	내향(I) Introversion
• 주의 집중 – 자기 외부 • 외부 활동에 적극성 • 폭넓은 대인관계(다수)	⟨--------------⟩ 태도	• 주의 집중 – 자기 내부 • 내부 활동에 집중력 • 깊이 있는 대인관계(소수)
감각형(S) Sensing	인식 기능	직관형(N) iNtuition
• 오감, 주의 초점 – 지금, 현재 • 사실적이고 구체적 • 일관성과 일상성	⟨--------------⟩ 정보 수집	• 육감, 주의 초점 – 미래, 가능성 • 상상적이고 영감적 • 변화와 다양성
사고형(T) Thinking	판단 기능	감정형(F) Feeling
• 관심의 주제 – 사실, 진실 • 원리와 원칙, 논리적 • 원인과 결과 중요	⟨--------------⟩ 의사결정	• 관심의 주제 – 사람, 관계 • 의미와 영향, 상황적 • 좋다, 나쁘다가 중요
판단형(J) Judging	생활양식	인식형(P) Perceiving
• 체계적 • 정리 정돈과 계획 • 통제와 조정	⟨--------------⟩ 외부 세계에 대처하는 양식	• 자율적 • 상황에 맞추는 개방성 • 융통과 적응

물론 사람의 성격이 16가지 유형으로 나눠 설명할 만큼 단순한 것은 아닙니다. 또 MBTI에 여러 비판이 있는 것도 사실이고요. 따라서 MBTI를 무조건 맹신해서도 안 되겠죠. 비록 MBTI가 성격에 관해 결론을 내리는 잣대는 아니지만, 자기 탐색을 돕는 하나의 도구로는 이용할 수 있습니다. 자신, 그리고 타인의 태도와 생각을 이해하는 장치이자 자신의 선천적인 선호도를 알아내어 가장 행복하고 옳은 선택을 하도록 돕는 도구로 사용할 수 있는 것이죠.

"선생님, 이번에 우리 아이들과 제가 MBTI 검사를 해 보았어요. 평소에 첫째랑은 참 성격이 잘 맞아서 관계가 좋은데 둘째랑은 뭔가 안 맞고 늘 갈등이 있었거든요. 그런데 이 MBTI 검사를 하고 그 이유를 알게 됐어요. 그래서 그동안 둘째랑 성향이 너무 달라 갈등이 생긴 것이란 걸 알았으니 앞으로는 좀 달라지지 않을까 싶어요."

최근 상담한 학부모님이 자녀와 함께 MBTI 검사를 받은 후에 하신 말씀입니다. 이렇게 MBTI 검사는 자신의 이해와 더불어 타인을 이해할 수 있어서 해 본다면 아이를 이해하는 데 도움이 될 것입니다.

> 사람in 출판사 홈페이지에서 'MBTI 간이 검사지'를 다운받아 유형을 검사한 후에 'MBTI 16가지 성격 유형 해석'을 확인할 수 있습니다.

4

다중지능 이해를 통한
내 아이 강점 찾기

학창 시절 IQ 검사를 해 본 적 있으신가요? 제 기억으로 저는 중학교 다닐 때 IQ 검사를 한 적이 있는 것 같습니다. (대략 40세 이상의 성인은 초등학교 혹은 중학교에서 필수적으로 IQ 검사를 받기도 했습니다.) 그리고 IQ 검사의 결괏값으로 지능이 높은 아이, 지능이 낮은 아이로 구분이 되었습니다.

IQ 검사는 1905년에 프랑스의 심리학자 알프레드 비네(Alfred Binet)가 고안했는데, 보통 학급에서 학습 성적이 떨어지는 학생들을 선별하기 위해 만들었다고 합니다. 그러나 비네는 IQ를 선천적인 지능으로 인정하는 것을 거부했을 뿐만 아니라, 도움이 필요로 하는 아이들에게 도움을 주기 위해 개발한 것이지 IQ로 아이들에게 딱지가 붙여지고 서열화되는 것은 반대했다고 하네요. 따라서 비네에게 IQ

검사란 아이들이 얼마나 똑똑한가를 파악하기 위함이 아니라, 학업 성취도가 낮은 아이들을 도와주기 위한 용도 이상의 의미는 아니었던 것이죠.

'다중지능 이론'이 등장하기 전까지는 IQ가 지능을 평가하는 지표로 인식되어 왔지만, IQ 검사로는 인간의 지적인 능력 중 극히 일부분만을 확인할 수 있을 뿐입니다. 이는 EQ(감성지수)도 마찬가지입니다.

다중지능이론의 창시자인 하워드 가드너(Howard Gardner)는 인간의 지능은 한 방향으로 평가할 수 있는 것이 아니고 8개의 다양한 지능이 있으며, 사람에 따라 다양한 지능 가운데 어떤 것은 높게, 어떤 것은 낮게 나오기 마련이라 각자 가지고 있는 지능과 재능이 다르다고 주장했습니다.

나는 인간의 인지 능력이, 내가 지능이라 부르는 능력과 재능 또는 정신적인 기술의 조합을 통해 더 잘 기술된다고 믿는다. 정상적인 사람이라면 어느 정도 이런 기술들을 가지고 있고, 개인마다 기술 수준과 그에 따른 특성도 다르다. 나는 이 지능 이론이 지능에 대한 다른 대안적인 견해보다 더 인간적이고 더 현실적이며, 인간의 '지적' 행동을 보다 더 적절하게 반영한다고 믿는다.

－《다중지능》(하워드 가드너 저, 문용린 역, 웅진지식하우스)

다중지능 이론은 인간의 지능이 IQ나 EQ와 같은 단순한 지적 능력이 아닌 여러 가지 다양한 지능으로 구성되어 있음을 의미하며, 다중지능 검사는 IQ와 EQ가 절충된 형태의 검사입니다.

8가지 지능은 개인에 따라 정도의 차이는 있지만, 인간이라면 모두 8가지 지능을 가지고 태어나며, 8가지 지능은 항상 서로 영향을 주고받으며 협력하고 있다고 봅니다. 그중 더 발달한 지능을 '강점 지능'이라고 하며 우리 아이는 어떤 강점 지능들을 가졌는지 발견한다면 이를 활용해 앞으로 진로를 찾는 데 도움이 될 것입니다.

사람in 출판사 홈페이지에서 '다중지능 간이 검사지'를 다운받아 검사한 후에
'8가지 다중지능 특징/잘하는 일/직업군'을 확인할 수 있습니다.

'무료 진로 정보 서비스' 4가지 사이트 이용 방법

1. 커리어넷(www.career.go.kr)

커리어넷은 진로심리검사, 진로검사, 직업·학과 정보, 진로 동영상, 진로 교육 자료를 제공해 학생들의 진로 설계와 진로 선택을 지원하는 진로 정보 사이트입니다.

구분	제공 정보
직업 정보	500여 개 직업에 대한 다양하고 유용한 정보 확인
직업 개요	핵심 능력, 유사 직업, 관련 학과/관련 자격, 하는 일, 적성 및 흥미 등
준비 방법	정규 교육과정, 관련 자격증
취업 현황	취업 방법, 고용 현황, 임금 수준, 학력 분포, 직업 만족도
직업 전망	보상, 고용 안정, 발전 가능성, 근무 요건, 직업 전문성, 고용 평등
능력/지식/환경	업무 수행 능력 중요도, 지식 중요도, 업무 환경

학과정보 페이지는 '학과 정보' 외에 '학교 정보', '학과 카드뉴스', '학과+직업 매트릭스', '학과 인터뷰', '계열별 학과 정보' 등의 하위 메뉴로 구성되어 있습니다.

구분	제공 정보
학과 정보	고등학교 학과 정보, 대학교 학과 정보
학교 정보	초등학교, 중학교, 고등학교, 대학교, 특수/각종 학교, 대안학교
학과 카드뉴스	국제학과, 철도운전제어학과, 디지털콘텐츠학과 등 26개

학과+직업 매트릭스	직업명 기준, 전공계열 기준
학과 인터뷰	각 분야 교수님들의 인터뷰를 통해 심도 있는 학과 정보 탐색
계열별 학과 정보	인문학부, 공학부, 자연과학부, 교육학부, 의학부, 예술체육학부

심리검사는 상단 메뉴 중 '진로심리검사'를 클릭한 후 '중고등학생용 심리검사'를 클릭하면 직업적성검사, 진로성숙도검사, 직업가치관검사, 직업흥미검사(H), 직업흥미검사(K), 진로개발역량검사를 해 볼 수 있습니다.

2. 워크넷(www.work.go.kr)

워크넷은 직업심리검사, 직업 및 학과 정보, 진로 상담 등을 제공하는 사이트입니다.

직업·진로 메뉴에서 **'학과정보'**를 클릭하면 학과 검색, 전공 진로 가이드, 학과 정보 FAQ, 학과 정보 동영상을 볼 수 있습니다.

구분	제공 정보
요약 보기	인포그래픽을 통해 학과의 주요 정보를 한눈에 파악할 수 있으며, 해당 학과의 요약 보기 전체를 PDF로 다운받을 수 있다.
학과 소개	학문에 대한 개괄적 소개와 해당 학과에서 필요로 하는 적성 및 흥미, 학과에서 주로 배우는 교과목과 학과 공부를 통해 취득할 수 있는 자격이나 면허를 확인할 수 있다.
개설 대학	지역별 해당 학과가 개설된 4년제 대학 및 전문대학을 확인할 수 있다.
모집 현황	2011~2020년간의 학과별 신입생 경쟁률 및 졸업자 수 추이를 확인할 수 있다.
진출 가능 직업	해당 학과 졸업 후 진출할 수 있는 직업을 확인할 수 있다.

심리검사는 상단 메뉴 중 '직업·진로' 메뉴를 클릭한 후 '청소년 심리검사 실시' 메뉴를 통해 할 수 있습니다. 고등학생 적성검사, 직업가치관검사, 청소년 진로 발달검사, 초등학생 진로인식검사, 청소년 인성검사, 청소년 직업흥미검사, 중학생 진로적성검사, 직업흥미탐색검사(간편형) 중에 해당 연령에 맞는 검사를 해보면 됩니다.

3. 대입정보포털 어디가(www.adiga.kr)

대입정보포털 '어디가'는 대학의 입시 정보를 한곳에 모아 종합적으로 제공하는 '대학입학정보포털서비스'입니다.
상단 메뉴 중 '진로정보'를 클릭한 후 '직업심리검사' 메뉴에 들어가면 워크넷과 커리어넷과 연동되어 바로 직업적성검사를 할 수 있습니다.

4. 서울진로진학정보센터(www.jinhak.or.kr)

서울진로진학정보센터는 서울특별시교육청교육연구정보원에서 개소하여 진로 검사부터 온·오프라인으로 진로·진학 상담, 웹 기반 진학 상담 프로그램 및 다양한 진로·진학 정보를 제공하는 곳입니다.
진로 검사는 상단 메뉴 중 '진로검사'를 클릭하고 '진로종합검사' 메뉴에서 할 수 있습니다. 청소년용 검사로는 진로흥미탐색, 직업적성검사, 직업흥미검사 K형, 직업흥미검사 H형, 진로성숙도 검사, 직업가치관 검사를 할 수 있습니다.

'리로스쿨'을 사용하는 고등학교에 입학했다면?
'리로멘토링 서비스' 알아두기!

㈜리로소프트에서 개발한 리로스쿨(riroschool.kr)은 중·고등학교에서 사용하는 학사관리 통합 솔루션으로 선생님, 학생, 학부모 모두가 함께 소통하는 교육 플랫폼입니다. 전직 교사 출신의 대표가 교사들의 행정 업무는 줄여주고, 학생들의 체계적인 관리와 진로·진학 지도가 가능하도록 공교육 발전에 도움이 되고자 창업해서 개발한 것이 리로스쿨의 시작이었습니다.

현재는 110만 명 이상의 회원이 사용하고 있고 전국 약 1,000개의 중·고등학교에서 활용하고 있기에 고등학생 2명 중 1명은 리로스쿨을 사용하는 학교에 다니게 됩니다. 그동안은 안정적인 플랫폼 운영에 집중했지만, 학생들에게 실질적인 도움을 주고자 2024년부터 '리로멘토링 서비스'를 제공하고 있습니다.

리로 멘토링 서비스는 크게 포트폴리오, 스토리노트, 리로톡으로 구분되어 있습니다.

포트폴리오	대학생 멘토가 리로스쿨을 통해 고등학교 3년간 제출한 실제 과제물을 주제별로 엮은 자료집
스토리노트	대학생 멘토의 생생한 진로·진학 경험담과 노하우가 담긴 칼럼
리로톡	멘토와 멘티를 연결해 주는 공개 Q&A 게시판으로 진로·진학 및 공부법 등 고민을 올리면 멘토들로부터 다양한 답변을 받아볼 수 있는 서비스

리로 멘토링 서비스에서는 리로스쿨에서 꼼꼼히 검증한 대학생 멘토들이 활동하고 있습니다. 멘토찾기에서 재학 중인 대학명과 학과명으로 멘토 검색이 가능해서 멘토가 해당 대학에 진학하기까지 관련 활동을 열람하고 참고할 수 있어요. 1:1 질문하기는 해당 멘토와의 비공개 상담 기능도 제공하고 있어서 멘토링 서비스를 통해 진로 탐색과 진학에 대한 고민을 해결하는 데 도움이 될 것입니다.

CHAPTER 2

내 아이 '진로 선택 코칭' 실전 연습

Section 1

내 아이 '인생 곡선 그래프' 그리기

1

인생 곡선 그래프
그리기

세계에서 가장 행복한 나라의 순위가 발표되면 늘 상위권에 있는 나라 중에 덴마크가 있습니다. 2022년 UN 산하 자문기구인 지속가능한 발전 해법 네트워크(SDSN)에서 발표한 '2022 세계 행복보고서'에 따르면, 총 146개국 중 한국은 59위를 차지한 반면 덴마크는 2위를 차지했습니다. 이러한 덴마크 국민의 행복의 원천은 교육에 있다고 볼 수 있는데요, 그중 하나로 덴마크에는 '인생설계학교'라고 불리는 '에프터스콜레(Efterskole)'가 있습니다. 왜 이 학교가 '인생설계학교'라고 불리게 되었을까요?

에프터스콜레는 초·중(9년)의 의무교육을 마친 14~18세 덴마크 청소년들이 고등학교 진학 전에 선택하는 기숙학교로 1년 동안 공부 부담 없이 자신의 재능을 찾아보고 진로를 탐색하며 다양한 경험을 해 볼 기회를 제공합니다. (우리나라의 자유학년제와 도입의 취지가 비슷하지만, 덴마크의 에프터스콜레는 정규 교육과정과 별도로 운영되는 1년 과정의 별개의 기숙학교입니다.)

숨차게 기초 과정을 달려온 아이들이 고등교육을 목전에 두고 에프터스콜레에 입학하여 자신의 존재 의미와 인생의 꿈을 발견하는 시간을 나라에서 보장하고 있는 것이죠. 그렇기 때문에 '인생설계학교', '인생학교'라고 불리게 되었습니다.

이러한 에프터스콜레에서는 아이들에게 주기적으로 '몇 세'가 된다면 무엇을 하고 싶은지 질문을 던지고 구체적인 계획을 직접 설계해 보게 합니다. 내가 살아온 인생을 돌아보고 앞으로의 시간은 어떻게 보낼 것인지 생각해 보는 일은 나는 누구이고, 왜 존재하며, 앞으로 어떻게 살 것인지를 자각하게 할 수 있는 의미 있는 과정이라 할 수 있습니다.

그렇다면 우리는 어떤 방법으로 아이가 인생을 생각해 보게 할 수 있을까요? 바로 '인생 곡선 그래프 그리기'입니다.

인생 곡선 그래프 작성법

인생 곡선 그래프에서 X축은 '나이'이고, Y축은 '감성지수'입니다. 자기 생각을 바탕으로 0에서 위로 올라가 있는 쪽은 행복했던 지수, 아래로 내려가면 불행하다고 여겼던 지수입니다. 그래서 그래프 위쪽에는 긍정적인 경험을 적으면 되고, 아래쪽에는 부정적인 경험을 적으면 됩니다.

어떤 대회에 나가 상을 받았다, 1등을 했다 등의 단순 과업 달성에 대한 목표도 좋지만, 다양한 인간관계 속에서 겪었던 경험을 쓰는 것도 좋습니다. 아마 이 시기의 아이들은 '친구'를 워낙 중요시해서 친구로 인해 행복했거나 불행한 감정을 겪는 경우가 많을 것입니다. 그렇게 경험을 다 적은 후에는 점과 점 사이를 곡선으로 연결합니다.

인생 곡선 그래프 (예시)

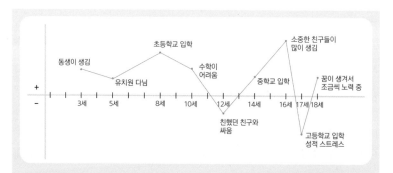

1. X축은 나이를 나타냅니다. Y축의 + 부분은 삶에서 기쁘고 행복했던 일, - 부분은 힘들었던 시기를 나타냅니다.

2. 태어나서부터 현재, 그리고 생각할 수 있는 미래 시점까지 중요했던 일들과 계획하는 일들이 있는 시점을 점으로 표시하고 간단하게 내용을 적어 봅니다.

3. 점들을 이으면 굴곡이 있는 자신만의 인생 그래프가 나오게 됩니다.

인생 곡선 그래프에 대해 이야기 나누기

아이와 이야기를 나눌 때는 부정적인 경험을 먼저 이야기하는 것이 좋습니다. 나중에 말하는 것이 기억에 더 오래 남기 때문에 되도록 부정적인 이야기를 하고 마지막에 긍정적인 경험을 말함으로써 아이에게 긍정적인 기억이 남게 해 주세요.

또 아이가 자라오면서 크든 작든 성취한 일들, 해낸 일들을 꼭 짚어 주면서 얼마나 많은 일들을 해냈는지, 또 앞으로도 해낼 수 있는 사람인지에 대해서도 이야기해 주면 아이의 자존감은 더 올라갈 것입니다.

또 그래프는 항상 오르락내리락하기에 언제나 좋은 일만 있을 수는 없고 나쁜 일이 있다면 또 반드시 좋은 일이 생길 거라는 인생사에 대해서도 도란도란 이야기 나눠 보세요.

그렇게 하면 아이도 10여 년 넘게 살아온 인생이지만 자기가 이런 일들을 성취했고, 앞으로 남은 인생은 어떻게 살아야 할 것인지에 대해 목표를 가질 수 있을 것입니다.

사람in 출판사 홈페이지에서 '나만의 인생 그래프 Worksheet'를 다운받아 '인생 곡선 그래프'를 작성할 수 있습니다.

Section 2

내 아이 꿈 지도 '진로 로드맵' 그리기

1

꿈을 위한 선명한 지도
'진로 로드맵'

"선생님, 저는 하고 싶은 게 없어요."

아이들을 만나 꿈이 있는지 물어봤을 때 가장 많이 듣는 답입니다. 꿈이 없는 아이들이 대부분인 것은 당연한 일인지도 모르겠습니다. 어릴 적부터 학업에 치이며 학교 수업이 끝나면 학원에 가기 바쁜 아이들에게 꿈을 생각할 여유는 없었을 테니 말이죠. 이런 상황에 진로 로드맵을 그리라고 하는 것은 아이들에게 너무나 막막한 일일 것입니다. 자신이 뭘 잘하는지, 무엇에 흥미가 있는지도 모른 채 그저 성적 올리는 것만이 목표인 채로 지내는 아이들을 볼 때 안타까운 마음이 많이 듭니다.

그래서 꿈을 찾기 위한 첫 번째 작업은 '자신에 대해 아는 것'입니다. 앞에서 홀랜드 흥미검사, 다중지능검사, MBTI 등을 통해 아이가 어떤 것에 흥미가 있는지, 무엇을 잘하고 좋아하는지, 어떤 직업 가치관을 가졌는지 등을 다각도로 살펴보고 종합 프로파일을 작성해 보는 작업이 우선시되어야 하는 것이죠.

그런 과정을 거치다 보면 아이들은 '나'라는 사람을 조금씩 이해하기 시작합니다. 그리고 여러 검사를 하다 보면 공통적인 자신의 성향이 발견됩니다. 이것이 곧 아이의 적성이죠.

제가 코칭을 진행했던 한 고등학생이 있었습니다. 아이의 어머니는 공부도 곧잘 하는 아이에게 거는 기대가 매우 컸고 무조건 '법조인'이 되라고 했습니다. 아이는 이과계열, 탐구형의 기질이 높았고, 혼자 깊이 사색하고 탐구하는 것을 좋아하고 사람들 앞에 나서서 이야기하는 것을 어려워하는 아이였죠. 하지만 어머니의 기대가 너무도 크다는 것을 알아서 자기 적성도 아니고 하고 싶은 일도 아니지만, 그 길을 따라야 하는지 고민하는 아이를 보며 안타까워했던 적이 있습니다.

성인이 되어서도 자기 적성을 제대로 파악하지 못했거나, 부모가 강요했던 진로를 선택했다가 직업을 바꾸는 일들이 많습니다. 그래서 이런 경우들을 마주할 때마다 부모님이 원하는 직업에 아이를 맞추는 것이 아닌 아이의 성향과 적성, 흥미를 먼저 고려해서 함께 진로를 고민하며 풀어나가는 것이 가장 현명한 일이 아닐까 하는 생각을 합니다.

막연한 불안감을 없애는 진로 로드맵

다행히 아이가 꿈을 찾았다 해도 부모로서 무엇을 어떻게 해야 할지 막연하게 느껴질 것입니다. 꿈을 이루기 위해 어떤 계획을 세워야 하고, 실천해야 하는지 도무지 모를 때 그려 볼 수 있는 것이 바로 '진로 로드맵'입니다. 진로 로드맵은 꿈을 이루기 위해 내 아이가 언제 무엇을 어떻게 할 것인가를 구체적으로 계획하는 미래 지도라 할 수 있습니다.

이번 달부터 내년, 5년, 10년, 20년 후까지 인생을 크게 바라보고 계획하는 것이니 너무 세세하고 자세하게 작성할 필요는 없습니다.

막연히 생각만 하는 것과 글로 옮겨 적어 보는 것은 큰 차이가 있기 때문에 머릿속으로만 상상하지 말고 직접 써 보며 계획해 보는 것입니다. 도중에 꿈이 바뀌거나 원하는 직업이 달라졌다고 해도 상관 없습니다. 진로 로드맵을 그리는 법만 알면 얼마든지 다시 그릴 수 있으니까요.

다음 페이지에서 진로 로드맵 그리는 법을 설명합니다.

내 아이와 함께 그리는
'진로 로드맵'

진로 로드맵에는 각 시기의 목표, 해야 할 공부, 갖춰야 할 자격, 공부 및 네트워크, 필요한 경비 등을 담으면 됩니다. 다음은 교육부에서 발간한 〈드림레터 2020-2호〉 내용을 바탕으로 진로 로드맵 작성법을 구성했습니다.

진로 로드맵 작성법

▶ **Q 제일 먼저 작성해야 할 것은?**

 A 진로 로드맵을 구체적으로 계획하기 전 제일 먼저 목표를 구체화해야 합니다. 목표에는 직업과 인생에 대한 자녀의 비전과 사명을

담아야 합니다. 단순한 꿈이나 목표가 아닌 일생에 걸쳐 추구해야 할 궁극적인 미래상을 적는 것입니다.

▶ Q 하고 싶은 일이 두 가지 이상이면?

A 자녀의 관심 분야가 다양할 경우 여러 개의 직업으로 구성된 진로 로드맵을 작성해도 됩니다. 예를 들어, 20대에는 대학에서 광고홍보학을 전공해서 광고대행사에 입사해 일하다가 30대에는 좋아하는 여행을 다니며 여행 유튜버(크리에이터)가 되고 바리스타 자격증도 따놓고 40대에는 카페를 창업하고 운영하면서 카페 창업 컨설턴트로도 활동하는 계획을 세우는 것이지요.

▶ Q 시기별 목표의 작성 기준은?

A 시기별 목표는 자녀의 최종 목표를 이루기 위한 징검다리 역할을 합니다. 시기별 목표를 달성하는 데 필요한 과정과 시간을 자세히 알아봐야 하는데, 보통 시기별 목표는 직업을 이루기 위한 학교 입학, 졸업 후 갖는 첫 직업 등으로 구성됩니다.

▶ Q 진로 로드맵을 수정하고 싶을 때는?

A 진로 로드맵은 지속적으로 관리해야 합니다. 자녀에게 유리한 학과가 새로 생기거나 입시 전형이 바뀌면 상세 목표를 수정해야 합니다. 또 수시로 원래 계획과 현재 자녀가 도달해 있는 단계를 점검하며 해야 할 일과 시기별 목표를 수정해야 합니다.

진로 로드맵은 시기별 목표와 목표를 이루기 위해 해야 할 일, 갖춰야 할 자격, 필요한 준비 사항 등으로 구성됩니다. 만약 자녀가 꿈과 목표를 정했다면 지금 바로 진로 로드맵을 꼼꼼하게 작성해야 합니다. 자녀가 20세, 25세, 30세 등 성인이 되고 난 후에도 이 진로 로드맵은 '어떻게 살아갈 것인가,' '어떤 꿈을 꾸고 목표를 향해 무슨 노력을 해야 하는가' 하는 방향을 제시해 줄 것입니다. (출처: 학부모On 누리 드림레터(교육부))

진로 로드맵 작성하기

진로 로드맵을 그리려면 가장 먼저 구체적인 목표를 설정해야 합니다. 자녀가 "심리학자가 되고 싶어요"라고 단순하게 목표를 설정했다면, 좀 더 깊이 있는 진로 설계를 해야 합니다. 왜 심리학자가 되고 싶고, 어떤 심리학자가 되고 싶은지 이야기를 나눠 보세요.

목표가 구체적일수록 진로 로드맵 작성 효과가 높아집니다. 다시 말하면, "나는 사람들의 마음을 들어 주고 분석해서 그 사람들이 편하고 행복해지길 바라는 '심리학자'가 되고 싶어요"라고 목표를 정할 때 앞으로의 진로를 설계하기가 더 수월합니다. 목표를 구체적으로 정했다면 진로 로드맵의 빈칸을 채워 보세요.

진로 로드맵(예시)

"나는 사람들의 마음을 들어 주고 분석해서 그 사람들이 편하고 행복해지길 바라는 '심리학자'가 되고 싶어요."

구분	14~16세	17~19세	20~25세	26~30세	31~40세	41~50세	51~60세
시기별 목표	심리학자로 진로 확립	자사고 진학, 사람의 심리에 관한 책 읽기	연세대학교 심리학과 입학, 철학과 복수전공	연세대학교 대학원 입학 (석사)	임상심리사로 병원 취업 연세대학교 대학원 박사 과정 병행	우리나라의 대표적인 임상심리사 되기(사업: 상담소 차리기)	대학 강연 (교수)
해야 할 공부	성적 A 평균 이상 유지	내신 중상위권 유지, 관심 분야 논문, 책 읽기	교환학생, 심리학 전공 공부(인지, 이상심리, 발달심리 등)	심리학 공부 (관심 있는 분야 정해서 깊게 공부) 석사 논문 작성	각종 논문 읽고 박사 논문 쓰기	학술지, 학술대회 임상 연구 발표	임상심리학도를 양성하기 위한 공부
갖춰야 할 경험, 자격	학급 임원(부회장) 봉사활동(학교), 가족과 친구 고민 상담	주변 사람들의 감정 분석하고 통계 내보기 (깊이 있는 학습-심화, 독서)	주변 사람들 심리상담, 현장 실습	임상심리사 1, 2급 자격증, 정신보건 임상심리사	다양한 환자들의 심리 분석하고 치료	유튜브, TV에 출연하며 유명해짐	책 2권 쓰기
인적 네트워크	친구, 부모님, 선생님, 진로 상담 선생님	친구, 부모님, 선생님, 진로 상담 선생님	동기, 선후배, 교수님	동기, 선후배, 교수님	동기, 선후배, 교수님, 직장 선후배, 상사 등	동기, 선후배, 교수님, 상담소 근무 동료 등	동기, 선후배, 동료 교수, 제자 등

사람in 출판사 홈페이지에서 '진로 로드맵 Worksheet'를 다운받아 '진로 로드맵'을 작성할 수 있습니다.

Section 3

직업의 시야를 넓히는 '직업 카드' 코칭

'직업 카드'
코칭 방법

    우리나라에는 몇 개의 직업이 있을까요? 2020년 한국고용정보원이 발간한 〈한국직업사전 통합본 제5판〉에 등재된 직업 개수는 총 1만 2,800여 개인 것으로 나타났습니다. 2012년 발간했던 제4판 대비해서 3,500여 개의 직업이 증가한 것인데, 이는 최근 8년 사이 고령화와 4차 산업혁명 등 신기술 및 디지털화로 새로운 직업이 많이 생겨난 결과라고 보고 있습니다. 그럼 이 중에 우리가 알고 있는 직업은 몇 개 정도이고, 우리 아이가 알고 있는 직업은 몇 개나 될까요? 아마 생각보다 많지 않을 것입니다.

    진로 선택 코칭을 할 때는 자기 이해를 충분히 한 후 직업을 함께 탐색하게 되는데, 이때 아이들이 새롭게 아는 직업들이 많아집니다. 한 번도 들어본 적 없고, 생각해 본 적 없는 일을 알게 되면서 관심이 생기면 아이는 시키지 않아도 그 직업에 대해 알아봅니다. 늘 무기력했던 아이가 하고 싶은 일이 생기면서 조금씩 변하는 모습을 많이 봤습니다. 그렇기에 아이에게 다양한 직업의 세계를 알려 주고 세상을 넓혀 주는 역할은 부모가 꼭 코칭해야 할 일 중 하나입니다.

직업에 대해 아이의 시야를 넓혀 줄 수 있는 효과적인 방법이 바로 '직업 카드 코칭'입니다. 직업 카드 코칭을 하기 전에 커리어넷이나 워크넷의 무료 진단검사를 통해 '홀랜드 흥미검사'를 한 후 아이의 흥미 유형 코드를 먼저 파악하고 진행하는 것이 훨씬 효과적입니다. 대부분의 직업 카드에 있는 직업 종류는 홀랜드 흥미 유형 6가지로 분류되어 있기 때문입니다. 직업 카드는 시중에서 쉽게 구할 수 있습니다.

▶ 1단계: 분류

① 직업 카드를 정렬해 놓고 아이에게 모르는 직업, 좋아하는 직업, 관심 없는 직업으로 나눠 보게 합니다.

② 아이가 모르는 직업으로 분류해 놓은 카드들의 뒷장을 읽어 보게 하고, 다시 좋아하는 직업과 관심 없는 직업으로 나누게 합니다. 카드 뒷장에는 해당 직업이 구체적으로 하는 일, 필요한 지식, 관련 학과, 전망 등의 내용이 나와 있어서 어떤 직업인지 금방 파악할 수 있습니다.

▶ 2단계: 순위 결정

① 좋아하는 직업으로 분류한 직업 카드 중에 가장 좋아하는 3가지 직업을 선택하게 하고, 왜 선택했는지 이유도 적어 보게 합니다.

② 관심 없는 직업으로 분류한 직업 카드 중에서도 가장 관심 없는 직업 3가지를 선택해서 그 이유를 적어 보게 합니다. 막연히 이 직업이 좋다, 관심 없다고 생각했던 것의 이유를 적어 보게 함으로써 자기 생각을 구체적으로 명료화시켜 직업 선호도 및 흥미를 깊게 탐색할 수 있는 핵심 단계입니다.

▶ 3단계: 직업 목록/홀랜드 유형 탐색

아이가 좋아한다고 선택한 직업의 경향을 파악하는 단계입니다. 직업 카드에 나와 있는 직업 목록을 살펴보면서 카드에 없는 다른 직업들도 알게 됩니다.

▶ 4단계: 결과 요약 및 정보 찾기

① 아이가 좋아하는 직업과 관심 없는 직업의 특징이 어떤지 적어 보면서 자신의 직업 성향을 요약해 봅니다.

② 마지막으로 가장 좋아하는 3가지 직업에 대해 각 직업이 하는 일, 업무 능력, 되는 방법, 필요한 지식, 관련학과, 전망 등의 내용을 조사합니다.

> 사람in 출판사 홈페이지에서 '직업 카드 코칭 Worksheet'를 다운받아 '가장 좋아하는 직업'과 '가장 관심 없는 직업'을 선정하고 결과를 요약할 수 있습니다.

4차 산업혁명 시대
'미래 유망 직업'

길거리를 다니다 보면 무인 편의점, 무인 반찬 가게, 무인 사진관, 무인 커피숍 등 무인 매장이 눈에 많이 띕니다. 음식점에 가면 무인 로봇이 사람 대신 서빙을 해 주기도 합니다. 어느덧 인공지능과 로봇이 우리 일상 깊숙이 들어왔음을 느낍니다.

한국고용정보원에 따르면, 2025년에는 인공지능과 로봇이 사람의 직업 능력을 상당 부분 대체할 수 있을 정도로 고도화될 것으로 보고 있습니다. 따라서 앞으로 많은 직업이 사라지겠지만, 반면에 새로운 직업도 많이 생겨날 것이고 업무 내용도 많이 바뀔 것이라 예상할 수 있습니다.

매스컴을 통해 '4차 산업혁명'이라는 말을 많이 들어 봤을 겁니다. 4차 산업혁명이라는 용어는 세계경제포럼(World Economic Forum)

창시자인 클라우스 슈밥(Klaus Schwab)이 2015년 처음으로 사용한 개념입니다. 이 혁명은 빅데이터 분석, 인공지능, 로봇공학, 사물 인터넷, 무인 운송 수단, 3차원 인쇄, 나노기술 같은 '과학 기술의 빠른 발전 속도에 따른 사회 전반의 변혁'을 의미합니다.

이러한 4차 산업혁명으로 직업 세계의 불확실성이 커지고, 빠르게 변하는 세상에서 미래를 어떻게 대비해야 할지 불안감이 커지는 것도 사실입니다. 따라서 미래 시대를 살아갈 우리 아이들에게 4차 산업혁명에 따른 직업 세계 변화 트렌드를 이해하고, 미래 유망 직업들을 알려 주는 것은 진로 선택 코칭에서 무엇보다 중요한 일입니다.

2019년 한국고용정보원에서 발간한 〈4차 산업혁명 시대 내 직업 찾기 - 청소년, 교사, 학부모를 위한 직업·진로 가이드북〉 내용을 중심으로 4차 산업혁명에 따른 직업 세계 변화와 미래 유망 직업에 대해 알아보겠습니다. 여기서는 4차 산업혁명에 따른 직업 세계 변화를 크게 8가지로 설명합니다.

첫 번째, 기계와 인간은 더욱 비슷해집니다. 로봇이 인공지능(AI)과 결합하면서 점점 똑똑해지고 정교해지고 있으며, 최근에는 인간만의 영역이라 믿었던 화가, 작곡가, 상담(챗봇), 기자 등의 영역까지도 인공지능 로봇이 진출하고 있습니다.

두 번째, 정형화된 업무는 기계와 로봇으로 빠르게 대체됩니다. 로봇이나 컴퓨터, 인공지능 등의 기술이 사람이 하는 일을 대체할 가능성, 즉 '기술 대체 가능성'은 해당 직업이 일정한 매뉴얼에 따라 규칙적일 경우(예: 버스 기사, 창고 관리원, 시설 안내원, 계산원, 텔레마케터, 제조생산직 등) 대체될 가능성이 크다는 것입니다. 숙련 직종이라고 해서 기술 대체로부터 안전한 것은 아닙니다. 전문직이라 하더라도 정해진 절차에 따라 반복적인 업무를 한다면 정교한 알고리즘으로 자동화될 가능성이 큽니다. 예를 들면 법률사무원(또는 저숙련 초급 변호사), 회계사무원(또는 저숙련 초급 회계사), 영상의학 전문의 등 직종이 그렇습니다. 최근 우리나라에도 인공지능 변호사(Law-Bo)가 도입되어 소송에 관련된 판례나 법령, 논문 등의 검색 업무를 담당하는 법률 비서(법률사무원)의 일자리가 위협받고 있습니다.

세 번째, 직업의 등장과 소멸이 더욱 빨라집니다. 4차 산업혁명은 인공지능과 빅데이터를 중심으로 한 첨단기술의 등장과 융·복합이라는 특징을 기반으로 새로운 산업과 비즈니스가 등장할 수 있는 토양을 제공하고 있습니다. 기술 발전으로 근로자가 하는 일이 기계나 컴퓨터로 대체되면 필연적으로 어떤 직종은 일자리가 줄어들고, 반면에 어떤 직종은 일자리가 증가합니다. 한국고용정보원은 2017년에 4차 산업혁명 시대의 유망 직업으로 사물 인터넷 전문가, 인공지능 전문가, 빅데이터 전문가, 가상(증강/혼합) 현실 전문가, 3D 프린팅 전문가, 드론 전문가, 생명공학자, 정보 보호 전문가, 응용 소프트웨어 개발자, 로봇공학자 등 10개를 선정해 발표한 바 있습니다.

네 번째, 로봇과 협력, 디지털 의식의 활용이 중요해집니다. 현재의 청소년들이 사회에 진출하게 되는 10년 후에는 부품 조립이나 창고 관리, 일상적 행정 사무 등 단순 반복적인 일은 로봇과 무인 운반차, 자동화컴퓨터가 맡고, 근로자는 생산시설의 유지 관리나 품질 관리, 보수, 데이터 분석, 대인 서비스 등의 종합적이고 통제적인 일을 주로 할 전망입니다. 아니면 기계화나 로봇화가 어렵거나 비용 문제로 남겨진 일을 맡게 될 것입니다. 미래 근로자들은 업무 수행을 위해 각종 소프트웨어와 디지털 장비를 능숙하게 다루고, 기본적인 기계 유지 보수를 해야 합니다. 또 생산 제품이나 서비스의 기술 활용도가 더욱 커질 것이기 때문에 근로자들에게 IT, 전기, 전자, 기계 등 다양한 분야에 대한 기초 지식과 기술을 요구하게 될 것입니다.

다섯 번째, 디지털 기술을 잘 활용하는 사람이 성공합니다. 기술 발전으로 동일 직업 내에서도 양극화가 심화될 것입니다. 동일 직업 내 양극화란 기술, 지식, 노하우 등 '직업 능력의 격차'와 임금 등의 '소득 격차'를 말합니다. 예를 들어 인공지능 변호사가 더욱 일반화되면 의뢰인에게 법률 지식만을 제공하는 변호사들은 생계의 위협을 받게 될 것입니다. 반면에 논리적 전략을 세우고 사람들을 설득하고 공감할 수 있는 변호사들은 더욱 각광을 받을 것이고, 경제·사회 제도의 복잡화로 고급 변호사에 대한 수요는 더욱 증가할 것입니다. 이러한 차이는 소득의 격차로 나타나게 될 것입니다.

여섯 번째, 아이디어가 더욱 쉽게 사업화됩니다. IT 기술이 발전하면서 개인이 창업하거나 자신의 재능과 노동력을 팔기가 더 쉬워지고 있습니다. 개인이 집에서 인터넷 쇼핑몰을 창업하거나 자신의 재능(캐리커처 디자인, 사업 노하우 자문, 맞춤형 여행 일정 설계, 문서 작성 등)을 판매할 수 있게 된 것입니다. 최근 1인 미디어 창작자(크리에이터)가 핫이슈로 떠오른 것도 온라인 플랫폼과 오픈마켓이 있었기 때문입니다. 앞으로 4차 산업혁명의 핵심 기술들인 빅데이터, 온라인 플랫폼, 클라우드, 3D프린팅 등의 기술이 '쉬운 창업'과 '프로슈머(생산적 소비자)의 등장'을 더욱 빠르게 앞당길 것입니다. 4차 산업혁명 기술을 이해하고 활용할 수 있는 능력을 갖추고 창업가 정신으로 무장한 청소년들 앞에 이전보다 더 많은 기회가 펼쳐져 있습니다.

일곱 번째, 사람 한 명 한 명의 가치와 역할이 더욱 커집니다. 통계청의 장래 인구 추계 자료에 따르면, 우리나라 전체 인구, 생산 가능 인구, 학령 인구는 꾸준히 감소하고 있고, 출산율이 1.1~1.2명 사이에 머무는 현 상황이 계속된다면 생산 가능 인구와 학령 인구 감소는 피할 수 없는 미래입니다. 따라서 사람 한 명 한 명의 가치가 지금보다 더욱 커지고 소중해질 것이므로, 사람 한 명 한 명에 대한 역할의 기대가 커질 것이고 교육 훈련 투자도 증가할 것입니다. 소프트웨어를 개발하고 빅데이터를 분석하고 로봇을 관리하고 새로운 상품과 서비스, 콘텐츠를 기획하는 고급 직종에서는 인력 수요가 더욱 증가할 것입니다. 또 감성, 배려 등의 사회성과 인간에 대한 종합적 이해가 필요한 직종, 예를 들면 상담이나 의료·복지, 미용 등 개인 서비스, 디자인 등의 분야에서도 수요가 꾸준할 것입니다.

여덟 번째, 평생 직장, 평생 직업의 시대에서 평생 학습의 시대가 될 것입니다. 4차 산업혁명 시대에는 기술 발전이 빠르고 과도기적인 기술들이 서로 경쟁하고 있기 때문에 어떤 기술과 분야가 살아남고 도태될지, 어떤 분야가 새롭게 등장할지 예측하기 더욱 어려워지고 있습니다. 오늘 배웠던 지식과 기술이 몇 달 후에는 낡은 것이 되고, 새로운 지식과 기술을 온라인 공개강좌나 유튜브 등을 통해 쉽게 접할 수 있습니다. 인터넷으로 연결된 전 세계 네트워크를 통해 자신의 지식과 기술을 공유하고 평가받는 것이 일상화될 것입니다. 첨단 기술 분야일수록 근로자는 평생에 걸쳐 지속적으로 지식과 기술을 새롭게 습득하지 않으면 안 되게 되었습니다. 한편 인간의 수명이 연장되고 있습니다. 수명 연장은 더 오래 일을 해야 하고, 평생에 걸쳐 지금보다 더 많은 직업을 갖게 된다는 것을 의미합니다. 새로운 직업으로 전직하기 위해서 새로운 지식과 기술을 습득해야 합니다. 그렇기에 평생 학습은 당연한 것이 되었습니다.

4차 산업혁명에 따른 미래 유망 직업 15선

1	사물 인터넷 전문가	6	정보 보호 전문가	11	스마트 헬스케어 전문가
2	인공지능 전문가	7	로봇공학자	12	3D프린팅 전문가
3	빅데이터 전문가	8	자율주행차 전문가	13	드론 전문가
4	가상현실/증강현실 전문가	9	스마트팜 전문가	14	소프트웨어 개발자
5	생명과학 연구원	10	환경공학자	15	신재생에너지 전문가

2024학년도 대학교 개설 첨단학과 분야별 분류

첨단학과는 인공지능(AI), 빅데이터, 미래 자동차 등 4차 산업 첨단 분야의 입학 정원을 늘릴 수 있도록 규제를 완화하는 '첨단(신기술) 분야 모집 단위별 입학 정원 기준 고시' 제정안과 '인력 양성 특정 분야 고시 개정안(2020.8.7.)'에 의해 만들어진 학과를 의미합니다. 4차 산업혁명으로 인공지능, ICT 등의 첨단 산업의 수요가 늘고 관련 분야의 학문 간 결합이 빠르게 이루어지고 있어서 첨단기술 관련학과는 미래가 유망한 분야입니다.

분야	대학교(학과)
반도체	고려대(반도체공학과), 동국대(물리반도체과학부), 서강대(시스템반도체학과), 서울과학기술대(지능형반도체공학과), 성균관대(반도체시스템공학과), 연세대(시스템반도체공학과), POSTECH(반도체공학과), KAIST(반도체시스템공학과) 등
인공지능	가천대(인공지능전공), 가톨릭대(인공지능학과), 경기대(인공지능전공), 국민대(인공지능학부), 동국대(AI소프트웨어융합학부), 동덕여대(HCI사이언스전공), 삼육대(인공지능융합학부), 상명대(서울)(휴먼지능정보공학전공), 서울과학기술대(인공지능응용), 서울시립대(인공지능학과), 성균관대(글로벌융합학부), 성신여대(AI융합학부), 세종대(인공지능학과), 숭실대(AI융합학부), 연세대(인공지능학과), 이화여대(인공지능학과), 중앙대(AI학과), 인하대(인공지능공학과) 등
데이터	가톨릭대(데이터사이언스학과), 경희대(빅데이터응용학과(인문)), 고려대(데이터과학), 국민대(AI빅데이터융합경영학과), 단국대(통계데이터사이언스학과), 동덕여대(데이터사이언스전공), 명지대(데이터테크놀러지전공), 상명대(서울)(빅데이터융합전공), 서울시립대(국제관계학(빅데이터분석학), 생명과학(빅데이터분석학)), 서울여대(데이터사이언스학과), 성신여대(통계학/빅데이터사이언스전공), 세종대(데이터사이언스학과), 이화여대(데이터사이언스학과), 인하대(데이터사이언스학과), 한양대(데이터사이언스학부) 등
에너지	고려대(융합에너지공학과), 성신여대(화학·에너지융합학부), 한양대(에너지공학과) 등
신소재	중앙대(안성)(첨단소재공학과), 순천대(첨단신소재공학과) 등

정보 보안	고려대(스마트보안학부), 국민대(정보보안암호수학과), 가천대(스마트보안 전공), 아주대(사이버보안학과) 등
융합	건국대(융합인재학과), 서울시립대(융합응용화학과), 성균관대(글로벌융합학부), 연세대(글로벌융합공학부, 융합인문사회과학부, 융합과학공학부), 이화여대(융합콘텐츠학과), 중앙대(융합공학부) 등
미래 자동차	건국대(스마트운행체공학과), 국민대(자동차공학과, 자동차IT융합학과), 단국대(모바일시스템공학과), 서울과학기술대(기계자동차공학과), 인하대(스마트모빌리티공학과), 한양대(미래자동차공학과), 인하대(스마트모빌리티공학) 등
스마트팜	경희대(국제)(스마트팜학과), 공주대(스마트팜공학과), 전북대(스마트팜학과) 등

(출처: 〈2022학년도 고1, 2학년 진학지도자료집, 서울진로진학지원센터〉,
〈2024학년도 대입정보 119, 한국대학교육협의회〉)

2024학년도 일반 대학 첨단 분야 및 보건의료 분야 정원 증가

2023년 4월에 교육부가 일반 대학 첨단 분야 및 보건의료 분야 정원 배정 결과를 발표했습니다. (보도자료, 2023.4.27., "2024학년도 일반대학 첨단 분야 및 보건의료 분야 정원 배정 결과 발표, 교육부)

반도체와 인공지능(AI), 미래차·로봇 등 첨단 분야의 2024학년도 일반 대학 입학 정원을 1,800여 명 늘리기로 한 것이죠. 이로써 서울대, 고려대, 연세대 등 수도권 대학에서 정원이 실질적으로 증가한 것은 2000년 이후 20여 년 만에 증가하게 됐습니다.

수도권에서는 서울대가 218명, 비수도권에서는 경북대가 294명으로 가장 많이 늘어났고, 입학 정원 증원은 2024학년도 입시부터 적용되기에 입시 결과에 어떤 영향을 끼칠지도 관심사입니다.

[수도권 대학의 첨단학과 신증설 현황 – 출처 : 교육부]

분야	대학	학과명	배정	비고
반도체	서울대	첨단융합학부(차세대지능형반도체 전공)	56	신설
	성균관대	융합과학계열 반도체융합공학과	56	신설
	고려대	전기전자공학부	56	증설
	이화여대	융합전자반도체공학부 지능형반도체공학 전공	30	신설
인공지능	세종대	인공지능데이터사이언스학과	51	증설(학과개편)
	연세대	인공지능학과	24	증설
	서울과기대	인공지능응용학과	30	증설

소프트웨어	가천대	금융·빅데이터학부	50	증설(학과 개편)
(SW) 통신	덕성여대	가상현실융합학과	8	신설
		데이터사이언스학과	15	신설
에너지 신소재	가천대	화공생명배터리공학부	50	증설(학과 개편)
	성균관대	융합과학계열(에너지학과)	40	신설
	서울대	첨단융합학부(지속가능기술 전공)	50	신설
미래차 로봇· 스마트 선박	세종대	AI로봇학과	47	증설(학과 개편)
	동국대	기계로봇에너지공학과	45	증설
	세종대	우주항공드론학부 지능형드론융합 전공	47	증설(학과 개편)
바이오	서울대	첨단융합학부(혁신신약 전공)	56	증설(학과 개편)
	서울대	첨단융합학부(디지털헬스케어 전공)	56	신설
	가천대	바이오로직스학과	50	신설
소계	10교	19개 학과	817	

[비수도권 첨단학과 분야별 세부 현황 – 출처 : 교육부]

분야	대학	학과명	비고
반도체	경북대	전자공학부	100
	부산대	전기전자공학부 반도체공학 전공	20
	충남대	반도체융합학과	50
	부경대	나노융합반도체공학부	28
	연세대(분교)	AI반도체학부	35
	전남대	전자컴퓨터공학부	100
	전북대	반도체과학기술학과	46
	충북대	반도체공학부	45
		정보통신공학부	15
	울산대	나노반도체공학과	17

인공지능	전남대	인공지능학부	30
	전북대	컴퓨터인공지능학부	15
	충북대	소프트웨어학부	15
	연세대(분교)	AI보건정보관리학과	30
소프트웨어 (SW) 통신	전북대	통계학과	10
	연세대(분교)	데이터사이언스학부	10
	부경대	디지털금융학과	10
에너지 신소재	충남대	에너지공학과	32
	경북대	에너지공학부(신재생에너지 전공, 에너지변환 전공)	48
	충북대	전기공학부	6
	전남대	기계공학부	50
미래차 로봇· 스마트 선박	경북대	우주공학부	70
		스마트생물산업기계공학과	16
		융합학부(스마트모빌리티공학 전공)	30
	전남대	지능형모빌리티융합학과	20
		융합바이오시스템기계공학과	14
	창원대	기계공학부 스마트제조융합 전공	10
	안동대	스마트모빌리티공학과	10
	금오공대	기계시스템공학부 스마트모빌리티 전공	30
바이오	충북대	바이오헬스학부	70
	경북대	혁신신약학과	30
소계	12교	31개 학과	1,012

온·오프라인 '진로 체험 프로그램' 활용 방법

1. '꿈길' 온라인 진로 체험 프로그램 이용 방법

진로 체험망 '꿈길(www.ggoomgil.go.kr)'은 학생들의 다양한 진로체험을 지원하기 위해 교육부가 운영하는 대국민 서비스 플랫폼으로, 지역 사회의 다양한 진로 체험처와 프로그램을 관리하고 학교의 진로 체험 운영을 지원하는 사이트입니다.

먼저 '진로교육 정보망 통합회원'으로 가입합니다. 한 개의 아이디로 커리어넷, 원격영상 진로 멘토링, YEEP(온라인창업체험교육 플랫폼), 꿈길을 사용할 수 있습니다. 가입 후 로그인을 하면 진로 체험처와 체험 프로그램을 검색할 수 있습니다. 그리고 학교 담당 선생님께 체험 프로그램 신청을 요청하는 것이죠.

진로 체험 프로그램 검색 메뉴에서 '지도 검색'을 클릭하면 사는 곳 주변의 진로 체험 정보를 확인할 수 있습니다.

개인 또는 학교를 통해 진로 체험을 한 후에는 마이페이지 → 나의 진로체험 이력을 통해 관리할 수 있습니다.

2. 학교진로교육프로그램(SCEP) 활용하기

학교진로교육프로그램(SCEP)은 교육부와 한국직업능력연구원이 개발한 교내 프로그램을 말합니다. SCEP는 나라에서 만든 활동 중심 진로 프로그램으로 학교의 '진로 진학 상담교사'가 학교에서 주로 사용하지만, 초·중·고 학생을 위한 활동지를 다운받을 수 있어서 가정에서도 진로 교육에 활용할 수 있습니다.

초·중·고 학생용 창의적 진로 개발 활동지는 총 4단계로 이루어져 있고 각 단계에서 활용할 수 있는 수십 종의 활동지가 있습니다.

활동지 내용
1. 자아 이해와 사회적 역량 개발 긍정적 자아 개념을 형성하고 대인관계 및 의사소통 역량을 기릅니다.
2. 일과 직업 세계의 이해 일과 직업의 중요성과 가치를 이해하고 건강한 직업의식을 형성합니다.
3. 진로 탐색 자신의 진로와 관련된 정보를 탐색합니다.
4. 진로 디자인과 준비 진로 의사 결정 능력을 개발하고 자신의 진로에 필요한 계획을 세우고 준비하는 역량을 기릅니다.

창의적 진로 개발 활동지 외에도 '진로와 직업' 스마트북, 음악과 진로, 연극을 통한 꿈 찾기, Wi-Fi 창업과 진로, 자유학기제 지원 관련 자료들을 다운받을 수 있습니다.

이 교육 프로그램들은 내용이 방대하고 초·중·고 학년별로 체계적으로 개발되어 있어 단일성으로 끝나는 것이 아니라 자녀의 발달 수준에 맞춰 장기 프로젝트로 진행해야 효과가 있습니다.

진로는 한번 결정되고 끝나는 것이 아니므로 계속해서 아이가 진로를 찾아가고 발달해 가는 과정을 기록으로 남겨 둔다면 아이의 진로 찾기 여정에 큰 도움이 될 것입니다.

> 사람in 출판사 홈페이지에서 '기관별 진로 체험 프로그램 정보'를 다운받아 확인할 수 있습니다.

참고 문헌

경기도교육연구원(2023), 〈고교학점제에 따른 대입제도 개편방안〉

경상남도교육청(2021), 〈고교학점제 맛보기〉

경상남도교육청(2021), 〈우리 아이의 미래 이제는 고교학점제입니다〉

곽상경 외(2021), 〈실전! 고교학점제 따라잡기〉 테크빌교육

광운대 외(2023), 〈선택형 교육과정 적용에 따른 학생부위주전형 평가 방안〉

교육부(2015), 〈2015 개정 교육과정 총론 및 각론 확정·발표〉

교육부(2017), 〈고교학점제 추진 방향 및 연구학교 운영 계획(안)〉

교육부(2019), 〈대입공정성 강화방안〉

교육부(2020), 〈학부모On누리 드림레터 2020-2호〉

교육부(2021), 〈2025년 일반계고 학점제 전면 적용을 위한 고교학점제 단계적 이행 계획 발표〉

교육부(2021), 〈고교학점제 종합 추진계획〉

교육부(2021), 〈2022 개정 초·중등학교 및 특수교육 교육과정 확정·발표〉

교육부(2022), 〈초·중등학교 교육과정 총론 교육부 고시 제2020-248호〉

교육부(2023), 〈공교육 경쟁력 제고방안〉

교육부(2023), 〈일반 대학 첨단 분야 및 보건의료 분야 정원 배정 결과〉

교육부(2023), 〈학교생활기록부 기재 요령〉

교육부, KEDI(2020), 〈고1학년용 고교학점제 진로지도 기반 운영도움서〉

교육부, KICE, 충북교육청(2022), 〈학생선택형 교육과정 운영을 위한 과목 안내서〉

국가교육기술자문회의(2009), 〈미래형 교육과정 구상(안)〉

김붕년(2021), 〈10대 놀라운 뇌 불안한 뇌 아픈 뇌〉, 코리아닷컴

김삼향 외(2020), 〈고교학점제 어떻게 실천할 것인가〉, 맘에드림

김성수(2019), 〈수학 포기자의 수학 포기 경험에 대한 교육과정 사회학적 해석〉, 경희대 박사학위 논문

김성천 외(2019), 〈고교학점제란 무엇인가?〉, 맘에드림

서울대(2023), 〈2025학년도 대학 신입학생 입학전형 시행계획〉

서울대입학처(2020), 〈학교생활기록부 기반 면접 내실화를 위한 교사 자문 결과보고서〉

서울시교육청(2019), 〈중3을 위한 미리 보는 서울형 고교학점제 워크북〉

서울시교육청(2021), 〈진로쌤과 함께 만드는 나의 학업설계〉

서울여대 외(2017), 〈대학입학 용어사전〉

서울특별시교육청교육연구정보원(2022), 〈2023학년도 입학생을 위한 고등학교 교육과정 편성·운영 안내서〉

서울특별시교육청교육연구정보원(2023), 〈2015 개정 교육과정 선택 과목 안내서〉

세종시교육청(2021), 〈보인다 2.0 고등학교 교육과정-진로진학 설계〉

이성대(2021), 〈제대로 이해하는 고교학점제〉 좋은땅

이어령(2013), 〈젊음의 탄생〉 생각의 나무

이윤정(2010), 〈아이는 사춘기 엄마는 성장기〉 한겨레에듀

인천교육청(2022), 〈2023대입지원전략 및 2023대입특징 대학 탐방 보고서〉

정미라 외(2021/2022), 〈고교학점제 진로교육을 다시 디자인하다〉 맘에드림

정미라 외(2022), 〈팩트체크 고교학점제를 말한다〉 맘에드림

충청남도교육청(2022), 〈함께해요 고교학점제〉

하워드가드너(2007), 〈다중지능〉, 웅진지식하우스

한국고용정보원(2019), 〈4차 산업혁명 시대 내 직업 찾기〉

한국교육과정평가원(2020). 〈고등학교 학생평가 톺아보기〉

한국교육과정평가원(2022), 〈2023학년도 대학수학능력시험 Q&A〉

한국대학교육협의회(2020), 〈2022학년도 대입정보 119〉

한국대학교육협의회(2022), 〈2024학년도 대입정보 119〉